팀장 프롬프트
: 순간의 판단을 돕는 30가지 질문

팀장 프롬프트 : 순간의 판단을 돕는 30가지 질문

초판 1쇄 인쇄   2025년 12월 10일
초판 1쇄 발행   2025년 12월 22일

지은이   장철우
펴낸곳   콕프레스
등록   제2025-000136호
주소   경기도 수원시 권선구 금곡로 235 2층 210호 (금곡동)

전자우편   kokpress@gmail.com
인스타그램   @kok.press

편집   장은솔
디자인   장은솔

ⓒ 장철우, 2025

ISBN   979-11-995501-0-0(13320)

이 책의 전부 또는 일부 내용을 재사용하려면 반드시 사전에 저작권자와 콕프레스의 동의를 받아야 합니다.

팀장 프롬프트

순간의 판단을 돕는 30가지 질문

Prompts for Team leaders

장철우 지음

일러두기

1. 본문에 등장하는 팀장 및 팀원들의 에피소드는 저자의 경험과 실제 컨설팅 사례를 바탕으로 재구성한 것입니다. 등장인물의 이름과 소속 등은 개인정보 보호를 위해 가명을 사용했습니다.

2. 한글 맞춤법과 외래어 표기법 준수를 원칙으로 하되, 독자의 가독성을 고려하여 일부 용어는 실무에서 통용되는 표현을 따랐습니다.

3. 책에 인용된 정보와 자료는 2025년 12월을 기준으로 작성되었습니다.

추천의 글

현직 팀장들에게 묻다

○ **김종원, 유한양행 홍보팀 이사**

17년간 현장에서 팀장들을 만나온 장철우 작가의 이 책은, 화려한 화술이 아닌 상황 속에서 스스로 답을 찾아가도록 이끄는 질문들로 가득하다.

팀장이 되고 나서 가장 어려웠던 것은 '말'이었다. 같은 내용을 전달해도 어떤 팀원은 동기부여가 되고, 어떤 팀원은 상처를 받는다. 피드백의 타이밍을 놓치면 늦은 피드백은 독이 되고, 너무 빠르면 방어적 반응만 돌아온다. 홍보팀을 이끌며 내외부 소통을 책임지는 입장에서, 정작 팀 내부 소통에서 가장 큰 벽을 느꼈다.

'결정을 실행으로 바꾸는 소통의 힘' 챕터는 마치 내 고민에 질문을 던지듯 다가왔다. '힘을 뺀 말투와 강한 메시지의 공존', '늦은 피드백은 독이 된다'는 프롬프트들은 매 상황마다 나 스스로에게 물어보게 만든다.

특히 이 책의 접근법 자체가 지금 우리가 살아가는 AI 시대의 사고방식과 정확히 맞아떨어진다. ChatGPT에게 적절한 프롬프트를 입력해야 좋은 답을 얻듯이, 리더십도 결국 나 자신과 팀원에게 올바른 질문을 던지는 것에서 시작된다는 통찰이 신선했다.

◯ 박준원, NH투자증권 신사IEA센터장

가끔 회사에 일을 하러 간 것인지 도를 닦으러 간 것인지 헷갈릴 때가 있다. 도 닦는 기분으로 "내가 그냥 해버리지"라고 넘어갈 때가 많은데, 서로 무슨 말을 하고 있는지 답답할 때가 많은 게 사실이다.

이 책은 일을 잘하는 법보다는 '사람과 일하는 법'을 스스로 발견하도록 질문을 던진다. 각 챕터마다 제시된 프롬프트를 입력하면, 내 상황에서 무엇이 문제였는지 스스로 깨닫게 된다. 단순히 답을 주는 것이 아니라, 내가 답을 찾아가도록 사고를 자극한다.

저자는 사람의 내면을 이해하는 능력이 탁월한 우리나라 최고의 스토리텔러다. 수많은 팀장들의 고민과 실패, 그리고 다시 일어선 이야기를 프롬프트로 풀어내는 방식이 새롭고 실용적이다. 회의운영, 피드백, 인간관계, 의사결정 등 중간관리자들이 매일 부딪히는 실제 업무에서 스스로 생각하게 만드는 질문들을 제시한다. 좋은 게 좋은 거야 스스로를 위로하며 하루하루를 넘기는 평범한 직장인들에게 하루라도 빨리 이 책을 읽을 것을 권한다.

◯ 장남주, 롯데정밀화학 SCM운영팀장

요즘은 AI가 데이터를 분석하고 의사결정을 지원해주지만, 결국 사람을 움직이고 실행하게 만드는 것은 여전히 사람의 몫이다. 이 책은 기술이 아무리 발전해도 변하지 않을 리더십의 핵심, 즉 '사람의 마음을 이해하고 움직이게 하는 힘'에 집중한다.

SCM 업무를 하며 가장 어려웠던 것은 바로 그 지점이었다. 공급망 전체를 조율하며 수십 개의 변수를 동시에 고려해야 하는데, 계획은 완벽한데 실행이 안 되고, 좋은 아이디어는 많은데 누가 해야 할지 모호하고, 긴급한 상황에서 빠른 의사결정이 필요한데 팀원들이 따라오지 않는다.

'수단과 목표', '결정의 유연성', '실행의 리더십'에 담긴 프롬프트들은 운영 조직의 팀장이라면 매일 자신에게 던져봐야 할 질문들이다. 특히 '수단화된 목표가 진짜 목표를 가릴 때'는 내가 왜 계속 바쁘기만 하고 성과는 나오지 않았는지를 스스로 진단하게 만들었다.

저자는 심리학과 조직 이론을 현장 언어로 풀어내되, 정답을 주기보다는 스스로 생각하게 만든다. 실행력 있는 팀을 만들고 싶은 모든 팀장에게 이 책을 추천한다.

○ 이상엽, 기아자동차 광주 재경팀장

재경팀장으로 일하며 가장 많이 하는 일이 '판단'이다. 예산 배분, 비용 승인, 리스크 평가… 하루에도 수십 번 결정을 내린다. 그런데 똑같은 상황인데도 어제와 오늘의 판단이 다를 때가 있다. 내 기준이 명확하지 않아서일까, 아니면 감정에 휘둘린 걸까.

이 책의 '판단의 편향'을 읽으며 무릎을 쳤다. '내로남불, 같은 상황도 왜 다르게 판단할까?', '익숙한 일에서 더 많이 실수한다', '처음 제안한 아이디어를 고집하지 마라'… 모두 내 이야기였다. 각 챕터에 담긴 프롬프트를 통해 내 판단을 점검하고, 인지 편향이 의사결정에 미치는 영향을 스스로 발견하니 비로소 내가 왜 그런 판단을 내렸는지 이해가 됐다.

장철우 작가의 강점은 복잡한 심리학 이론을 "이 상황에서 나는 어떻게 생각하고 있는가?"라는 질문으로 바꿔주는 데 있다. 이 책은 팀장의 머리를 맑게 해주는 '사고의 점검 프롬프트'다. 매일 판단하고 결정해야 하는 모든 중간관리자에게 필독을 권한다.

◯ 박광호, 신용보증기금 속초연수원 원장

현장에서 많은 리더들이 묻는다. "AI 시대에는 리더십도 달라져야 하지 않나요?"

이 책을 읽으며 깨달았다. 시대가 바뀌어도 사람의 마음을 얻고 신뢰를 쌓는 원리는 변하지 않는다는 것을. 오히려 기술이 발전할수록, 인간미와 관계의 본질을 다루는 이런 리더십이 더욱 중요해질 것이다. 돌이켜보면 내가 팀장이었을 때는 신뢰를 어떻게 쌓는지 몰랐다. 성과를 내면 신뢰가 생길 거라 생각했고, 공정하게 대하면 될 거라 믿었다. 하지만 현실은 달랐다. 성과는 좋은데 팀원들이 마음을 열지 않았고, 공정함을 지키려다 오히려 냉정한 사람이 되어 있었다.

'심리적 안전감과 신뢰는 다르다', '관계의 출발점', '유능함과 인간미 중 하나를 선택한다면?' … 각 챕터의 프롬프트는 내가 팀장 시절에 꼭 스스로에게 물어봤어야 할 질문들이다. 관계의 본질을 스스로 성찰하게 만들고, 리더십의 우선순위를 다시 생각하게 만든다.

저자 장철우의 프롬프트는 단순한 질문이 아니라, 내 안의 답을 끌어내는 사고의 촉진제다. 신뢰받는 리더가 되고 싶은 모든 분들에게 이 책을 강력히 추천한다.

◯ 박상훈, 탑코리아 세무법인 대표 세무사

세무법인을 운영하며 가장 어려운 것은 전문가들을 이끄는 일이다. 협업하는 동료 세무사, 고객사 회계 담당 임원들은 이미 각자의 영역에서 전문가다. 이들에게 "일 잘하라"고 할 수는 없다. 그들은 이미 일을 잘한다. 문제는 '동기'다. 어떻게 해야 그들이 스스로 움직이고, 협업을 통해 더 좋은 성과를 내고 싶어 할까.

　이 책의 '팀을 살아있게 만드는 동기 설계의 과학'은 바로 이 고민을 스스로 풀어가게 만드는 프롬프트들로 가득하다. '조언의 함정', '약속 대신 기대', '열정보다 실력', '동기의 방향'… 각 챕터는 동기부여에 대한 고정관념을 깨는 질문을 던진다. 특히 '팀원에게 조언을 많이 하면 동기부여가 될까?'라는 프롬프트는 내가 그동안 얼마나 잘못된 방식으로 동기부여를 시도했는지를 스스로 깨닫게 했다.

　장철우 작가는 17년간 현장에서 축적한 통찰을 "이 상황에서 나는 무엇을 놓치고 있는가?"라는 질문으로 바꿔낸다. 전문가 조직을 이끄는 리더, 구성원의 자발성이 중요한 조직의 팀장이라면 반드시 읽고, 프롬프트를 통해 스스로 답을 찾아가야 할 책이다.

프롤로그

팀장 프롬프트를 입력하려는 당신에게

대학교 동창 중 한 친구는 군 생활을 장교로 해서인지, 계급과 직급 체계에 따른 위계가 아주 명확했다. 그는 대기업의 영업사원으로 직장 생활을 시작했고, 스스로도 적성에 잘 맞는다고 생각했다. 실제로도 빨리 인정을 받아 영업팀의 팀장이 되었다.

그런데 1년 만에 다시 팀원으로 강등되었다는 소식을 들었다. 반기별로 진행되는 리더십 평가에서 두 번 연속 최하점을 받은 것이 이유였다고 한다. 그 충격 때문인지 나를 찾아왔다. 소주 한 잔을 기울이며 이유를 물었다.

그가 팀장으로 부임했을 당시, 자신보다 승진이 늦은 선배가 팀원으로 있었는데, 그 선배가 자신을 팀장으로 대우해 주지 않는 것 같아 기분이 상했다고 한다. 그래서 '누가 더 높은 직급인지 보여주자'는 마음으로 일부러 엄격하게 대했다고 했다.

하지만 예상치 못했던 것이, 그 선배를 좋아하는 후배들이 꽤 많았다는 점이었다. 결국 선배와의 갈등이 커졌고, 그 여파로 후배들과의 관계도 틀어지면서 1년 내내 너무 힘들었다고 털어놓았다.

또 한 명의 후배는 항상 동료들을 챙기고, 솔선수범하며 궂은일도 마다하지 않는 성실한 친구였다. 몇 년 전 팀장이 되었는데, 얼마 지나지 않아 너무 힘들다며 나를 찾아왔다.

남들은 팀장이 되면 시간이 좀 생기고, 리더십 발휘에 대한 고민을 많이 한다고 하는데, 자신은 팀 내 모든 일을 하나하나 확인하고 챙기느라 오히려 일이 더 많아졌다고 했다. 그의 말을 들어보니 그는 팀장이기보다는, 단지 '일이 가장 많은 팀원' 처럼 보였다.

작년 내 유튜브 영상을 보고 누군가 메일을 보내온 적이 있다.
직원 수가 20명 정도인 스타트업 회사인데, 어느 날 대표가 5명의 팀원을 두고 있는 개발팀의 팀장직을 그에게 맡겼다고 했다.
팀장이 된 그는 제대로 팀을 관리하려고 마음을 먹었지만, 실질적인 권한은 하나도 주어지지 않았다. 사소한 결정을 하려고해도 매번 대표의 허락을 받아야 했고, 결국 '이름만 팀장일 뿐, 여전히 실무자' 에 불과했다.
실망했지만, 그러려니 하고 넘기고 있었는데, 팀원들이 그에게 회사에 대한 불만을 계속 털어놓으며 대표를 설득해 달라고 부탁해왔다고 한다. 어쩔 수 없이 팀원들의 의견을 전했더니, 대표는 "그런 건 팀장이 알아서 방어하고 무마해야지, 왜 나까지 귀찮게 해?"라며 화를 냈다.

팀장은 언제나 조직의 중심에 있다.
위에서는 전략과 지시가 내려오고, 아래로부터 실행과 반응이 올라온다. 팀장은 그 사이에서 방향을 읽고 조율하며, 사람과 과업을 동시에 이끌어야 한다. 그러나 아무도 이 역할을 제대로 가르쳐 주지 않는다.

나는 기업 교육 현장에서 지난 17년간 수많은 팀장들과 만나왔다.
어떤 이는 팀장이 된 첫날, 무엇을 해야 할지 몰라 당황했고,
어떤 이는 리더가 된 뒤에도 팀원처럼 일만 하다 지쳐 있었다.
또 어떤 이는 실질적 권한도 없는 명목상의 팀장으로 혼란을 겪었다.

"결정적 순간, 누군가 제대로 된 질문을 던져줬더라면…"
이 책은 그들의 후회에서 시작되었다.

팀장으로서 현장에서 마주하는 막막한 상황에서, 혼란스러운 관계에서, 결정의 기로에서, 필요한 프롬프트를 입력하면, 그 안의 리더십이 작동하도록 스스로에게 던져야 할 질문들을 정리하고 싶었다.

그래서 제목을 『팀장 프롬프트』로 정했다.
AI시대, 우리는 AI에게 적절한 프롬프트를 입력해 원하는 답을 얻는다.
하지만 가장 강력한 프롬프트는 내 자신에게 던지는 질문이다.

나는 이 책을 거창한 리더십 이론서로 만들고 싶지 않았다.

그보다는 팀장이 실제 현장에서 마주하는 문제, 오늘의 회의와 피드백, 실행과 판단의 순간에 스스로에게 입력할 수 있는 프롬프트 모음집을 만들고 싶었다.
각 장마다 심리학적 통찰과 실제 사례, 그리고 상황에 맞는 질문 프롬프트를 담았다.

이 책이 특히 도움이 되었으면 하는 사람은 세 부류다.

첫째, 이미 팀장의 자리에 선 사람들.
둘째, 곧 팀장이 될 사람들.
셋째, 팀장을 이해하고 함께 일하는 동료와 관리자들.

특히 예비 팀장들에게 말하고 싶다.
리더십은 갑자기 주어지지만, 준비는 미리 할 수 있다.
준비된 리더만이 올바른 질문을 던지고, 스스로 답을 찾아낼 수 있다.

이 책은 말한다.
회의에서, 면담에서, 기획서 앞에서, 회식 자리에서.
팀장이 흔들릴 때는 프롬프트가 필요하다고.
그 프롬프트는 거창한 것이 아니다.

상황을 바라보는 질문,
사람을 대하는 질문,
목표를 실현하는 질문,
그리고 관계 속에서 중심을 잡는 질문.
그 모든 프롬프트가 이곳에 담겨 있다.

지금 이 책을 펼친 당신이
바로 그런 리더가 되기를 바란다.

이제부터 이 프롬프트는 당신의 것이며,

매 순간 스스로에게 입력하여

당신 안의 리더십을 깨우는 도구가 될 것이다.

차례

추천의 글, 현직 팀장들에게 묻다 5
프롤로그, 팀장 프롬프트를 입력하려는 당신에게 10

0부. 팀장이 된다는 것

- 1장 시작하는 팀장이 생각해야 할 세 가지 … 22

1부. 팀장의 첫 걸음

- 2장 리더십의 기준 … 34
- 3장 신뢰받는 리더 … 42
- 4장 관계의 경계 설정 … 50
- 5장 회복의 리더십 … 58

2부. 팀장의 가장 중요한 무기

- 6장 판단의 편향 … 68
- 7장 의지력의 심리학 … 78
- 8장 익숙함의 함정 … 88
- 9장 수단과 목표 … 100
- 10장 결정의 유연성 … 108

3부. 결정을 실행으로 바꾸는 소통의 힘

11장	피드백의 구조	122
12장	타이밍의 중요성	132
13장	소통의 균형	140
14장	설득의 기술	150
15장	칭찬의 진실	162

4부. 소통을 넘어선 진정한 관계의 기본기

16장	공감의 오류	174
17장	마음의 이해 실패	182
18장	안전과 신뢰의 차이	190
19장	관계의 출발점	198
20장	심리로 이해하는 구성원	206

5부. 리더의 내공 키우기

- 21장 완벽주의의 그림자 — 218
- 22장 현실 수용력 — 226

6부. 팀을 살아있게 만드는 동기 설계의 과학

- 23장 조언의 함정 — 238
- 24장 약속 대신 기대를 — 248
- 25장 열정보다 실력 — 258
- 26장 동기의 방향 — 268
- 27장 의지력의 재발견 — 280

7부. 최고 성과를 만드는 창의적 실행력

- 28장 스토리텔링의 힘 — 292
- 29장 창의성의 조건 — 300
- 30장 실행의 리더십 — 310

에필로그. AI시대, 리더십은 완성되지 않는다 계속 대화될 뿐이다 — 318

0부.
팀장이
된다는
것

인사발령 공고문

문서 번호   제 2026-인사-005 호

시 행 일 자   1/15/2026

수신: 이석원 (직원 본인)

참조: 주식회사 지에이엠 전 직원

축하합니다! 당신은 이제 팀장입니다.

당사 인사규정에 의거 다음과 같이 인사 발령합니다.

현 소 속	현 직 급	성 명
영업1팀	과장	이 석 원

발 령 구 분	발 령 일 자	발 령 내 용
승진 및 보직 발령	1/20/2026	마케팅팀 팀장으로 임함

이석원 님의 승진을 진심으로 축하드립니다.

새로운 직위에서 회사의 비전 달성과 팀의 성장을 이끄는 데 큰 역할을 해 주시기를 기대합니다.

그런데…. 지금 무엇을 해야 할지 막막하지 않나요?

팀장 프롬프트

1장.
시작하는 팀장이 생각해야 할 세 가지

팀장이 된 뒤, 매일이 낯설게 느껴집니다.
어제까지는 결과로 평가받았지만,
오늘부터는 사람으로 결과를 만들어야 한다는 걸 실감합니다.

> AI에게 묻습니다.
> 팀원의 일을 관리해야 할까요?
> 아니면 **팀원의 마음을 이해하는 데서 시작**해야 할까요?
>
> 내가 이제 배워야 할 것은 일의 기술일까요, 사람의 기술일까요?

팀장 프롬프트를 입력하세요

팀장이 된다는 것은 단순히 직급이 올라가는 변화가 아니다. 이는 곧 내가 해오던 일의 방식, 생각의 관점, 그리고 주변 사람들과의 관계를 근본적으로 바꿔야 한다는 뜻이다. '팀장'이라는 이름표 하나가 주는 무게는 생각보다 크고 복잡하다. 단순히 관리자라는 타이틀을 갖는 것을 넘어, 이제는 팀원들의 성과와 성장, 감정과 관계까지 책임져야 하는 입장이 되었기 때문이다.

기업교육 강의를 17년 넘게 해 오며 수많은 팀장, 예비 팀장들과 마주해 왔다. 이 과정에서 내게 가장 큰 기쁨이 된 것은 교육 이후 들려오는 소식이었다. "강사님, 그때 이야기 듣고 현장에 가서 적용해 봤는데 진짜 변화가 생겼어요."

이 한 마디는 강의를 준비하며 고민했던 시간들이 의미 있었음을 확인시켜 주는 선물이었다. 어떤 이는 승진 소식을 전해주고, 또 어떤 이는 새로운 조직에서 다시 도전 중이라며 연락을 준다. 그중에서도 '팀장이 되었다'는 이야기를 들을 때는 조금 특별한 마음이 든다.

기존과 다른 직장생활이 펼쳐질 것을 잘 알기에 나는 다음의 내용이 담긴 조언의 메일을 보냈다. 바로, **팀장이라면 가장 먼저 알아야 할 세 가지다.**

하나. 팀장과 팀원의 본질은 다르다

교육 현장에서 "팀장과 팀원은 뭐가 다를까요?"라는 질문을 던지면 많은 답이 나온다. "책임감이요", "권한이요", "퇴근 시간이요", "법인카드요"… 틀린 말은 아니다. 하지만 나는 이 모든 걸 포괄하는 하나의 문장으로 정리한다.

"팀원은 자신의 일을 잘하는 사람이고, 팀장은 팀원이 스스로 일을 잘하게 만드는 사람이다."

팀원의 본질은 성실한 완수다. 주어진 일을 정확하게 끝내는 것, 스스로의 퍼포먼스를 높이는 것이 핵심이다. 반면 팀장의 일은 팀원들이 자신의 역할을 잘하도록 환경을 만들고 조율하고 때로는 지지하는 것이다.

그게 바로 본질적인 차이다. 하지만 많은 팀장들은 이 경계를 혼동하거나 무시한다.

팀원이 실수하면? 수습하는 게 팀장의 일이다.

갈등이 생기면? 풀어주는 것도 팀장의 몫이다.

팀원이 사직서를 들고 나오면 말리는것, 이직하려는 마음을 갖기 전에 감지하고 대화를 나누는 것, 이 모든것이 팀장의 역할이다.

그런데도 종종 이런 말을 하는 팀장을 본다.

"김 대리! 네가 사고 쳐서 그거 수습하느라 내 일 못 했잖아."

이미 팀장으로서 역할을 이해하지 못한 것이다. 수습이 곧 자신의 일이라는 것을 모르고 있는 것이다.

대부분의 팀장은 일을 잘해서 승진한다. 그만큼 실력 있고 빠르게 처리하는 데 익숙하다. 하지만 팀장이 되면 이것은 오히려 단점이 된다. 일 못하는 팀원들의 속도를 이해하지 못하고, 왜 이걸 못하냐고 답답해한다.

"김 대리! 몇 년 차인데 이 정도 보고서도 못 써?"

"강 과장, 아직도 이 툴을 못 다뤄?"

이런 말은 팀원에게 엄청난 좌절감을 준다. 그리고 결국에는 팀장을 외로운 사람으로 만든다.

그렇기에 팀장은 **'기다림의 리더십'**을 익혀야 한다. 가르치고, 지켜보고, 실수해도 다시 도전하게 도와주는 것이 팀장의 역할인 것이다.

"비켜, 내가 할게."

이 말은 팀원 성장의 기회를 뺏는 것이다. 팀장은 실무자와는 다르다는 걸 구조적으로 이해해야 한다. 이 깨달음 하나만으로도 팀장의 절반은 준비된 셈이다.

둘. 팀원이 팀장을 좋아해야 성과가 높다

이런 생각을 해 본 적이 있을까? 왜 조직은 팀제를 운영할까?

이 구조는 사기업뿐 아니라 공공기관, 관료 조직까지 동일하게 적용된다. 이유는 단순하다. 팀제가 **가장 성과를 내기 좋은 시스템이기 때문이다.**

조직은 목표를 주고, 팀을 구성해 그 목표 달성 여부로 평가하고 보상하거나 질책한다. 이는 굉장히 비인간적이고 물질적인 이야기 처럼 들리지만, 역으로 우리 팀이 만약 성과가 좋다면… 아무도 우리를 건드리지 않는다는 뜻이다. 실제로 좋은 성과를 내는 사람의 입장에서는 성과주의보다 더 괜찮은 프로세스는 없다.

그렇다면 성과는 어떻게 낼 수 있을까? 다양한 연구가 있지만, 그중 하나는 아주 명확하다.

바로 **'팀원들이 팀장을 좋아하는 팀이 성과가 높다'** 는 사실이다.

생각해 보자. 나도 한때 팀장을 좋아했던 적이 있다. 그때 우리 팀의 성과가 안 좋았으면 이상하게 마음이 불편했다. 뭔가 해보고 싶고, 팀장에게 도움이 되고 싶었다. 거래처에 전화라도 한번 더 했다.

반대로 팀장을 좋아하지 않았던 시절엔? 결과가 안 좋아도 크게 신경 쓰지 않았다. 저러다가 팀장이 바뀌길 바랐을 뿐이었다.

팀원이 팀장을 좋아하면, 팀장은 팀원을 움직일 수 있다.
팀원이 팀장을 좋아하면, 우리팀의 성과는 좋아질 것이다.
그렇다면 어떻게 해야 팀원이 팀장을 좋아하게 될까?

이 질문을 교육장에서 하면 이렇게 답한다.
"맛있는 것을 많이 사주면 됩니다."
"팀원 칭찬을 많이 해주거나, 싫어하는 일을 시키지 않으면 됩니다."
"팀원이 원하는 것을 코칭해 주면 됩니다."

다 맞는 말이다. 하지만 이 대답에는 전제가 필요하다.
바로 '내 편'일 때만 통한다는 것이다.

내 편일 때 맛있는 것을 사줘야 좋아한다.
내 편일 때 칭찬을 많이 해주거나, 원하는 바를 코칭해 주면 된다.
내 편이 아닌데 칭찬을 하면 의심부터 생긴다.
왜 갑자기 저러지?

하지만 현실의 많은 팀장들은 팀원에게 편들어주는 말을 하는 걸 꺼린다. 중립적이고 객관적인 태도를 유지하려 한다. 마치 판사처럼 양쪽 말을 듣고 잘잘못을 정리한다. 그리고 이렇게 답한다.

"A는 35% 잘못했고, B는 65% 잘못했네."

이런 말은 객관적으로 들릴지 모르지만, 정작 팀원의 마음은 오히려 더 멀어진다.

팀장은 편을 들어주는 사람이어야 한다.

물론 뒤에서는 잘잘못을 정리하고 교육할 수 있다. 하지만 눈앞에서는 확실히 '내 편'이라는 느낌을 주어야 한다.

"최 대리 괜찮아? 그 자식 감히 누구한테 그래? 내가 이야기해 볼게."

이 말이 팀원에게 주는 위로는 상상 이상이다.

사소하지만 중요한 사실 하나.

부부관계가 좋은 가정의 특징이 있다. 바로 부부 각각의 상사가 그 집에서 최악의 빌런인 것. 왜냐고? 서로 회사 이야기를 할 때마다 무조건 같이 욕해주기 때문이다.

셋. 리더십은 훈련이고 연습이다

나는 스타트업 기업의 사장님들이 모인 협회에서 정기적 강의를 한다. 직장생활 10-15년 가까이하다가 유사 아이템을 가지고 독립한 창업자들이 많다. 사장이면서 주로 영업을 하고, 내부에서 행정, 기술직 2~3명을 두고 회사를 운영하는 아주 작은 회사의 대표들이다.

강의가 끝난 후 쉬는 시간, 늘 한두 명씩 조용히 다가와 이야기한다.

"강사님! 독립해서 정신없이 일을 하다 보니 크게 느끼는 게 있습니다. 일은 어떻게 해서든지 할 수 있을 것 같아요. 실력이 안되면 밤을 새워서라도 몸으로 때워서 해결할 수 있습니다.

그런데 문제는 사람입니다. 사람을 시켜서 움직이는 건 정말 어렵더라고요. 직원이 해 온 일이 맘에 안 들어서 몇 마디 했더니 금방 토라져서 그만두겠다고 하고, 그게 두려워서 아무 말하지 않고 내버려 두었더니 마냥 하루 종일 노는 것 같고, 일을 시키는 것이 이렇게 어려울 줄 몰랐습니다."

이 하소연에 내가 물었다.
"아니 사장님! 회사 다닐 때 팀장이나 리더 안 하셨어요?"
"했었죠. 근데 그때는 팀원들에게 자꾸 시키는 게 미안하기도 하고, 차라리 내가 하는 게 훨씬 빨랐고, 또 시켰는데 제대로 못하면 감정만 안 좋아져서…. 리더십 발휘해야 한다는 생각을 안 했던 것 같아요."

조직을 떠나 독립을 하면, 그제서야 깨닫는다. 아, 회사에 있을때가 리더십을 연습할 수 있는 시기였구나.

회사는 리더십을 연습할 수 있는 가장 안전한 공간이다.
오늘은 이렇게 지시해 보고, 반응을 보고, 내일은 조금 다르게 시도해 본다. 실수해도 회사는 망하지 않는다. 반발이 있어도 다시 기회를 얻을 수 있다. 월급은 나온다. 한 팀에서 잘 안 됐으면 다음 팀에서 다시 도전할 수도 있다. 이게 회사가 팀장에게 주는 숨은 복지다.

하지만 창업을 하면 다르다. 한 번 리더십을 잘못 발휘해 생긴 문제는 바로 매출과 연결된다. 분위기를 망치거나 신뢰를 잃으면 바로 이탈과 퇴사, 폐업으로 이어질 수 있다. 회복도, 재도전도 어렵다. 그래서 많은 창업자들이 후회한다.

"왜 그땐 그렇게 일만 했을까? 왜 리더십을 연습하지 않았을까?"

리더십은 하루아침에 생기지 않는다. 누군가에게 영향을 주고 움직이게 만든다는 것은 오랜 시간 훈련과 실패를 통해 몸으로 체득해야 가능한 일이다.

지금 팀장 역할이 불편한가?

팀원보다 내가 하는 게 낫다는 생각이 드는가?

바로 그 지점이 훈련이 필요한 순간이다. 지금은 미래를 위해 가장 값진 투자를 할 수 있는 시점이다.

리더십은 그 자체로 실무 못지않은 성과 도구다. 그래서 잘 써야 한다. 소홀히 다루면 가장 뼈아픈 후회로 돌아온다. 지금의 팀장 자리에서, 실패하더라도 훈련하고 반복하고 체득해 보자. **이것이야말로 회사가 당신에게 제공하는 최고의 복지 혜택이다.**

지금 이 책을 펼친 당신에게, 첫 장을 이렇게 채워보기를 권한다.

[나는 오늘, 사람을 일하게 만드는 팀장이 되기로 결심했다.]

팀장 프롬프트

case.1 팀원의 일을 내가 직접하려 할 때

지금 내가 하는 일은 '실무'인가, '팀장의 일'인가?

팀원은 일하는 사람, 팀장은 일하게 만드는 사람!
기다림의 리더십이 필요한 순간이다.

case.2 팀원과의 관계가 어색하고 거리감이 느껴질 때

우리 팀원들은 나를 좋아하는가? **나는 팀원의 편인가?**

팀원은 좋아하는 팀장을 따른다.
중립적 판사보다 **확실한 편이 되어주자.**

case.3 팀장 역할이 불편하고 도망치고 싶을 때

지금 나는 리더십을 연습하고 있는가, 회피하고 있는가?

지금이 가장 안전하게 실패할 수 있는 시기다.
리더십은 회사가 주는 최고의 복지다.

| 팀장 프롬프트를 입력하세요

팀장 프롬프트를 복습하며 직접 작성해보세요 |

▶ 나는 오늘 팀원의 일을 대신 해주지 않았는가?
그렇다면 그때 어떤 성장의 기회를 빼앗은 것일까?

▶ 팀원에게 "네 편이야"라고 마지막으로 말한 것이 언제인가?
내일 누구에게, 어떤 말로 그 마음을 전할 것인가?

▶ 오늘 나는 리더십을 '연습'했는가, '실무'만 했는가?
내일은 무엇을 다르게 선택할 것인가?

어제까지 동료였던 사람들이 갑자기 어색해 보이고,
평범했던 대화 한마디에도 신경 쓸 것들이 늘어난다.

무엇보다 혼란스러운 것은 "어떤 팀장이 되어야 할까?"라는
근본적인 질문이다.

"팀원들에게 친근하게 다가가야 할까, 거리감을 유지해야 할까?"
"실력으로 인정받아야 할까, 인간미로 사랑받아야 할까?"
"모든 팀원을 똑같이 대해야 할까, 개별적으로 다르게 접근해야 할까?"

1부.
팀장의 첫걸음

새로운 팀장은 매순간 선택의 기로에 선다.
그런데 이런 선택들은 단순해 보이지만, 실제로는 팀의 문화와 성과,
그리고 팀장 자신의 리더십 스타일을 결정짓는 중요한 기준점들이다.

많은 팀장이 이런 기본적인 원칙 없이 상황에 따라 즉흥적으로 대응하다가
일관성을 잃고 팀원들의 신뢰를 잃는다. 또 어떤 팀장은 너무 완벽하려고
하다가 정작 중요한 순간에 팀원들에게 다가가지 못한다.

그래서 팀장이라면 반드시 정립해야 할 리더십의 기본기들을 다룬다.
유능함과 인간미 사이에서 균형을 찾는 법,
좋은 사람과 책임지는 사람의 차이, 건강한 관계의 경계를 설정하는 방법,
그리고 위기 상황에서 팀을 회복시키는 리더십까지.

이것들은 화려한 기술이 아니라,
팀장으로서 흔들리지 않는 중심을 만들어주는 기본기다.
기본기가 탄탄해야 어떤 상황에서도 일관된 리더십을 발휘할 수 있다.

팀장 프롬프트

2장.
리더십의 기준

성과를 내야 한다는 압박 속에서, 나는 점점 단호해지고 차가워집니다. 효율을 위해 감정을 줄였는데,
어느 순간 팀원들의 표정이 낯설게 느껴집니다.

> AI에게 묻습니다.
>
> 리더는 어느 쪽을 먼저 지켜야 할까요?
>
> **유능함으로 인정받는 것과 인간미로 신뢰받는 것** 중,
>
> 둘 다 챙길 수 없다면 지금은 **무엇을 우선해야 할까요?**
>
> 그리고 **한 번 잃으면 되돌릴 수 없는 것은**
>
> 실적인가요, 사람의 마음인가요?

|팀장 프롬프트를 입력하세요

직장 생활 중 아직도 선명하게 기억에 남는 두 명의 팀장이 있다.

신 팀장: 성과는 있었지만 사람은 없었다

신 팀장. 회사에서 '에이스'로 불리며, 뛰어난 성과와 강한 카리스마를 동시에 갖춘 리더였다. 그는 새로 팀을 맡자마자 모든 팀원에게 **목표 달성 계획서**를 받았다. '언제까지, 어떻게, 100% 달성할 것인가'를 구체적으로 제출하게 했고, 이를 토대로 즉각적인 1:1 면담을 진행했다.

고객 1인당 매출 규모의 범위 조정부터 지역적 특색을 반영한 업종 배치, 팀원의 강점을 중심으로 한 품목 조정까지 매우 세밀하게 조율했으며, 일주일 단위로 철저한 성과 점검을 시행했다. 궁금한 사항에 대해서는 빠르게 피드백을 주었고, 규정 중심의 명확한 의사결정 덕분에 업무 진행은 매우 효율적이었다.

하지만 그는 **인간적인 교류를 철저히 배제했다.** 개인적인 이야기를 꺼내는 것을 싫어했고, 사적인 이유로 업무에 영향을 주면 꼭 기억했다가 **인사고과에 반영**했다. 성과는 높았다. 성과급도 많았다. 그러나 팀원들은 이 팀장을 위해 더 노력하고 싶은 마음은 전혀 들지 않는다는 것을 깨달았다. 답답한 1년을 함께한 팀장으로 그는 기억에 남았다.

유 팀장: 사람은 좋았지만 미래는 없었다

또 한 명은 우리 회사에서 가장 사람 좋기로 소문난 유 팀장님이었다. '일은 사람이 하는 것이다'라는 철학을 바탕으로, 팀원들의 의견을 충분히 듣고 개인적인 사정도 최대한 배려해 주는 따뜻한 리더였다.

누군가와 전화할 때면 사적인 이야기를 먼저 나눈 후 본격적인 업무 이야기를 시작했고, 모든 직원의 경조사를 챙기느라 늘 바쁘게 움직였다. 개인적인 일이 생기면 상사 몰래 출장으로 처리해주는 인간미 넘치는 모습을 자주 보여줬다.

하지만 업무 면에서는 아쉬움이 컸다. 승진이 늦어 나이는 많았고, 자신보다 어린 팀장들에게 양보하느라 더 많은 목표를 떠안았으며, 결국 성과는 뒷전이 되었다. 실적 부진으로 리더십 평가에서도 좋은 점수를 받기 어려웠다. 팀원들은 이 팀장과 일하는게 편했지만 "이 팀에 오래 있으면 나도 저렇게 되는거 아닐까" 장기적으로 함께하면 자신도 도태될 수 있다는 걱정이 마음 한 구석에 자리 잡았다.

하버드의 리더십 모델: 유능함 vs 인간미

이 두 팀장은 각각 성과중심 팀장과 관계중심 팀장으로 구분된다. 이상적인 팀장은 당연히 두 가지를 모두 갖춘 사람이다. 하버드대 심리학자 에이미 커디Amy Cuddy의 SCM$^{Stereotype\ Contents\ Model}$에 따르면, 리더십의 핵심은 '유능함^{competence}' 과 '인간미^{warmth}' 두 가지로 나뉜다. 이 두 요소를 모두 갖추면 팀원들은 팀장에게 신뢰와 존경을 보내고, 둘다 갖추지 못하면 경멸한다. 그렇다면 둘 중 하나만 갖출수 있다면 뭘 갖춰야 할까?

교육 현장에서 이 질문을 던지면 **10명 중 7명은 '유능함' 을 선택**한다. 이유는 명확하다. 팀장의 핵심 역할은 결국 성과 창출이고, 사람 좋은 팀장만으로는 버티기 어렵다고 느끼기 때문이다.

그런데 정말 그럴까?

여기 놀라운 사실이 하나 있다.

유능함과 인간미는 작동 방식이 완전히 다르다.

요소	특성	지속성
유능함	맥락 의존적 : 어떤 분야에서는 뛰어나지만 다른 분야에서는 아닐 수 있음	변화가능
인간미	맥락 독립적 : 모든 분야에서 공통으로 한 번 이미지가 형성되면 쉽게 바뀌지 않음	인식고착

유능함은 맥락 의존적이다. 영업에서는 탁월하지만 기획에서는 평범할 수 있고, 전략 수립에는 강하지만 실행 관리에는 약할 수 있다. 즉 유능함은 상황에 따라 다시 증명해야 하는 것이다.

반면 **인간미는 맥락 독립적**이다. 한 번 '차가운 사람'이라는 이미지가 각인되면, 어떤 상황에서든 그 인식은 쉽게 바뀌지 않는다. 회의실에서 차가웠던 팀장은 회식 자리에도, 1:1 면담에서도 차갑게 보인다.

더 무서운 건, 인간미는 한 번 깨지면 회복이 거의 불가능하다는 점이다.

그렇다면 답은 무엇인가

유능함과 인간미는 모두 리더십의 중요한 요소다.

하지만 이 둘 중 무엇을 먼저 보여주어야 하느냐고 묻는다면, 기준은 분명하다. 신뢰를 더 빨리 쌓아주는 요소가 먼저다.

유능함은 상황에 따라 달라지고 시간이 걸리지만, 인간미는 초기 신뢰 형성에 훨씬 더 큰 영향을 준다. 사람들은 처음 만나는 사람에게서 능력보다 따뜻함, 선의를 통해 "저 사람은 안전하다, 배신하지 않을 사람이다"라는 신뢰의 바탕을 만든다.

그리고 이 신뢰가 형성되어야 유능함이 실제 영향력을 발휘할 기회를 얻는다. 인간미는 협력과 자발성을 이끌어내는 원천이다. 사람들은 무서운 팀장에게는 복종하지만, 따뜻한 리더를 위해서는 스스로 움직인다.

장기적 관점에서 보면 인간미야말로 리더십의 지속 가능성을 결정한다. 유능함은 학습과 훈련으로 보완할 수 있지만 인간미는 한 번 잃으면 되돌리기가 어렵다.

당신은 어떤 팀장인가?

지금 이 글을 읽는 당신에게 묻고싶다.

"팀원들이 당신을 떠올릴 때, 가장 먼저 생각나는 건 무엇일까?"

성과를 내는 팀장일까, 혹은 함께 일하고 싶은 팀장일까?

두 가지를 모두 갖춘 팀장이 되는게 이상적이다. 하지만 현실에서 우리는 매 순간 선택해야 한다. 그리고 그 선택의 순서가 중요하다.

인간미가 먼저다. 인간미로 먼저 신뢰를 쌓고 그 위에 유능함으로 성과를 쌓아라. 성과라는 모래 위에 신뢰를 쌓으려 하지 마라.

작은 배려, 진심어린 피드백, 따뜻한 공감. 이런 것들이 쌓여 인간미를 만들고 신뢰의 토대가 된다. 그리고 그 신뢰는 결국 당신이 유능함을 발휘할 수 있는 단단한 기반이 된다.

좋은 팀장이 되기 위한 첫걸음은 사람을 향한 따뜻한 시선이다. 그것이 모든 리더십의 시작이다.

팀장 프롬프트

case.1 성과는 좋은데 팀원들이 나를 피하는 것 같을 때

팀원들은 나에게 복종하는가, 자발적으로 따르는가?

무서운 팀장에게는 복종하지만,
따뜻한 리더를 위해서는 스스로 움직인다.
성과보다 사람이 먼저다.
인간미 없는 성과는 오래가지 않는다.

case.2 팀원과 거리를 두고 객관적으로 대하려고 할 때

지금 내가 지키려는 것은 유능함인가, 인간미인가?

인간미는 맥락 독립적이다.
한 번 '차가운 사람'이라는 인상이 자리 잡으면,
어떤 상황에서도 따뜻함이 전달되지 않는다.

case.3 일은 잘하는데 리더로서 부족한 것 같다고 느낄 때

팀원들이 나와 함께 일하고 싶어 하는가?

유능함은 배울 수 있지만, 인간미는 쌓아야 한다.
한 번 잃은 인간미는 되돌리기 어렵다.
신뢰라는 토대위에 성과를 쌓아라!

|팀장 프롬프트를 입력하세요

팀장 프롬프트를 복습하며 직접 작성해보세요

▶ 팀원들은 나를 '신 팀장'처럼 느끼는가, '유 팀장'처럼 느끼는가?
지난주 내가 보인 행동 중 어떤 것이 그들에게 그런 인상을 주었나?

▶ 업무 피드백 전에 "요즘 괜찮으세요?"라고 물어본 적이
최근 일주일간 몇 번이나 있었는가?

▶ 오늘 팀원 한 명에게 진심 어린 관심을 표현한다면,
누구에게 무엇을 말해줄 것인가?

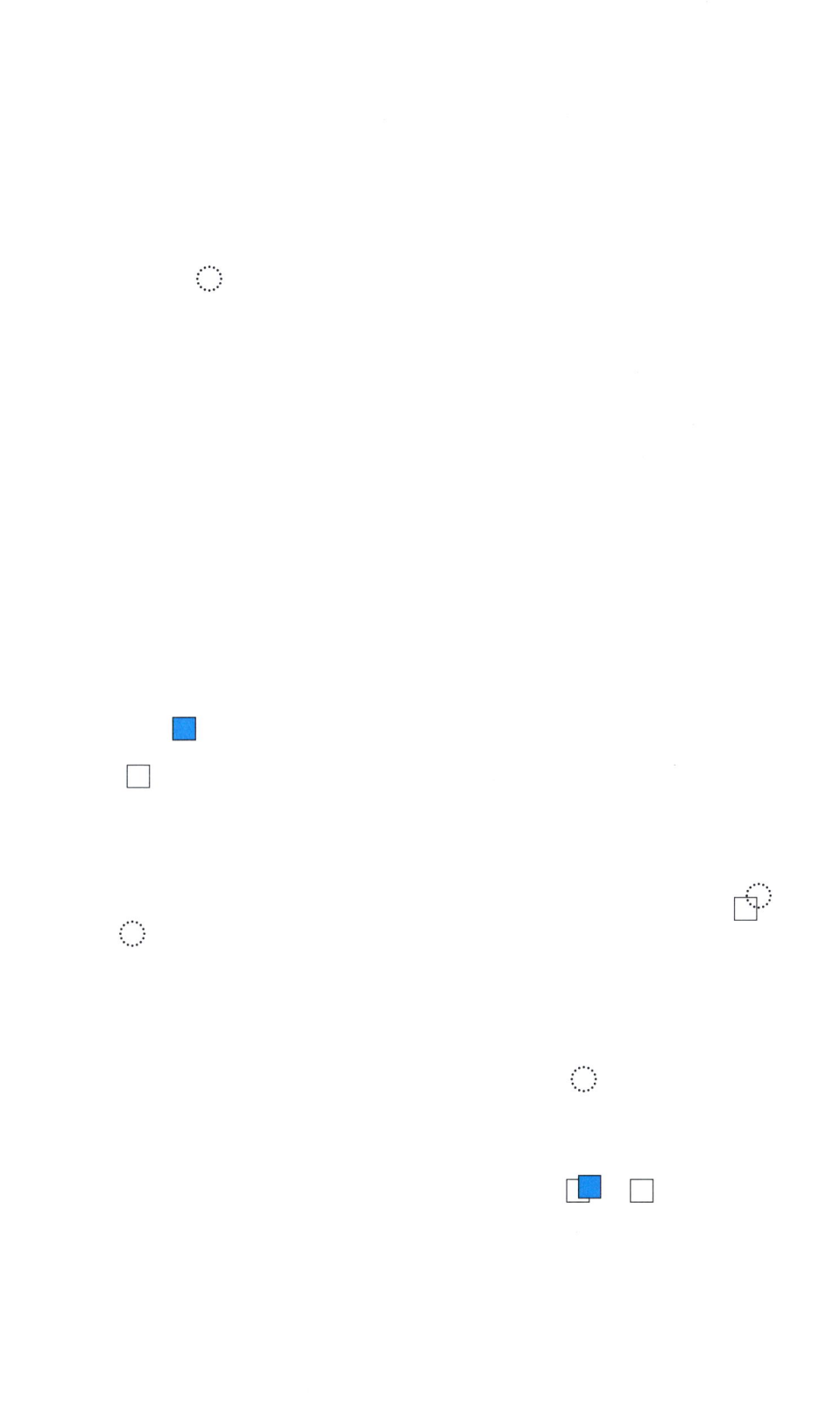

팀장 프롬프트

3장.
신뢰받는 리더

팀원들과의 관계를 편하게 만들고 싶었습니다.

다정하게 대하면 신뢰가 자연스럽게 따라올 거라 믿었죠.

그런데 시간이 지나자, 말하지 못한 일들이 쌓이고

꼭 해야 할 쓴소리조차 조심스러워졌습니다.

> AI에게 묻습니다.
>
> 리더는 어디까지 따뜻해야 하고, 언제부터 단호해야 할까요?
>
> '좋은 사람'으로 남는 것과 '책임지는 팀장'으로 서는 것,
> **둘 다 가질 수 있을까요? 없다면 지금 어떤 선택을 해야 할까요?**

| 팀장 프롬프트를 입력하세요

많은 팀장이 이런 고민을 한다.

"따뜻한 팀장이 되고 싶은데, 그러다 보면 우습게 보이는 것 같아."

"단호하게 말하면 팀 분위기가 나빠질까 봐 걱정돼."

"쓴소리를 해야 하는데 나만 나쁜 사람 되는 것 같아서 차마 못하겠어."

이런 고민의 밑바탕에는 하나의 오해가 있다. 좋은 팀장은 팀원에게 잘하는 좋은 사람이어야 한다는 생각이다. 하지만 진실은 정반대다.

좋은 팀장은 '좋은 사람'이 아니라 '책임지는 팀장'이다.

책임지는 팀장은 팀원이 듣기 싫어하더라도 필요한 조언을 할 수 있고, 팀의 방향을 위해 불편한 결정을 내릴 수 있으며, 문제가 생기면 변명하지 않고 앞에 나서서 책임을 진다.

팀장의 인간미란 호감을 얻기 위해 행동하는 것이 아닌, 혼란 속에서 명확한 기준을 두고 결정해서 거기에 책임을 감당하는 것이다.

이 팀장이 놓친 것

이 팀장은 회사에서 '호인'으로 통했다. 싫은 소리를 잘 못 하고, 팀원들과 친구처럼 지내며, 실수가 있어도 대부분 눈감아주는 배려심 많은 사람이었다.

어느 날, 타 부서와의 협업 회의 참석자를 정해야 하는 상황이 왔다. 팀 전체에 관련된 일이지만 누구도 선뜻 나서지 않았다. 이 팀장은 독단적으로 지시하는 게 싫어서 조심스럽게 물었다.

"이번 기획팀 협업 회의에 누가 가줄 수 있을까요?"

그는 최 과장의 일정이 비교적 여유로워 보여 조심스럽게 부탁했다.

"최 과장님, 이번에 부탁해도 될까요? 그 시간에 일정이 괜찮아 보여서…"

하지만 최 과장의 대답은 단호했다.

"팀장님, 안 됩니다. 제 일도 아닌데요. 그 시간에 고객사 미팅 준비해야 해서 무리입니다."

이 팀장은 난처했다. 결국 자신이 직접 참석했다. 문제는 그 후에 일어났다. 며칠 후, 휴게실에서 우연히 들은 최 과장의 말.

"이 팀장님 뭐 하는 사람이야? 자기가 제일 한가한 것 같은데… 우리 바쁠 때 팀장이 커버해야 하는 거 아냐? 참나."

이 팀장은 크게 상처받았다.

'내가 그렇게 잘해줬는데 이렇게까지 무시당해야 하나…'

하지만 정작 문제는 최 과장이 아니라 이 팀장 자신이 만든 환경이었다.

인간은 환경에 적응한다.

팀장이 명확한 기준과 경계를 보여주지 않으면, 팀원들은 점차 자기중심적으로 행동하게 된다. 이 팀장은 그동안 팀 공동 업무를 팀원이 거절해도 강하게 요구하지 않았다. 실수가 있어도 "괜찮아요, 다음엔 조심하세요." 정도로 넘어갔다. 권위보다는 친근함을 우선했다.

그 과정에서 팀원들은 **"우리 팀장에게는 거절해도, 실수해도 괜찮다."** 를 **학습했다.** 최 과장이 나쁜 사람이라서가 아니라 이 팀장이 만든 환경에 적응한 것이다.

책임지는 팀장의 두 가지 원칙
1. 기대치를 명확히 하라

"여러분, 우리 팀에는 개인 업무 외에 공동 책임 업무가 있습니다. 기획팀 협업 회의는 우리 팀 전체와 관련된 중요한 일이고, 순번제로 돌아가면서 참석할 예정입니다. 이번 달은 최 과장님 차례입니다."

이 팀장이 처음부터 이렇게 말했다면? 최 과장이 거절할 수 있었을까?

좋은 팀장은 팀원의 기분을 상하지 않게 하려고 애쓰지만,

책임지는 팀장은 기대치를 명확하게 만든다.

2. 즉시, 분명하게, 사실 중심으로 피드백하라

만약 최 과장의 험담을 듣고 감정적으로 반응했다면?

"최 과장! 내가 얼마나 잘해줬는데 어떻게 나한테 이럴 수 있어?!"

이건 최악이다. 방어심만 키우고, 반성은 없고, 억울함만 남는다.

대신 이렇게 접근하라.

"최 과장님, 잠깐 이야기 좀 할까요?

어제 제가 부탁드린 회의 건으로 다른 팀원들과 이야기하는 걸 우연히 들었어요. 두 가지만 짚고 넘어가겠습니다.

첫째, '제 일이 아니다'라고 거절하신 건 문제가 있습니다. 이건 팀 공동의 업무였어요. 개인 일정을 이유로 거절하려면, 대안을 제시하거나 사전에 조율했어야 합니다.

둘째, 다른 팀원들에게 저에 대한 불만을 이야기한 건 팀 신뢰에 부정적 영향을 줍니다. 불만이 있으면 직접 말씀해 주시길 바랍니다. 앞으로 이런 일이 반복되면 고과에 반영될 수밖에 없다는 점 알려드립니다."

포인트는 세가지다.

즉시 문제를 본 즉시, 시간이 지나기 전에

사실 중심 감정이 아닌 행동에 초점을 두고

명확한 결과 이게 반복되면 어떤 결과가 오는지

그래서 피드백은 충분히 구체적이어야 하고, 여러 번 반복되어야 하고, 결과가 명확히 연결되어야 한다.

인간미와 책임감은 반대가 아니다

혹시 이런 생각이 들지 않는가?
"이렇게까지 해야 해? 너무 차가운 팀장 아니야?"
큰 착각이다. 진짜 인간미는 여기서 나온다.

최 과장에게 명확한 피드백을 주지 않으면 최 과장은 계속 같은 행동을 반복할 것이다. 이걸 보는 다른 팀원들도 "최 과장처럼 해도 되나 보다." 학습한다. 결국 팀 전체가 무너지는 것이다.

반대로, 지금 불편하더라도 명확한 피드백을 주면 어떨까? 최 과장은 자신의 행동을 교정할 기회를 얻고, 다른 팀원들도 명확한 기준을 배운다. 팀이 건강해지며 결국 최 과장도 성장한다.

지금 불편한 이야기를 하는 게 진짜 최 과장을 위한 길이다.
이게 바로 '인간미' 의 진짜 의미다.
팀원을 진심으로 생각한다면, 불편한 이야기를 할 수 있어야 한다.

신뢰받는 팀장으로 가는 길

좋은 팀장이 되려면, '모두의 친구' 가 되려 하지 마라.
대신 '모두의 리더' 가 되어라.

리더는 기대치를 명확히 말하고, 가능성을 진심으로 믿고, 그 기대에 부응할 수 있도록 지지와 피드백을 아끼지 않는 사람이다 불편한 이야기를 할 수 있는 용기, 갈등을 직면하는 책임감, 어려운 결정을 내릴 수 있는 단호함. 이것들이 팀장에게 필요한 미덕이다.

당신은 지금 인기를 얻으려 하는가, 아니면 신뢰를 얻으려 하는가?

잠깐의 순간, 팀원들의 기분을 상하게 하지 않으려다가 팀 전체를 망치는 팀장이 되지 마라. 지금 불편하더라도 올바른 길을 가는 팀장이 되어라. 그것이 **팀원에 대한 진짜 인간미이고, 팀에 대한 진짜 책임감이다.**

팀장 프롬프트

case. 1 팀원이 업무를 거절하고 뒤에서 불만을 말할 때

내가 만든 환경이 팀원을 이렇게 만든 것은 아닐까?

팀장이 권위와 기준을 세우지 않으면,
팀원은 점점 자기중심적으로 행동하게 된다.
쓴소리는 즉시, 분명하게, 그리고 팩트 중심으로 전달해야 한다.

case. 2 팀원의 실수를 지적하기 망설여질 때

지금 내가 피하는 것은 갈등인가, 책임인가?

문제를 직면하지 않는 팀장은 결국 책임지지 않는 팀장이다.
당장은 관계가 부드러워 보여도, 시간이 지나면 신뢰를 잃는다.

case. 3 팀원들에게 인기 있는 팀장이 되고 싶을 때

나는 '모두의 친구'가 되려 하는가,
'모두의 리더'가 되려 하는가?

팀장의 따뜻함이 팀을 안심시키지만,
팀장의 단호함이 팀을 안전하게 만든다.
사랑받는 것보다 신뢰받는 것이 더 중요하다.

| 팀장 프롬프트를 입력하세요

팀장 프롬프트를 복습하며 직접 작성해보세요

▶ 최근 한 달간 팀원에게 불편한 피드백을 해야 했지만
회피한 적이 있는가? 그 이유는 무엇인가?

▶ 만약 최 과장처럼 거절하고 험담하는 팀원이 있다면,
나는 감정적으로 대응할 것인가, 팩트 중심으로 대응할 것인가?
구체적인 대화 내용을 적어보자.

▶ 내일 한 명의 팀원에게 명확한 기대치와 피드백을 전달한다면,
누구에게 무엇을 어떻게 말할 것인가?

팀장 프롬프트

4장.
관계의
경계설정

팀 안에서 **한 사람이 계속 분위기를 흐리고 있습니다.**

성과는 나쁘지 않지만, 태도와 말투가 문제입니다.
몇 번 대화를 시도했지만 변하지 않고,
그사이 다른 팀원들의 사기도 떨어지고 있습니다.

> AI에게 묻습니다. 이런 상황에서 어디까지 기다려야 할까요?
> 한 사람을 품는 것이 팀을 지키는 일일까요,
> 아니면 **그 한 사람을 정리하는 용기가 진짜 리더십일까요?**

|팀장 프롬프트를 입력하세요

팀장은 모든 팀원을 포용하고 성장시켜야 한다.

하지만 어떤 팀원들은 아무리 기회를 줘도 팀 전체를 위험에 빠뜨린다.

우리는 앞장에서 불편한 피드백의 중요성을 이야기했다. 그런데 만약 그 피드백을 주었는데도, 반복적으로 기회를 주었는데도 변하지 않는다면?

그 때는 팀 전체를 지키기 위해 손절이라는 아픈 선택을 해야 한다

'썩은 사과 법칙Rotten Apple Effect'이 있다. 사과 상자에 썩은 사과 하나가 있으면, 그 사과 하나가 나머지를 빠르게 썩게 만든다. 팀에서도 마찬가지다. 단 한 명의 잘못된 태도가 전체를 흔들 수 있다.

그렇다면, 팀장이 반복적 기회를 줘도 팀원이 변하지 않을 때 팀 전체를 지키기 위해 손절이라는 선택을 해야할 팀원은 어떤 유형일까?

다음 세 가지 유형을 소개한다.

하나. 대안 없이 비판만 반복하는 팀원

팀 실적이 좋지 않아 연일 고전을 하던 장 팀장은 회의 시간에 아이디어를 모으자고 제안하자 몇 명이 의견을 제시했다.

"특별 이벤트를 해보면 어떨까요?"

그러자 최 차장이 말했다.

"그거 한다고 매출이 오르겠어? 해봐서 아는데, 힘만 들고 고생만 하지 성과는 없어요. 괜히 직원들만 힘들다구."

"한창 뜨고 있는 인플루언서와 협업해 홍보를 강화해 보면 어떨까요?"

"요즘 인플루언서 비용이 얼마나 비싼 줄 알아? 우리 예산으론 제대로 된 사람 잡기 어렵고, 잡아도 큰 효과 없어."

무엇을 제안하든 부정적으로 반응한다. 왜 안 되는지는 그럴싸하게 설명

하지만, 대안으로 뭘 해야 하는지는 이야기하지 않는다.

이런 부정적인 태도의 문제는 자신에게만 그치지 않고 팀 전체에 전파된다는 점이다. 심지어 이들은 팀장 앞에서는 조용히 있다가도, 실행 단계에서 후배들에게 힘 빠지는 말을 흘리며 사기를 꺾는다.

부정성 편향의 위력

심리학에서 말하는 '부정성 편향Negativity Bias'은 이런 현상을 설명한다. 우리는 10번의 칭찬보다 한 번의 비난을 더 오래 기억한다. 단 한 명의 부정적인 사람이 다수의 긍정적 분위기를 이길 수 있는 이유다.

따라서 팀장은 다음 질문을 반드시 던져야 한다.

"그럼, 최 차장님의 대안은 무엇인가요?"

정상적인 비판이 아니라, 대안 없는 부정만 반복한다면, 그래서 이를 여러차례 피드백 했는데 변하지 않는다면 손절이 필요하다.

둘. 타인의 공을 가로채는 팀원

어느 날 임원 대상 팀 프로젝트 발표가 잡혔다. 아이디어 구상부터 자료 수집, PPT 작성까지 대부분의 작업은 김 과장이 도맡아 했다. 그런데 발표자를 정하는 시점에서 이 과장이 나섰다.

"제가 발표하겠습니다."

김 과장은 발표 능력 측면에서 이 과장이 더 낫다고 판단해 양보했다.

결과는 대성공이었다. 사장님은 자료도 훌륭하고 아이디어도 참신하다며 발표자였던 이 과장을 극찬했다. 쏟아지는 질문에, 이 과장은 마치 모든 일을 자신이 한 것처럼 능숙하게 대답했다. 그 순간, 조용히 음료를 정리하던 김 과장은 씁쓸함을 삼켜야 했다.

문제는 팀장도 이 과장에게 속았다는 점이었다. 둘이 함께 협업한 줄 알았지 모든 것을 김 과장이 다 하고 발표 과실만 이 과장이 챙겼는 줄 전혀 몰랐었다. 뒤늦게 다른 팀원을 통해 이야기를 듣고 사장님께 김 과장의 공헌을 보고드리고 싶었지만 마땅한 방법이 없었다.

공 가로채기의 패턴

이 과장은 늘 이랬다. 힘들고 보이지 않는 일에는 소극적이고, 임원들 앞에서 돋보일 수 있는 일에만 열정적이었다. 협업이 필요할 때는 바쁘다고 빠지면서, 겉으로 드러나는 성과를 챙길 때에는 적극적이었다. 이런 태도는 팀 내 불균형을 심화시켰다.

결국 팀장은 결과뿐 아니라, **과정에서의 기여도를 세심하게 관리해야 한다.** 불공정한 보상은 팀원들의 사기를 꺾고, 우수 인재들이 팀을 떠나는 원인이 된다.

셋. 반복적 거짓과 변명하는 팀원

이 유형은 가장 위험하다. 문제는 거짓말 그 자체보다, 그 사람이 거짓말의 심각성을 인식하지 못한다는 점이다.

"어제 고객과 만나서 합의했습니다."

이 대리의 보고를 팀장은 그대로 믿었다. 하지만 고객과 통화해 보니 그런 합의는 없었다. 이 대리를 불러 재확인하자 그는 이렇게 답했다.

"아… 팀장님은 '합의'로 이해하신 거군요. 저는 '협의'라는 의미였습니다. 완전한 합의는 아니었고, 가격 쟁점이 남아 있었습니다."

이처럼 교묘하게 말을 바꾸며 책임을 회피하는 태도는 팀의 신뢰를 근본적으로 무너뜨린다.

업무 보고, 마감 기한, 출장 등 다양한 영역에서 허위 정보를 제공하고, 출장 중 개인 용무를 보는 일까지 생긴다. 결국 다른 팀원들이 그의 말이 사실인지 확인해야 하고, 이는 시간과 자원의 낭비로 이어진다.

이럴 경우, **팀장은 거짓말이 드러날 때마다 즉시 지적해야 하며, 잘못된 행동임을 명확히 인식시켜야 한다.** 단 한 번이라도 묵인하면, 그는 앞으로도 같은 방식으로 행동할 가능성이 높다.

태도는 실수가 아니라 성격의 문제다

이 세 유형은 단순한 실수나 일시적인 문제가 아니다. 정직성과 공동체 의식, 즉 '사람됨'에 관한 문제다. 많은 팀장이 **자신이 바꿀 수 있다고** 믿지만, 대부분 실패한다.

역량이 부족한 팀원은 팀장이 가르칠 수 있다. 또한 역량은 업무의 성격에 따라 적절한 자리로 재배치해 반전을 이끌어낼 수도 있다. 그러나 태도, 특히 성격적 요소는 쉽게 바뀌지 않는다.

따라서 이 세 가지 유형 중 하나라도 팀원에게서 명확히 드러난다면, 여러 차례 주의를 주었는데 변화의 모습이 없다면, **조직 전체의 건강을 위해 과감히 손절하는 것이 더 현명하다.** 구체적 손절의 방법은 회사마다 다르겠지만 인사팀에 현업 부적격자 통지, 팀원 재배치 요청, 임원급에 보고 등… 적절한 것으로 판단해야 할 것이다.

물론 이런 결정은 감정적으로도 쉽지 않고, 인간적인 관계를 고려하면 마음이 무거울 수 있다. 하지만 망설이는 동안 다른 팀원들은 점점 더 큰 피해를 입고, 심지어 조직의 유능한 인재들이 팀을 떠나게 되는 결과로 이어질 수 있다.

팀장은 모두를 품는 존재가 아니다. 진짜 리더는 팀 전체를 지켜내기 위해 때로는 아픈 결단을 내릴 줄 아는 사람이다. 그것이 팀장에게 요구되는 성숙한 책임감이며, 조직을 더 나은 방향으로 이끄는 리더십의 본질이다.

팀장 프롬프트

case. 1 회의 때마다 "그거 안 될 것 같은데요" 라고 태클거는 팀원이 있을 때

이 사람에게 '그럼 대안은 무엇인가요?'라고 물어본 적이 있는가?

부정성 태도는 전염된다.
한 사람의 부정적인 영향이 팀 전체를 무너뜨린다.
대안 없는 비판만 반복된다면, 명확한 경계 설정 혹은 손절이 필요하다.

case. 2 힘든 일은 피하고 성과만 챙기려는 팀원이 있을 때

과정에서의 기여도를 내가 정확히 파악하고 있는가?

공을 가로채는 팀원을 방치하면 불공정이 된다.
결국 우수 인재들이 팀을 떠난다.
결과뿐 아니라 과정의 기여도를 세심하게 관리해야 한다.

case. 3 곤란할 때마다 거짓말을 하는 팀원이 있을 때

이것은 일시적 실수인가, 반복되는 태도 문제인가?

거짓말은 신뢰를 무너뜨린다
태도는 쉽게 바뀌지 않는다.
한 번이라도 묵인하면, 그것은 곧 반복을 허락하는 것이다.

| 팀장 프롬프트를 입력하세요

팀장 프롬프트를 복습하며 직접 작성해보세요

▶ 우리 팀에서 세 가지 유형(대안 없는 비판 / 공 가로채기 / 거짓말)에 해당하는 팀원이 있는가? 그들은 어떤 행동을 보였는가?

▶ 그 팀원 때문에 좋은 팀원들이 힘들어하거나 팀을 떠날 위기에 처한 적이 있는가? 그 상황은 언제였는가?

▶ 만약 손절을 결정한다면, 내일 나는 어떤 행동으로 시작할 것인가? (명확한 피드백 / 인사팀 상담 / 재배치 요청 등)

5장.
회복의 리더십

요즘 한 팀원이 유난히 힘들어 보입니다.
무슨 말을 해줘야 할지 고민돼서 조언을 준비했지만,
막상 말을 꺼내면 표정이 더 굳어집니다.

> AI에게 묻습니다. **이런 순간에 팀장은 무엇을 해야 할까요?**
> 말을 건네는 게 맞을까요,
> 아니면 그냥 옆에 있어주는 게 맞을까요?
>
> 상처를 회복시키는 건 말의 기술일까요,
> 아니면 감정을 꺼내도 안전하다고 느끼게 하는 환경일까요?

스트레스를 받은 팀원에게 우리는 흔히 위로나 조언을 하려 한다.

"그럴 수 있어요."

"힘들지만 이겨내야죠."

"긍정적으로 생각해봐요."

진심일 수 있지만, 실제로는 큰 위로가 되지 않는다. 오히려 자극적인 위로는 마음의 상처를 더 깊게 새긴다. 인간은 고통에 처했을 때, 조언보다 회복의 여지가 있는 환경을 원하기 때문이다.

뇌가 말하는 진실

보스턴 대학 연구팀이 발견한 놀라운 사실이 있다.

진통제가 통증 부위에 작용하는 게 아니라, 뇌의 특정 영역(전측 대상회)에 작용해 통증을 완화시킨다는 것. 더 놀라운 건, 이 영역이 통증 완화 뿐 아니라 정신적 스트레스에도 똑같이 반응한다고 밝혔다.

다음은 그들이 진행한 연구다.

A, B, C 세 사람이 온라인으로 공을 주고받는 게임을 했다. 연구자들은 사전에 A, B 두 명에게만 몰래 지시했다.

"중간에 한 명(C)을 배제하고 둘이서만 공을 주고받으세요."

A, B는 일정기간 셋이 공놀이를 하다가 어느 순간에는 C를 무시하고 둘이서만 공놀이를 했고, 이 때 배제당한 C의 뇌를 스캔했다.

결과는 충격적이었다.

다리가 부러졌을 때와 똑같은 부위가 활성화되었기 때문이다.

뇌는 '왕따당한 마음의 아픔'과 '다리가 부러진 육체의 아픔'을 구별하지 못하고 똑같은 부위에서 통증을 느낀다는 것을 증명했다.

우리가 저지르는 이중잣대

하지만 우리는 이 점을 종종 간과한다.

누군가가 다리를 다치면 병원에 데려가고, 휴식을 권하며, 좋은 음식을 먹인다. 누군가 마음의 상처를 입었을 때는 위로나 충고로 상황을 넘기려 한다.

이는 전혀 다른 기준의 이중잣대다. 정신적으로 아픈 사람에게 가장 필요한 것은 휴식과 안정을 제공하는 회복 환경이다.

진짜 회복을 만드는 방법

명절 때 시댁에서 시어머니의 말에 상처받은 아내에게 남편이 "그냥 별 뜻 없이 말씀하셨으니 흘려들어."라고 조언하는 순간, 아내의 감정은 더욱 악화된다.

반면 그런 순간, 조언보다 따뜻한 음식과 편안한 시간이 더 큰 위로가 될 수 있다. 맛있는 음식을 먹고, 좋아하는 음악을 들으며, 편안히 쉴 수 있는 환경이야말로 진짜 치료다. 이는 실제로 전측 대상회가 자극을 완화시키는 데 효과적인 방식이다.

내가 딸에게 해준 진짜 위로

실제로 내 딸이 고등학교 시절, 학교에서 상처를 받아 울면서 전화를 했을 때, 내가 해준 건 조언이 아니라 회복을 위한 제안이었다.

"일단 따뜻한 버블티 한 잔 마시고, 슈퍼주니어 뮤직비디오 두 편을 보고 나서 아빠한테 다시 전화해."

그리고 30분 후, 딸의 목소리는 훨씬 나아져 있었다. 위로는 말이 아니라 환경에서 비롯된다.

팀장의 진짜 역할, 회복 설계 3단계

1단계. 즉각적인 안전망 제공

팀원이 힘들어하는 걸 발견했을 때

"힘내요, 괜찮아요." 보다는 "오늘은 일찍 퇴근하세요."

"이건 이렇게 하면 돼요."(즉시 조언) 보다는 "일단 커피 한잔하고 오세요."(물리적 회복) 라고 말한다.

구체적 액션으로 당일 업무 부담 줄이기, 조퇴권유, 혼자있을 공간 제공 등이 방법이라 하겠다.

2단계. 물리적 회복 지원 (1-2일)

뇌과학은 명확하게 좋은 음식, 충분한 수면, 안전한 공간이 뇌를 회복시킨다고 말한다.

구체적 액션으로 팀 식사를 제안하고, 지친 팀원에게 내일 오전 회의는 빠지거나 재택근무를 허용하게 한다.

3단계. 피드백 타이밍 선택

회복 신호를 확인한다. 표정이 밝아졌는지, 농담에 반응하는지, 업무에 집중하는지. 신호를 보이면 그때 피드백을 시작한다.

결국 정신적으로 상처받은 사람도 육체적 고통을 앓는 환자처럼 보호해야 한다. 그들을 쉬게 해야 하고, 잘 먹게 해야 하며, 무엇보다 안전한 공간에서 스스로 회복할 수 있도록 도와야 한다. 팀장은 그 회복의 조건을 설계하는 사람이다. 충고가 아닌 회복, 조언이 아닌 휴식이 진정한 리더십이다.

감정 리더십의 진짜 의미

리더십에서 감정을 다룬다는 것은 말로 위로하거나, 공감한다며 격려의 문구를 사용하는 것을 뜻하지 않는다. 오히려 "나는 네 마음을 모른다."하는 전제에서 출발해, 표현된 메시지에 귀를 기울이고, 침묵에 숨은 신호를 민감하게 읽는 것이다.

팀장은 상대의 감정을 읽는 사람이라기보다, 감정을 표현할 수 있는 환경을 설계하는 사람이다. 신뢰는 단단한 규칙과 예측 가능한 행동에서 자라고, 감정은 안전한 환경에서 흘러나온다.

마음을 다룰 준비가 되었는가? 그렇다면, 이제 말보다 태도로, 위로보다 구조로, 공감보다 환경으로 팀의 감정을 설계하라. 그것이 진짜 팀장의 감정 리더십이다.

팀장 프롬프트

case. 1 팀원이 스트레스를 받을 때

지금 이 사람에게 필요한 것은 '말'인가, '회복'인가?

뇌는 정신적 고통과 육체적 통증을 동일하게 인식한다. 조언이 아니라 **회복 환경(음식, 휴식, 안전한 공간)이 진짜 치료다.**

case. 2 팀원의 감정을 이해하고 공감하려고 애쓸 때

'네 마음을 안다'가 아니라
'네 마음을 모른다'에서 출발하고 있는가?

팀장은 감정을 읽는 사람이 아니라,
감정을 표현할 수 있는 환경을 설계하는 사람이다.
말보다 태도로, 위로보다 구조로.

case. 3 "그냥 참고 이겨내야지." 같은 말을 하려고 할 때

만약 이 사람이 다리를 다쳤다면, 나는 참으라고 말할까?

정신적으로 아픈 사람도 **육체적 고통을 앓는 환자처럼 보호받아야 한다.** 이중잣대를 버리고, 쉬게 하고, 잘 먹게 하고, 회복할 수 있도록 도와라.

| 팀장 프롬프트를 입력하세요

팀장 프롬프트를 복습하며 직접 작성해보세요

▶ 최근 힘들어하는 팀원에게 내가 해준 것은
'조언'이었나, '회복 환경'이었나?
구체적으로 무엇을 말했고, 어떤 환경을 만들어주었는가?

▶ 만약 내일 팀원 한 명이 정신적으로 힘들어한다면,
어떤 회복 환경을 설계해줄 수 있는가?
(맛있는 음식 / 휴식 시간 / 편안한 공간 등)

▶ "무슨 말을 해야 할까" 대신 "어떻게 회복할 시간을 줄까"로
질문을 바꾼다면, 구체적으로 무엇을 할 것인가?

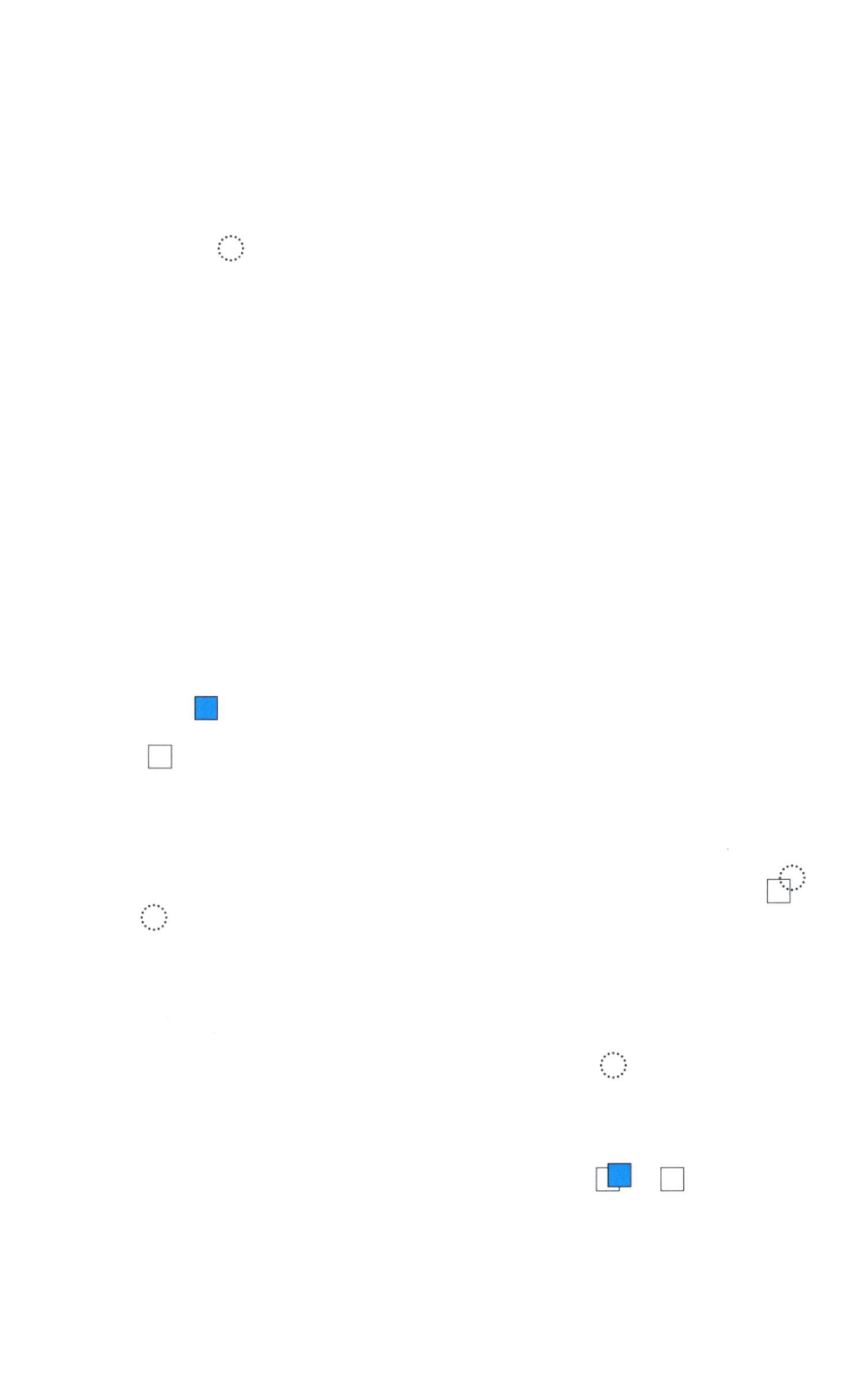

2부.
팀장의
가장 ▲
중요한 무기

팀장으로 일하다 보면 가끔씩 자신의 판단과 결정에 대해
깜짝 놀랄 때가 있다.

"왜 그때 그렇게 했을까?"
"어떻게 그런 선택을 했지?"

돌이켜보면 논리적으로 납득되지 않는 판단과 행동들이 적지 않다.
똑똑하다고 생각했던 팀원도, 경험이 많은 리더도,
때로는 아주 단순한 실수를 반복하거나 비합리적인 선택을 하곤 한다.

리더는 매일 생각하고, 선택하고, 실행하는 일을 반복한다.
그러나 단순한 실행력만으로는 팀의 성과를 이끌어내기 어렵다.
판단의 정확도와 의사결정의 질이 성과를 가른다.

이 장에서는 우리가 왜 그런 실수를 저지르는지, 그 판단 뒤에는
어떤 인지적 전략과 오류가 숨어 있는지 살펴보고자 한다.
실수를 줄이고 실행력을 높이기 위해서는 단순한 실행 매뉴얼이 아닌,
뇌가 어떻게 판단하고 실행을 결정하는지에 대한 이해가 필요하다.

즉, '어떻게 판단하고 행동할 것인가'에 대한 심리적 전략을 갖추는 것이다.

팀장 프롬프트

6장.
판단의 편향

같은 실수라도 누가 했느냐에 따라 내 반응이 달라집니다.
친한 팀원이 하면 이해가 되고,
마음이 멀었던 팀원이 하면 괜히 불편해집니다.

> AI에게 묻습니다. **이건 내가 공정하지 못해서일까요,
> 아니면 '가까움'이 내 판단을 흔들고 있는 걸까요?**
>
> 리더에게 필요한 건 냉정한 기준일까요,
> 아니면 사람 사이의 거리를 이해하는 감정의 지혜일까요?

| 팀장 프롬프트를 입력하세요

'내가 하면 로맨스, 남이 하면 불륜'이라는 말이 있다. 이른바 '내로남불'은 일관되지 못한 사람을 비판할 때 자주 등장하는 표현이다. 특히 대한민국에서 정치적 양극화가 심화되는 상황에서는 과거 상대방에게 들이댔던 기준을 현재 자신에게 적용하지 않는 이중적 태도를 두고 격한 비판이 쏟아지기도 한다.

그러나 내로남불은 정치에서만 일어나는 것이 아니다. 조직 내에서도 동일한 사안을 두고 한 번은 A의 입장을, 또 다른 상황에서는 B의 입장을 드는 사람을 흔히 본다. 우리는 그런 태도에 대해 비일관적이라고 지적하고, 원칙 없이 행동한다고 비난한다. 하지만 이러한 내로남불 현상이 꼭 도덕적 결함에서 비롯된 것일까?

해석수준이론: 왜 같은 상황이 다르게 보일까?

"해석수준이론 Construal Level Theory"에 따르면 우리는 심리적으로 가까운 일은 구체적으로, 멀리 있는 일은 추상적으로 해석하는 경향이 있다.

시간적으로 가까운 일이라면 '지금 당장 무엇을 해야 하나'에 집중하고,
시간적으로 먼 일이라면 '이 일이 왜 중요한가'를 고민한다.
사회적 거리와 공간적 거리도 마찬가지다. 친한 사람의 행동은 사정을 고려해 이해하려 들지만, 모르는 사람의 행동은 원칙적으로 비판하게 된다.

실제 사례 하나. 동일한 사안, 다른 판단

오랜 교육을 함께하며 친분을 쌓은 최 팀장이 어느 날 후배 팀원 김 차장의 이중적 반응에 당황한 경험을 들려줬다.

기술영업팀 이 과장이 거래처와 골프를 친 일이 문제가 되었을 때, 김 차장은 말했다.

"이 과장은 괜찮은 사람입니다. 중요한 거래처이기 때문에 어쩔 수 없었을 겁니다. 회사도 그 상황을 고려해야 합니다."

그러나 같은 날 회의에서 전략팀 양 대리가 상품권을 받은 일에 대해서는 전혀 다른 반응을 보였다.

"그건 아닌 것 같습니다. 우리 회사 규정은 명확하잖아요. 왜 사적으로 거래처를 만났죠? 억울하다는 말은 핑계입니다."

최 팀장에겐 두 사안 모두 비슷해 보였지만, 김 차장은 전혀 다른 기준으로 평가했다. 이럴 때 우리는 그를 '이중잣대를 가진 사람'이라며 비난할 수 있다.

그러나 해석수준이론은 이를 다르게 설명한다. 김 차장에게 이 과장은 가까운 인물이고, 양 대리는 상대적으로 거리감 있는 인물이었을 가능성이 크다. 즉, 사회적 거리에 따라 이 과장은 하위수준 해석(사정 고려)이 적용되었고, 양 대리에 대해서는 상위수준 해석(원칙 중심의 판단)이 작동한 것이다.

실제 사례 둘. 이웃의 해석이 달라지는 순간

지금은 어느 정도 아이들이 커서 걱정이 덜하지만, 아이들이 어렸던 시절에는 아파트 층간소음 문제로 늘 조심스럽고 미안한 마음을 안고 살아야 했다. 딸은 여섯 살이고 아들이 세 살이던 때, 현재 아파트로 이사 온 날부터 긴장된 생활이 시작되었다.

이사 당일, 아래층 아주머니가 찾아와 "오늘 이사 오시나 봐요?"라고 물으며 인사를 한 뒤 바로 "이사 언제까지 하실 건가요? 우리 아들 시험기간인데 시끄러워서 어째."라며 피곤한 말투로 불쾌감을 내비쳤다. 이사 당일부터 쉽지 않은 이웃이라는 예감을 하게 되었다.

예상대로 이후에도 층간소음 문제로 수시로 항의가 이어졌다. 아이들을 타이르고 매트를 깔고 조심했지만, 예민한 아주머니를 만족시키기는 어려웠다. 경비실을 통한 항의는 기본이었고 직접 찾아오는 빈도도 잦아져서 나와 아내 모두 점차 스트레스를 받게 되었고, 어느 순간부터는 '이건 뭐 걸어다니지도 말라는 거야. 뭐야.' 라는 억울한 감정마저 들었다.

그러던 중 전혀 예상치 못한 변화가 찾아왔다. 이사 후 1년쯤 되었을 무렵, 아래층 아주머니가 가정집에서 주산 보습학원을 열었다는 안내문을 엘리베이터에 붙였다. 나는 그 유인물을 보자마자 아내에게 말했다.

"은솔이 당장 등록시켜!"

주산이 아이에게도 도움이 되고, 아래층 아주머니와의 관계 개선에도 유리할 것 같았다. 결국 우리 딸은 학원의 첫 번째 등록생이 되었다.

놀랍게도 이후로는 단 한 번도 층간소음 관련 항의가 없었다. 한 달 후, 아내가 교육비를 들고 아래층을 찾아갔다가 돌아오며 말했다.

"세상에, 그 아주머니가 그렇게 환하게 웃으며 날 맞이한 건 처음이야. 은솔이 칭찬을 정말 많이 하셨어."

해석이 바뀌는 순간

이 경험은 사회적 거리가 해석수준에 어떤 영향을 미치는지를 보여주는 상징적 사례다. 이전까지 아래층 아주머니에게 우리 아이들은 '시끄러운 위층 아이들'이라는 추상적 개념이었지만, 학원에 등록하면서 '우리 학원의 학생'이라는 구체적인 존재로 바뀐 것이다.

그렇게 관계가 가까워지자 해석의 기준도 달라졌고, 층간소음에 대한 반응 역시 완전히 바뀌게 된 것이다.

실제 사례 셋. 거리만 바꿔도 리더십이 달라진다

영업 3팀 강 팀장은 기존에 무릎을 맞대고 휴게실에서 회의하던 분위기가 지나치게 가까워 리더십이 흐려지고 있다고 느꼈다. 특히 팀장보다 연차가 높은 이경훈 차장이 회의 중 농담을 주도하며 분위기를 장난처럼 만들자, 강 팀장은 회의의 무게감을 되찾고자 결심했다. 그는 입사동기 김 팀장에게 조언을 구했고, 물리적 거리의 조절을 제안받았다.

다음날 강 팀장은 회의 장소를 컨퍼런스룸으로 바꾸었다. 회의실의 배치가 자연스럽게 팀장과 팀원으로 구별되어졌다. 이 배치만으로도 시각적 중심이 이동하며 팀장의 메시지가 보다 진지하게 전달되었다.

실제 회의에서 강 팀장은 '계약서 작성'이라는 구체적 언어 대신 '매출 실적'이라는 추상적이고 전략적인 언어를 사용하며 회의를 진행했다. 이에 따라 팀원들의 태도도 달라졌다. 농담 없이 회의에 집중하며 각자 의견을 성실히 제시하는 등 회의 분위기는 하위 수준에서 상위 수준의 해석으로 전환되었다.

해석 수준을 전환하는 리더의 전략

우리는 동일한 사안에 대해 때로는 추상적으로, 때로는 구체적으로 반응한다. 이 차이는 성격이 아닌 인지전략의 차이에서 비롯된다는 점을 기억해야 한다. 그렇기에 단순히 내로남불만을 비난할 것이 아니라, 그 배경에 있는 심리적 작동을 이해하고, 필요시 해석 수준을 전환할 수 있는 전략을 마련해야 한다.

첫째, 내로남불을 비난하기 전에 심리적 배경을 이해하자

누군가가 같은 사안에 대해 다르게 반응할 때, 그것이 꼭 그 사람의 도덕적 결함 때문만은 아니다. 해석 수준이 달라졌기 때문에 다르게 보이고 다르게 판단하는 것이다. 상대방의 반응에 당황하거나 분노하기보다는, '지금 이 사람에게 이 상황은 어떤 거리감으로 다가왔을까?' 라는 질문을 던져보는 것이 도움이 된다.

둘째, 나도 언제든 내로남불을 할 수 있다는 것을 자각하자

내가 가깝게 느끼는 사람이나 일이면 하위 수준의 해석이 쉽게 작동해 '그럴 수도 있지' 하고 넘어갈 수 있지만, 멀게 느껴지는 사람이나 일이면 원칙적인 기준을 들이대며 비판하기 쉽다. 그러므로 중요한 판단을 할 때는 잠시 멈추고, 내가 지금 이 상황을 어떤 거리에서 해석하고 있는지를 자각해야 한다.

셋째, 해석 수준을 전략적으로 전환하자

우리의 사고방식은 고정된 것이 아니라 얼마든지 바꿀 수 있다. 추상적으로만 보던 일을 구체적으로 바라보거나, 너무 구체적인 일에만 몰입하던 상황을 한 걸음 물러나서 거시적으로 바라볼 수 있도록 조절하는 것이다. 예를 들어 마감일이 멀다고 느껴지면 의도적으로 일정을 앞당겨보자. "이게 만약 내일 마감이라면 지금 무엇을 해야 하지?"라는 질문 하나로도 해석 수준이 바뀔 수 있다.

내로남불 자가테스트: 당신은 지금 누구를 편애하고 있는가

- [ ] 가까운 팀원의 실수를 더 쉽게 용서한다
- [ ] 가깝지 않은 팀원에게 더 엄격한 기준을 적용한다
- [ ] 가까운 팀원과 더 자주, 더 길게 대화한다
- [ ] 가깝지 않은 팀원의 성과를 낮게 평가하는 경향이 있다
- [ ] 가까운 팀원의 의견을 더 자주 채택한다

하나라도 체크되었는가? 그렇다면 당신은 내로남불을 하고 있다.

이건 당신이 나쁜 사람이라는 뜻이 아니다. 당신의 뇌가 그렇게 작동한다는 뜻이다.

팀장 프롬프트

case.1 팀원이 같은 사안을 두고 이중잣대를 보일 때

이 사람에게 A는 가까운 존재이고, B는 먼 존재는 아닐까?

심리적으로 가까운 일은 구체적으로 (사정을 고려해), 먼 일은 추상적으로 (원칙 중심으로) 해석한다.
내로남불은 도덕적 결함이 아니라 해석수준의 차이에서 비롯된다.

case.2 내가 가까운 팀원의 실수는 넘기고, 먼 팀원은 비판할 때

나는 지금 어떤 거리에서 이 상황을 해석하고 있는가?

나 역시 언제든 내로남불을 할 수 있다.
중요한 판단을 내리기 전,
잠시 멈추고 **'거리의 렌즈'를 점검하라**

case.3 팀원들과 너무 가까워져 리더십이 흐려질 때

물리적 거리와 언어를 바꾸면 해석수준도 달라질까?

회의실 배치, 공간적 거리, 사용하는 언어를 조정하면 해석수준이 바뀐다.
리더십은 거리 조절의 기술이다.

팀장 프롬프트를 입력하세요

팀장 프롬프트를 복습하며 직접 작성해보세요!

▶ 최근 같은 상황에서 누구는 이해하고, 누구는 비판한 적이 있는가?
그때 두 사람과 나 사이의 '심리적 거리'는 어떻게 달랐는가?

▶ 만약 마감이 임박했다고 가정하면,
지금 하는 일의 우선순위는 어떻게 달라질까?
(시간적 거리를 좁혀 해석수준 전환 연습하기)

▶ 팀원과의 관계에서 너무 가깝거나 너무 멀어
문제가 되는 경우가 있는가?
그렇다면 물리적 거리, 언어, 공간을 어떻게 조정할 수 있을까?

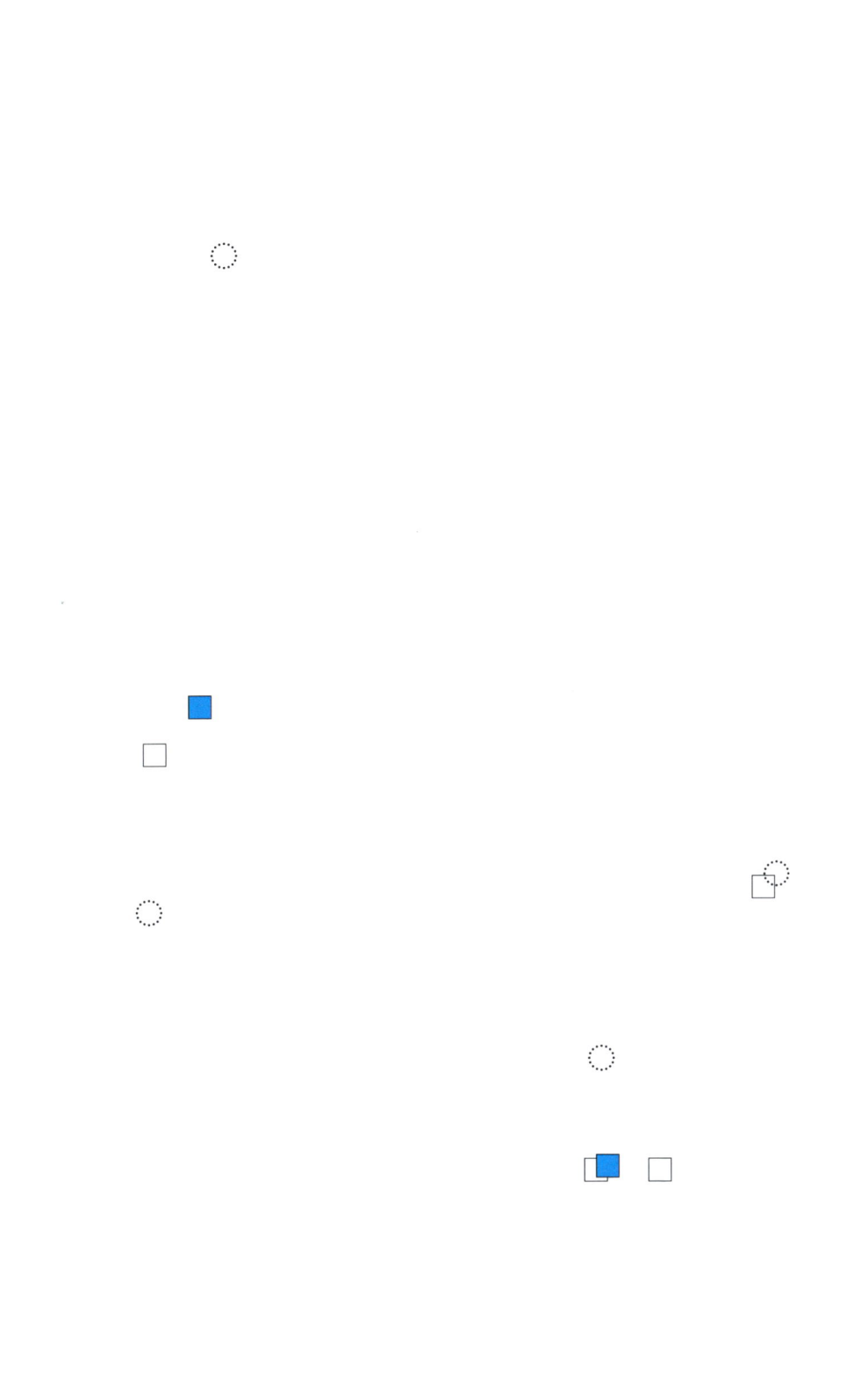

팀장 프롬프트

7장.
의지력의
심리학

하루 종일 회의와 결정을 반복하다 보면,
퇴근 무렵엔 감정이 바닥나고 사소한 일에도 쉽게 흔들립니다.

목표는 분명했는데,
어느 순간 의지가 아닌 버티기로 하루를 채우고 있습니다.

> AI에게 궁금합니다,
> 나는 의지력이 약한 걸까요,
> 아니면 의지력을 회복할 시간을 관리하지 못한 걸까요?
>
> 리더에게 필요한 건 더 강한 결심일까요,
> 아니면 **다시 일어설 수 있는 지속 가능한 에너지의 설계일까요?**

| 팀장 프롬프트를 입력하세요

오후 4시 30분. 박 팀장은 책상에 머리를 묻고 있었다.

아침부터 임원 보고 두 건, 고객사 미팅, 팀 회의, 갈등하는 두 팀원의 중재까지. 점심도 라면으로 때웠다. 이제 남은 일정은 내일 발표할 전략 기획안을 검토하는 것뿐인데, 도저히 머리가 돌아가지 않았다.

그때 이 과장이 조심스럽게 문을 두드렸다.

"팀장님, 프로젝트 일정 조정 건으로 의견 좀 여쭤봐도 될까요?"

박 팀장은 눈도 마주치지 않고 대답했다.

"지금은 안 돼. 내일 하자."

목소리가 생각보다 차갑게 나왔다. 이 과장은 조용히 나갔다. 박 팀장은 내심 미안했지만, 다시 부를 기력도 없었다.

30분 후, 최 대리가 똑같은 질문을 들고 왔다.

박 팀장이 책상을 탁 치며 소리를 질렀다.

"아니, 왜 매번 일정이 문제야? 계획을 제대로 세우면 되잖아!"

화들짝 놀란 최 대리는 서둘러 팀장실을 나갔다.

문이 닫히고 나서야 박 팀장은 깨달았다. 똑같은 질문이었는데, 이 과장에게는 차갑게, 최 대리에게는 화를 내며 대답했다. 최 대리가 싫어서? 아니었다. 그냥… 너무 피곤했다.

의지력이라는 이름의 근육

심리학자 로이 바우마이스터 Roy F. Baumeister 가 발견한 사실은 우리의 상식과 달랐다. 문제는 의지가 약해서가 아니었다. **의지력이 소모되는 자원이라는 것이었다.**

의지력은 근육과 같아서 사용하면 피곤해지고, 쉬지 않으면 고갈된다.

아침에는 팔굽혀펴기를 50개 할 수 있지만, 저녁에는 10개도 힘들다. 의지력도 마찬가지다.

박 팀장이 이 과장과 최 대리에게 다르게 반응한 건 최 대리를 극도로 싫어해서가 아니었다. 단지 30분 사이에 그의 의지력이 더 고갈되었을 뿐이다.

우리는 공정한 판단을 배웠다. 하지만 아무리 좋은 원칙을 알아도, 의지력이 고갈되면 그 원칙을 지킬 수 없다. 회복의 리더십도 마찬가지다. 팀원을 회복시키려면 먼저 당신 자신에게 회복시킬 여력이 있어야 한다.

하나의 목표가 다른 목표를 무너뜨린다

이 과장은 올해 초에 두 가지 목표를 세웠다. 팀 내에서 더 협력적인 동료가 되는 것과 다이어트. 첫 주는 잘 됐다. 샐러드를 먹고, 팀원들의 부탁도 들어줬다.

하지만 금요일 저녁, 후배가 또 부탁을 했다.

"과장님, 월요일 회의 자료 검토 좀 부탁드려도 될까요?"

이 과장이 쏘아붙였다.

"자기 일은 자기가 해야지. 나한테만 맡기면 어떡해?"

후배는 당황했다. 이 과장 자신도 당황했다. 그날 저녁, 그는 결국 치킨을 시켜 먹었다. 다이어트도, 협력적인 동료도, 둘 다 망쳐버린 것이다.

바우마이스터는 이것을 '**자아 고갈**'이라고 불렀다. **하나의 목표를 위해 의지력을 소모하면, 다른 목표를 위한 의지력이 부족해진다.** 다이어트를 위해 식욕을 참느라 소모한 의지력은 대인관계에서 인내심을 발휘할 의지력을 앗아간다.

의지력이 고갈되면 벌어지는 일

어떤 팀장의 팀에는 암묵적인 패턴이 있었다. 팀원들은 중요한 이야기를 할 때 무조건 오전 시간을 노렸다. 오후, 특히 저녁 시간에 찾아가면 짜증 섞인 반응을 들었기 때문이다.

"팀장님, 프로젝트 방향에 대해 의견 좀 여쭤봐도 될까요?"

오전 10시의 팀장은 다정하게 응한다. "그래, 앉아. 어떤 고민이야?"

오후 5시의 팀장은 쏘아붙인다. "지금 바쁜데. 나중에."

팀원들은 말했다. "우리 팀장님은 오전과 오후가 다른 사람이에요."

의지력이 고갈되면 세 가지 변화가 일어난다.

첫째, 감정 조절이 어려워진다
책임지는 피드백을 주려 해도, 그냥 감정적으로 폭발한다.

둘째, 판단력이 흐려진다
공정한 판단이 무너지고 편향이 심해진다.

셋째, 회피하게 된다
회복 리더십을 실천하려 해도 "나중에."라고 미루게 된다.

팀장의 하루를 다시 설계하기

박 팀장은 자신이 나쁜 팀장이어서가 아니라, 의지력을 관리하지 못했기 때문에 문제가 발생한 것을 깨달았다.

오전에는 에너지가 넘쳤다. 복잡한 문제도 차분하게 풀었고, 팀원의 질문에도 친절하게 답했다. 그런데 오후로 갈수록 모든 것이 부담스러워졌다.

그래서 박 팀장은 실험을 시작했다. 가장 중요한 결정은 오전에만 내리기로 했다. 어려운 피드백도 오전 시간으로 옮겼다. 전략 회의도 오후 4시가 아니라 오전 10시로 바꿨다.

2주가 지나자 변화가 느껴졌다. 오전에 중요한 일을 처리하니 더 좋은 결정을 내릴 수 있었다. 무엇보다 팀원들이 말했다. "팀장님이 예전보다 일관성 있어졌어요."

의지력을 충전하는 방법

의지력의 핵심 연료는 포도당이다. 우리가 생각하고, 결정하고, 감정을 조절할 때마다 뇌는 포도당을 소모한다. 점심을 어떻게 먹느냐가 오후의 리더십을 결정한다. 급하게 라면을 먹고 들어온 날과 천천히 샐러드를 먹고 들어온 날, 오후의 당신은 다른 사람이 된다.

이를 알게된 어떤 팀장은 점심 메뉴를 바꿨다. 편의점 도시락 대신 회사 근처 식당에서 제대로 된 한 끼를 먹기 시작했다. 그리고 점심 후 10분 정도 산책을 했다. 오후의 생산성이 달라졌다. 팀원들에게도 더 인내심을 가지고 대할 수 있었다.

회의가 연달아 있는 날, 중간에 5분이라도 혼자 있는 시간을 가지면 다음 회의에서 더 나은 판단을 할 수 있다. 아무것도 하지 않고 그냥 앉아 있는 것만으로도 의지력은 조금씩 회복된다.

판단하지 않기로 하기

의지력을 아끼는 가장 좋은 방법은 애초에 의지력을 쓰지 않는 것이다.

박 팀장은 새로운 습관을 만들었다. 매주 월요일 점심은 파스타, 수요일은 한식, 화요일과 목요일은 구내식당, 금요일은 팀원들이 고르는 메뉴. 이렇게 정해놓으니 "오늘 뭐 먹지?" 하는 고민이 사라졌다. 사소해 보이지만 이 작은 결정 하나도 의지력을 소모한다.

주간 회의도 매주 화요일 오전 10시로 고정했다. "이번 주 회의는 언제 할까?" 하는 조율이 필요 없어졌다.

이런 사소한 결정들이 쌓이면 의지력을 크게 절약할 수 있다. 그렇게 아낀 의지력으로 진짜 중요한 결정을 내릴 수 있다. 팀원의 고과를 매기거나, 전략적 방향을 정하거나, 어려운 갈등을 조정하는 일 말이다.

의지력은 공유된다

어떤 팀장은 늘 피곤해 보였다. 아침부터 지친 표정으로 출근하고, 회의 중에도 한숨을 쉬었다. 팀원들은 그런 팀장을 보며 무의식적으로 긴장했다. '오늘 팀장님 기분이 안 좋으신가?' 이런 긴장 자체가 팀원들의 의지력을 소모시켰다.

그와 달리, 옆 팀장은 아침에 출근하면 항상 밝게 인사했다. "좋은 아침입니다!" 그리고 커피를 마시며 10분 정도 팀원들과 가벼운 대화를 나눴다. 이 짧은 시간이 팀 전체의 분위기를 바꿨다. 이러한 팀장의 작은 노력이 팀원들은 편안하게 하루를 시작할 수 있었다.

팀장 자신이 회복되어 있어야 팀원을 회복시킬 수 있다. 당신의 에너지 상태가 팀 전체의 에너지를 결정한다.

오후 5시의 박 팀장

3개월이 지났다. 어느 날 오후 5시, 최 대리가 다시 찾아왔다.

"팀장님, 프로젝트 일정 조정 건으로 의견 여쭤봐도 될까요?"

박 팀장은 잠깐 멈췄다. 예전 같았으면 "지금은 바빠."라고 팀원을 돌려보냈을 시간이었다. 하지만 이제는 달랐다. 오전에 중요한 일들을 처리했고, 점심을 제대로 먹었고, 오후에는 상대적으로 덜 중요한 일만 했기 때문에 의지력의 여력이 있었다.

"그래, 앉아. 어떤 고민이야?"

15분 후, 팀장실을 나온 최 대리가 같은 팀 동료인 유 대리에게 말했다.

"박 팀장님 요즘 많이 바뀌신 것 같아. 분위기도 전보다 여유있고 편안해진 것 같고."

박 팀장이 바뀐 건 아니었다. 단지 자신의 의지력을 관리하는 법을 배웠을 뿐이다. 그리고 그 작은 변화가 팀 전체를 바꿨다.

좋은 팀장이 되는 것은 좋은 사람이 되는 것과는 다르다.

아무리 좋은 의도를 가져도, 의지력이 고갈되면 당신은 당신이 되고 싶은 팀장이 될 수 없다.

인간미도, 공정성도, 회복의 리더십도, 모두 의지력이 있을 때만 발휘할 수 있다. 당신의 의지력을 관리하라. 그것이 팀을 위한 첫 번째 책임이다.

팀장 프롬프트

case. 1 퇴근 전, 사소한 일에도 짜증이 치밀 때

지금 나는 단순한 감정의 문제가 아니라 의지력이 고갈된 상태는 아닐까?

의지력의 근원은 포도당이며, **정신적 활동이 계속되면 고갈된다.**
자아가 고갈되면 통제력을 잃고,
감정 폭발과 충동적 행동이 나타난다.
적절한 휴식이 회복의 기본이다.

case. 2 팀원과 거리를 두고 객관적으로 대하려고 할 때

하나의 목표가 다른 목표를 무너뜨리고 있지는 않은가?

의지력은 한정된 자원이다.
하나의 목표에 쏟은 에너지는 다른 영역을 고갈시킨다.
트레이드오프를 인정하라. **목표는 하나씩, 유연하게 세워야 한다.**

case. 3 완벽한 계획을 세웠는데 실행이 안될 때

나는 매일 아침 판단과 고민으로 에너지를 낭비하고 있지 않은가?

중요하지 않은 것은 판단하지 말고 습관화하라.
자명종이 울리면 생각 없이 일어나라.
결정이 피로를 줄이고, 루틴이 에너지를 지킨다.

팀장 프롬프트를 입력하세요

팀장 프롬프트를 복습하며 직접 작성해보세요

▶ 최근 한 달간 감정 조절이 안 됐던 순간이 있었는가?
그 직전에 어떤 정신적 활동(회의, 결정, 집중)을 했는가?

▶ 올해 세운 목표 중 서로 충돌하거나 상충되는 목표는 없는가?
(예: 성과 향상 vs 워라밸, 팀 관리 vs 개인 개발)
어떤 목표에 우선순위를 둘 것인가?

▶ 매일 판단과 고민으로 에너지를 낭비하고 있는 것은 무엇인가?
(예: 뭐 입을까, 뭐 먹을까, 언제 운동할까)
내일부터 자동화하거나 습관화할 것은 무엇인가?

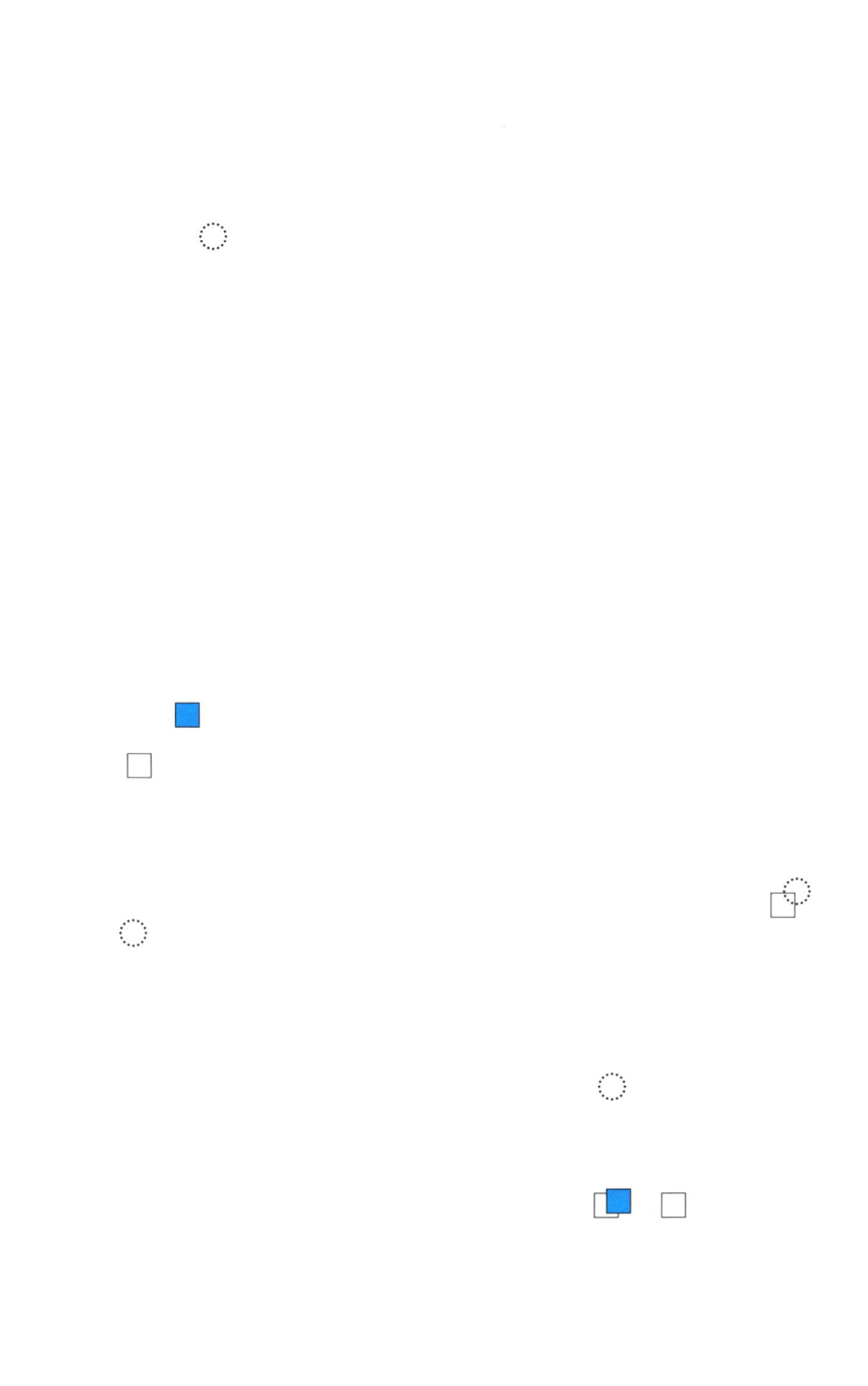

팀장 프롬프트

8장.
익숙함의
함정

익숙한 일이라서 금방 끝낼 수 있다고 생각했습니다.
그런데 결과를 다시 보니, 사소한 실수들이 줄줄이 눈에 띕니다.

낯선 일은 조심하면서, **왜 익숙한 일엔 경계를 풀어버릴까요?**

> AI에게 묻습니다.
> 나는 지금 **경험**을 믿고 일하는 걸까요,
> 아니면 **습관**에 기대어 판단을 멈춘 걸까요?
>
> 리더에게 필요한 건 더 빠른 판단일까요,
> 아니면 때로 **멈추어 생각하게 만드는 두 번째 시스템**일까요?

| 팀장 프롬프트를 입력하세요

김 팀장은 당황했다.

15년 차 베테랑 이 차장이 중요한 제안서에서 결정적 실수를 했다. 고객사의 예산 제약 조건을 완전히 빼먹고 작성한 것이다. 고객은 불쾌했고, 계약은 무산 위기에 놓였다.

"어떻게 이런 실수를 했어요?"

이 차장이 고개를 숙였다.

"죄송합니다. 이 종류 제안서는 수십 번 써봤는데 너무 익숙해서 그만…."

그런데 신기한 일이 있었다. 같은 날, 신입 박 사원이 처음 맡은 제안서는 완벽했기 때문이다. 예산 조건은 물론, 고객사의 세부 요구사항까지 빠짐없이 반영했다. 김 팀장은 혼란스러웠다. 15년 차가 놓친 걸 신입이 잡아냈다니. 경험이 많을수록 실수가 줄어들어야 정상 아닌가?

드라마 속에서 찾은 답

며칠 후, 우연히 본 드라마「이상한 변호사 우영우」에서 김 팀장은 비슷한 장면을 목격했다.

베테랑 변호사 정명석은 살인미수 사건을 보고 말한다.

"이미 다 짜 맞춰진 사건이야. 검사도 집행유예 주려는 것 같으니, 그냥 피고 옆에 앉아만 있어도 될 거야."

전형적인 형사 사건이었다. 수십 번 다뤄본 익숙한 유형이었다.

하지만 신입 우영우는 고개를 저었다.

"이 사건은 형법보다 민법을 봐야 해요."

유죄가 확정되면 민법상 '상속결격사유'가 되어, 피고인은 남편의 연금과 부동산 수익을 받을 수 없다. 단순한 형사 처벌로 끝나는 게 아니라, 생계가 위협받는 문제였던 것이다.

정명석은 그제야 깨달았다. 익숙하다는 이유로 표면만 보고 핵심을 놓쳤다는 것을. 그리고 그는 우영우의 통찰을 진심으로 칭찬했다.

김 팀장도 깨달았다. 이 차장의 실수도 똑같았다. 수십 번 써본 제안서라는 익숙함이 오히려 독이 된 것이다.

빠른 뇌와 느린 뇌

행동경제학자 대니얼 카너먼^{Daniel Kahneman}은 우리 뇌에 두 가지 시스템이 있다고 말한다.

시스템 1은 빠르고 직관적이다. '아, 이거 전에 해봤지.'
스스로 판단하고, 에너지를 절약한다. 마치 자동차의 자동 주행 모드 같다.

시스템 2는 느리고 분석적이다. '이건 처음이네, 꼼꼼히 봐야겠다.'
신중하게 판단하지만, 에너지를 많이 사용한다. 수동 주행 모드다.

문제는 익숙한 일일수록 시스템 1이 작동한다는 것이다.

이 차장의 뇌는 이렇게 작동했다.

'제안서? 수십 번 썼지. 익숙해.' 그러자 시스템 1이 작동했다. 빠르게 처리했고, 세부사항을 놓쳤다.

반면 박 사원의 뇌는 달랐다. '제안서? 처음이네. 실수하지 않도록 조심해야지.' 시스템 2가 작동했다. 한 줄 한 줄 꼼꼼히 확인했고, 완벽한 결과를 냈다.

뇌의 시스템은 역설적이다. 익숙할수록 방심하고, 낯설수록 조심한다.

CRT Cognitive Reflection Test

한 가지 문제를 내보겠다.

야구 방망이와 공이 합쳐서 1달러 10센트다.

여기서 야구 방망이는 공보다 1달러 비싸다. 공의 가격은 얼마일까?

대부분의 사람들은 즉각 대답한다. "10센트요."

하지만 그건 오답이다. 정답은 5센트다. 만약 공이 10센트라면, 방망이는 1달러 10센트가 되어야 하고, 합계는 1달러 20센트가 되기 때문이다.

예일대 연구에 따르면, 아이비리그 대학생의 50% 이상이 이 문제를 틀렸다. 왜? 너무 쉬워 보여서 시스템 1로 답했기 때문이다.

더 흥미로운 실험이 있다. 똑같은 문제를 두 그룹에게 줬다. 한 그룹은 깔끔한 인쇄물로, 다른 그룹은 흐릿하고 읽기 불편한 인쇄물로 받았다.

결과는 놀라웠다. 흐릿한 인쇄물을 받은 그룹의 정답률이 훨씬 높았다.

왜 그랬을까? 흐릿해서 읽기 불편하니까, 자연스럽게 시스템 2가 작동한 것이다. 더 신중히 읽고, 더 꼼꼼히 계산했다. 반면 깔끔한 인쇄물은 쉬워 보였기 때문에 시스템 1로 빠르게 풀었고, 실수했다.

편하고 익숙할수록 실수가 늘어난다. 불편하고 낯설수록 정확도가 올라간다. 이것을 심리학에서는 CRT Cognitive Reflection Test 라고 이야기한다.

피곤하면 더 위험하다

앞장에서 우리는 의지력이 고갈되면 판단력이 흐려진다고 배웠다. 그런데 여기 더 무서운 사실이 있다. 의지력이 고갈되면 시스템 2를 작동시킬 수 없다는 것이다.

오후 5시. 김 팀장은 지쳐 있었다. 그때 이 차장이 제안서를 들고 왔다.

"팀장님, 검토 부탁드립니다."

김 팀장은 빠르게 훑어봤다. "응, 괜찮네. 제출해."

다음 날 아침, 고객에게서 전화가 왔다. 제안서에 중요한 조건이 빠져 있다는 것이었다.

김 팀장은 자책했다. 왜 제대로 확인하지 않았을까?

하지만 생각해 보니 당연했다. 오후 5시, 그는 의지력이 고갈된 상태였다. 시스템 2를 작동시킬 에너지가 없었다. 그래서 시스템 1로 빠르게 처리했고, 실수를 놓쳤다. 가장 위험한 조합이다. 익숙함과 피곤함. **익숙해서 방심하고, 피곤해서 시스템 2를 못 쓴다. 실수는 필연적이다.**

팀장이 만드는 실수

또 다른 팀에서 일어난 일이다.

당시 팀에는 중요한 프로젝트가 두 개 있었다. 하나는 겉보기에는 단순해 보였지만 실제로는 변수가 많은 신규 프로젝트였고, 다른 하나는 매년 반복되어 익숙한 프로젝트였다.

팀장은 신입에게 신규 프로젝트를 맡기며 이렇게 생각했다.

"처음이니까 비교적 단순해 보이는 일을 맡겨서 경험을 쌓게 하자."

반면 반복 프로젝트는 베테랑 차장에게 맡겼다.

"이건 늘 하던 일이니 실수 없이 잘 해낼 거야." 하고 판단한 것이다.

하지만 3개월 후, 결과는 예상과 달랐다.

신입이 맡은 신규 프로젝트는 변수가 복잡했지만 성공적으로 마무리됐고, 베테랑이 맡은 반복 프로젝트는 작은 실수들이 겹쳐 오히려 실패로 돌아갔다. 팀장은 충격받았다.

'익숙하니 안전하다'고 믿은 일이 오히려 화를 부른 것이다.

익숙한 일 앞에서 사람은 쉽게 자동모드인 시스템1로 들어간다. 경험에 기대어 대충 판단하고, 확인 과정을 생략한다. 늘 하던 거니까 하는 여유로 안일하게 대처한다.

반대로 낯설로 예측하기 어려운 문제 앞에서는 뇌의 느리고 신중한 시스템2가 활성화된다. 사람들은 그제야 문제를 여러 번 읽어보고, 실수하지 않기 위해 조심스럽게 판단한다.

그날, 팀장이 배운 교훈은 단순했다.

"익숙한 사람에게 익숙한 일을 맡겼을 때가 오히려 가장 위험할 수 있다."

이후, 팀장은 방식을 바꿨다.

차장에게 익숙한 업무를 맡길 때, 팀장은 이렇게 말했다.

"차장님, 이거 전에도 하셨죠?"

"네, 여러 번 했습니다."

"그럼 한 가지 부탁이 있어요. 제출하기 전날, 처음 하는 것처럼 한 번 더 확인해 주세요. 신입이라면 뭘 조심할지 생각하면서요."

차장은 처음엔 이상하게 생각했다. 하지만 해보니 효과가 있었다. 한 번 더 확인하는 과정에서 놓쳤던 부분들이 보였다. 익숙함에 가려져 있던 세부사항들이 드러났다.

몇 달 후, 차장이 팀장에게 말했다.

"팀장님, 요즘 제가 신입사원한테 제 작업물을 먼저 보여주고 있어요. 제가 놓친 게 있나 봐달라고요."

"어때요?"

"신입들의 질문이 제가 방심하고 있던 걸 일깨워주더라고요. '왜 이렇게 하셨어요?' 라는 질문에 '원래 그렇게 하는 거야.' 라고 대답하려다가, 실은 이유를 모르고 있었다는 걸 깨달았어요."

불편함을 설계하기

그 후로 규칙이 정해졌다. 아무리 익숙한 보고서도 동료 리뷰를 거쳐야 했다. 그것도 최소 하루 전에 완성해서 동료에게 보내야 했다.

처음엔 팀원들이 불편해했다.

"이거 수십 번 해본 건데 왜 리뷰를 받아요?"

"시간 낭비 아닌가요?"

하지만 6개월이 지나자 팀원들이 달라졌다. 리뷰를 기다리는 하루 동안, 자신이 놓친 부분들이 보였다. 동료의 질문이 새로운 관점을 열어줬다.

팀장은 말했다.

"익숙함은 편안함이지만, 동시에 위험이기도 해요. 그래서 우리 팀은 의도적으로 불편함을 만들어요. 그 불편함이 우리를 깨어 있게 해주니까요."

신입의 질문

다시 김 팀장의 팀으로 돌아가보자.

회의 시간이었다. 베테랑 이 차장이 프로세스를 설명했다. 익숙한 방식이었고, 팀원들은 고개를 끄덕였다.

그때 신입 박 사원이 손을 들었다. "왜 이렇게 하는 건가요?"

이 차장이 대답했다. "원래 그렇게 하는 거야."

김 팀장이 끼어들었다. "잠깐만요. 박 사원, 좋은 질문이네요. 우리도 한번 다시 생각해 봅시다. 왜 이렇게 해야하죠?"

회의실이 조용해졌다. 모두 '원래 그렇게 하는 것'이라 생각했지, 왜 그렇게 하는지는 생각해 본 적이 없었다. 10분간의 토론 끝에 팀은 깨달았다. 그 방식은 3년 전 상황에 맞춰진 것이었고, 지금은 더 나은 방법이 있었다. 하지만 '익숙하다'는 이유로 아무도 의문을 제기하지 않았던 것이다.

김 팀장은 그날 팀원들에게 말했다.

"앞으로 누군가 원래 그렇게 하는 거야라고 말하면, 그게 바로 경보입니다. 우리가 시스템 1에 빠졌다는 신호죠. 그 순간, 우리는 멈춰서 다시 생각해야 합니다."

익숙함과 피곤함은 최악의 조합

6개월이 지났다. 어느 금요일 오후 5시, 이 차장이 김 팀장을 찾아왔다.

"팀장님, 급한 제안서 검토 부탁드립니다."

김 팀장은 자신의 상태를 점검했다. 오후 5시. 피곤하다. 제안서는 익숙한 유형이다. 익숙함과 피곤함. 7장과 8장에서 배운 최악의 조합이다.

"이 차장님, 죄송한데 제가 지금 너무 피곤해서 제대로 볼 자신이 없어요. 월요일 오전에 봐도 될까요? 그때 제가 더 잘 볼 수 있을 것 같아요."

이 차장은 놀랐지만 동시에 안도했다. 팀장이 자신의 한계를 인정하고, 더 나은 결과를 위해 미루는 것을 보며 배웠다. 무리하지 않는 것도 책임감이라는 것을.

6개월 전 같았으면 김 팀장은 이렇게 했을 것이다. "응, 빨리 봐줄게." 그리고 피곤한 상태에서 익숙한 제안서를 대충 훑어봤을 것이다. 시스템 1으로.

그리고 중요한 부분을 놓쳤을 것이다.

하지만 이제 그는 안다. 익숙함은 편안함이지만 동시에 함정이라는 것을. 특히 피곤할 때는 더욱 위험하다는 것을. 그래서 의도적으로 불편함을 만들고, 신입의 질문에 귀 기울이고, 자신의 한계를 인정한다.

베테랑과 신입, 시스템 1과 시스템 2. 둘 다 필요하다. 빠른 판단도 필요하고, 느린 분석도 필요하다. 팀장의 역할은 이 둘이 균형을 이루도록 하는 것이다. 익숙한 일일수록 한 번 더 확인하라. 그 작은 불편함이 팀을 큰 실수에서 구한다.

팀장 프롬프트

case.1 전형적인 케이스라며 빠르게 처리하려 할 때

지금 나는 시스템 1(직관)으로 판단하고 있는가,
시스템 2(분석)로 판단하고 있는가?

익숙함은 판단력을 흐리게 만든다.
**익숙한 업무일수록 시스템 1에 의존하게 되며
중요한 세부사항을 놓치기 쉽다.** 한 번 더 멈추고, 꼼꼼히 살펴라.

case.2 경험 많은 팀원이 "이건 간단해요"라고 할 때

이 사람이 놓치고 있는 쟁점은 없을까?

베테랑 정명석이 놓친 민법 쟁점을 초심자 우영우가 발견했다.
익숙함에 기대면 표면만 보고, 핵심을 놓친다.
"정말 이게 다야?"라고 한 번 더 물어라.

case.3 초심자가 낯선 질문을 하거나 느리게 일할 때

이 사람의 느낌이 혹시 더 정확한 판단을 만들고 있지 않을까?

낯선 문제 앞에서는 시스템 2가 활성화된다.
느리고 꼼꼼한 사고가 오히려 더 나은 결과를 만든다.
팀 안에서 두 시스템이 균형을 이루도록 설계하라.

|팀장 프롬프트를 입력하세요

팀장 프롬프트를 복습하며 직접 작성해보세요

▶ 최근 "이건 간단해"라고 생각했다가
중요한 부분을 놓친 경험이 있었는가? 무엇을 놓쳤는가?

▶ 우리 팀에서 '정명석'처럼 직관에 의존하는 사람과
'우영우'처럼 분석에 강한 사람은 각각 누구인가?
두 시스템이 균형을 이루고 있는가?

▶ 익숙한 업무를 맡았을 때, 시스템 2를 작동시키기 위해
무엇을 할 수 있을까? (예: 체크리스트, 이중 확인, 질문 던지기)

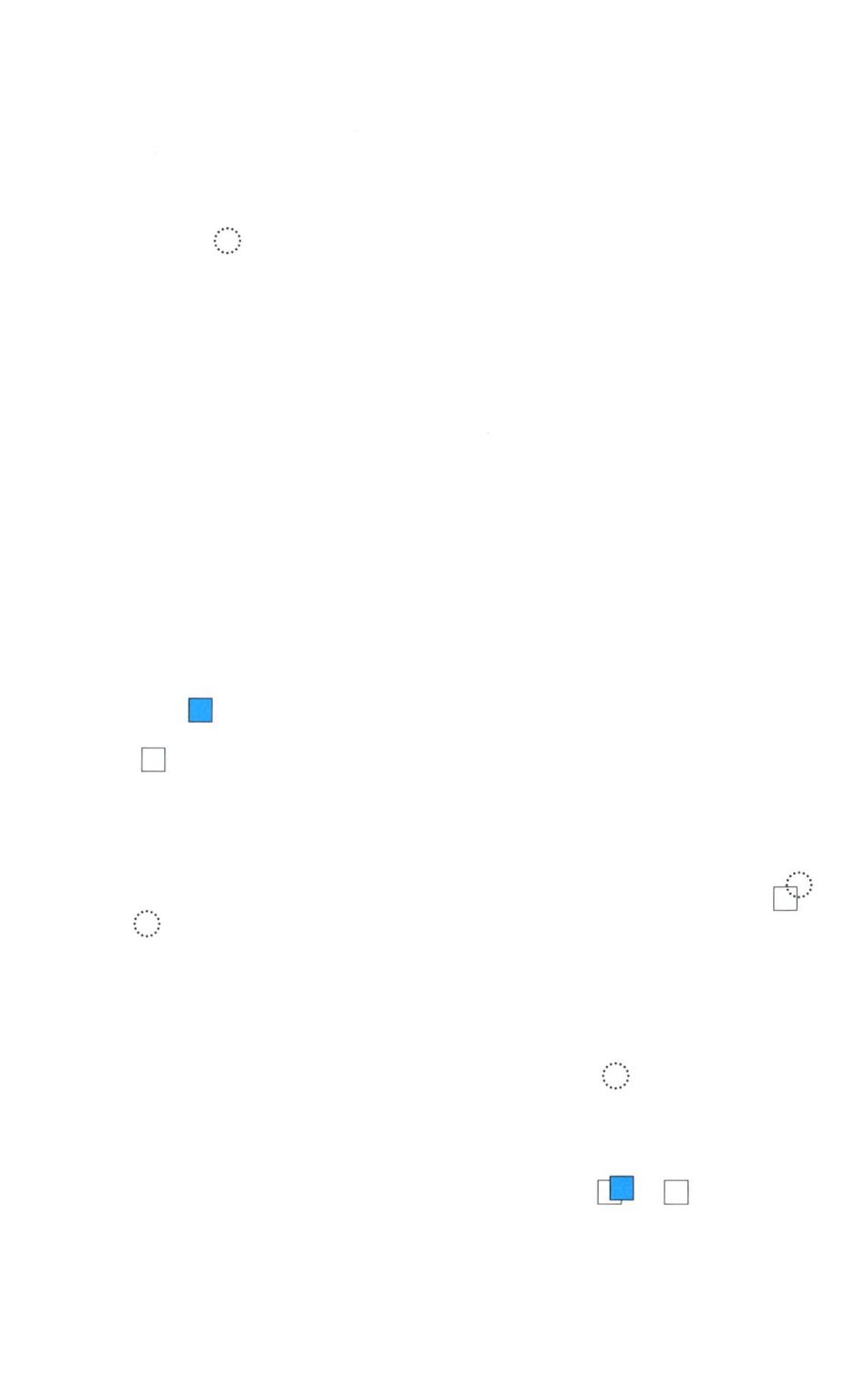

팀장 프롬프트

9장.
수단과
목표

요즘은 일이 많다는 이유로
'왜 이 일을 하는가'를 잊을 때가 있습니다.
처음엔 목표를 향해 달렸는데,
어느 순간 그 과정 자체가 목적이 되어버렸습니다.

성과를 내는 게 목표였는지,
단지 실적을 맞추는 게 목표였는지조차 헷갈립니다.

> AI에게 묻습니다. **지금 내가 집중해야 할 건 결과일까요,
> 아니면 그 결과를 향해 나아가던 처음의 이유일까요?**
>
> 리더십이란 결국 수단을 완성하는 일일까요,
> 아니면 수단에 가려진 본래의 목적을 다시 깨우는 일일까요?

팀장 프롬프트를 입력하세요

목표와 수단의 프레임을 구분하라

당신은 온라인 홈쇼핑에서 꼭 필요한 샴푸 하나를 고르고 결제를 진행한다. 샴푸 가격은 22,000원이지만, 배송비가 2,500원이 추가되어 총 24,500원이 된다. 그런데 배송비를 아끼기 위해 30,000원을 넘겨야 한다는 조건을 보고, 평소 사용하지는 않지만 언젠가 쓸 법한 면도크림(10,000원)을 추가해 총 32,000원을 결제한다.

박 팀장의 팀은 매주 월요일 오전 9시에 주간 회의를 했다.

정확히 9시에 시작하고, 정확히 10시에 끝났다. 박 팀장은 이것을 자랑스러워했다. "우리 팀은 시간 관리가 철저해."

어느 월요일, 회의가 시작되었다. 안건은 중요한 고객사 프로젝트의 문제점이었다. 이 차장이 설명을 시작했다.

"지난주 고객사에서 피드백이 왔는데, 우리가 제안한 방향이 그들의 니즈와 맞지 않는다고…"

이 차장이 상황을 자세히 설명하려는데, 박 팀장이 시계를 봤다.

"이 차장님, 죄송한데 좀 더 간략하게 해주시겠어요? 시간이 없어서요."

이 차장은 서둘러 마무리했다. 박 사원이 질문을 하려 했지만, 박 팀장이 손을 들었다.

"다음 안건으로 넘어가죠. 시간이 빠듯해요."

정확히 10시에 맞게 회의가 끝났다. 박 팀장은 만족했다. '오늘도 시간 관리 완벽.'

그런데 이틀 후, 고객사에서 연락이 왔다. 프로젝트를 취소하겠다는 것이었다. 박 팀장은 당황했다. 이 차장에게 물었다.

"왜 이렇게 됐죠?"

"월요일 회의에서 말씀드리려 했는데… 시간이 없어서 제대로 설명을 못 했어요. 그래서 대응이 늦어졌고…"

박 팀장은 그제야 깨달았다. 자신은 '1시간 회의'라는 규칙을 지키는 데 성공했지만, '문제 해결'이라는 진짜 목적은 달성하지 못했다는 것을.

행동과학자 아옐릿 피시베크^{Ayelet Fishbach}는 사람들이 목표에는 아낌없이 투자하면서도 수단에는 인색한 경향이 있으며, 이는 종종 비합리적인 선택으로 이어진다고 설명한다. 우리의 판단은 때로 이렇게 수단에 과도하게 반응하면서 오히려 목표 달성을 방해한다.

익숙한 수단에 집착하기

우리는 익숙한 일일수록 방심하기 쉽다고 배웠다. 하지만 여기 더 위험한 진실이 있다. **익숙한 수단일수록 집착하기도 쉽다는 것.**

박 팀장의 1시간 회의는 익숙했다. 매주 해왔고, 잘 작동했다고 생각했다. 그래서 의문을 제기하지 않았다. '이번 주 안건은 중요한 문제라서 평소보다 더 많은 시간이 필요하지 않을까?' 같은 생각을 하지 않았다.

익숙한 수단은 성역이 된다. 아무도 의문을 제기하지 않는다. 그리고 어느 순간, 그 수단이 목표를 집어삼킨다.

더 무서운 사실 또 하나.

앞에서에서 배운 것처럼, 의지력이 고갈되면 우리는 복잡한 판단을 회피하고 간단한 규칙에 매달린다. 피곤할수록 수단을 지키는 것이 목표를 고민하는 것보다 쉽기 때문이다.

목표를 다시 묻고 수단을 점검하기

6개월 후, 박 팀장은 달라졌다.

회의가 시작되고 이 차장이 중요한 문제를 설명하기 시작했다. 9시 50분이 되었다. 보통이라면 회의를 마무리할 시간이었다. 하지만 박 팀장은 시계를 보지 않고 말했다. "이 차장님, 더 자세히 설명해 주시겠어요? 우리가 제대로 이해해야 대응할 수 있을 것 같아요."

10시가 지나고, 10시 20분이 되었다.

"팀장님, 시간이…" 박 사원이 조심스럽게 말했다.

"지금 우리 목표가 뭐죠?" 박 팀장이 말했다.

"고객사 문제를 해결하는 거요." 팀원들이 입을 모아 답했다.

"그럼 시간을 좀 더 써야겠네요. 시간 맞추는 게 목표가 아니니까요."

회의는 11시에 끝났다. 하지만 팀은 명확한 해결 방안을 찾았다. 그리고 고객사는 만족했다. 박 팀장과 팀원들은 깨달았다. 중요한 건 '1시간 회의'를 지키는 게 아니라 '문제를 해결하는 것'이라는 걸.

또한 새로운 문화가 생겼다. 수단을 점검하는 문화다. 누군가 "우리는 항상 이렇게 해왔어."라고 말하면, 세 가지 질문을 던져 스스로 돌아보는 것이다.

질문 하나. 우리의 진짜 목표는 무엇인가?

회의 시간을 지키는 게 목표인가, 문제를 해결하는 게 목표인가?

질문 둘. 이 수단이 목표 달성에 도움이 되는가?

1시간 회의가 문제해결에 도움이 되는가?

때로는 2시간 이상의 회의가 필요하지 않나?

질문 셋. 우리는 수단을 지키기 위해 목표를 포기하고 있지 않은가?

시간을 지키기 위해 문제를 제대로 논의하지 못하고 있는 건 아닐까?

형식을 지키기 위해 고객을 놓치고 있었던 건 아닐까?

당신은 지금 무엇을 지키고 있는가?

회의 시간인가, 문제 해결인가?

규칙인가, 팀의 성장인가?

수단은 중요하다. 하지만 수단이 목표가 되는 순간, 우리는 길을 잃는다.

팀장의 역할은 팀원들에게 끊임없이 상기시키는 것이다.

"우리의 진짜 목표는 무엇인가?"

그 질문이 팀을 올바른 방향으로 이끌 것이다.

팀장 프롬프트

case.1 매출 목표나 KPI 달성에만 집중하다 지칠 때

지금 내가 집중하는 것은 진짜 목표인가, 수단화된 목표인가?

수단은 반복될수록 피로를 키운다.
"나는 왜 이 일을 시작했는가?"를 스스로 물어라
고객 가치, 팀의 성장, 스스로의 의미와 같은
본래의 동기로 돌아가야 한다.

case.2 불필요한 지출을 아끼려다 오히려 더 큰 손해를 볼 때

수단을 회피하려다가,
오히려 목표 달성을 방해하고 있지 않은가?

배송비를 아끼려다 불필요한 물건을 산다면, 그건 본말전도다.
때로는 수단에 적절히 투자하는 것이 목표를 더 빠르게 이룬다.

case.3 팀원이 보고서 형식이나, 절차에만 집착할 때

이 사람이 지금 지키려는 것은 목표인가, 수단인가?

보고서는 의사소통의 수단이지, 목적이 아니다.
목표와 수단을 명확히 구분하고,
본래의 이유와 동기를 되새기게 도와라.

|팀장 프롬프트를 입력하세요

팀장 프롬프트를 복습하며 직접 작성해보세요

▶ 우리 팀의 핵심 목표는 무엇인가?
그리고 그것을 위한 수단은 무엇인가?
혹시 수단이 목표로 바뀌어버린 것은 없는가?

목표:
수단:
수단화된 목표:

▶ 최근 비용, 절차, 형식을 아끼려다
오히려 목표 달성을 방해한 경험이 있었는가?

▶ 지금 하고 있는 프로젝트나 업무에서
"나는 왜 이 일을 시작했는가?"라고 물었을 때,
그 본래의 이유와 동기를 떠올릴 수 있는가?

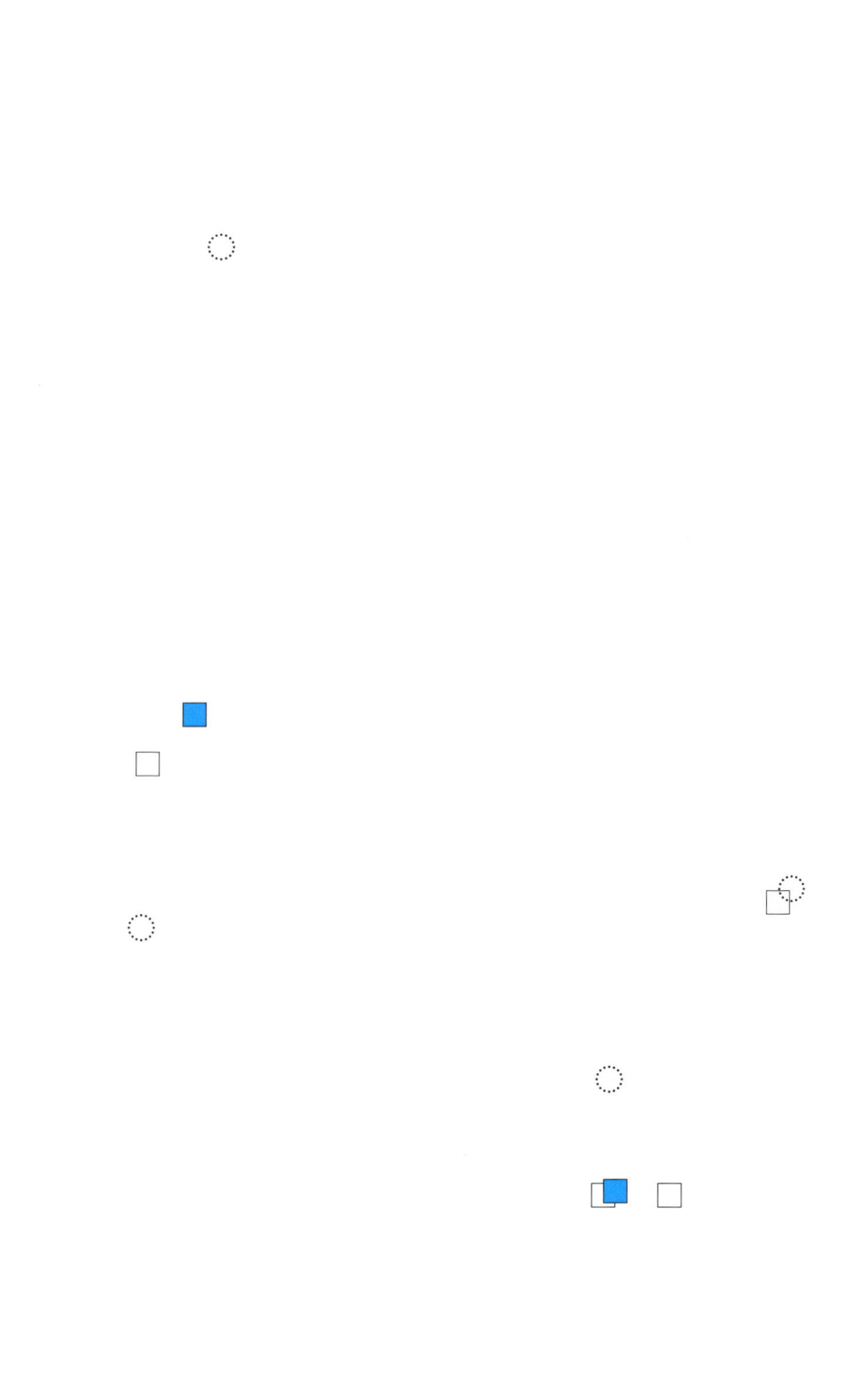

팀장 프롬프트

10장.
결정의
유연성

회의에서 내 아이디어를 제시하면 팀원들이 잠시 머뭇거립니다.
그 순간, 나는 무의식적으로 내 생각을 더 강하게 밀어붙입니다.

뒤돌아보면,
그때 좋은 의견들이 조용히 사라졌다는 걸 깨닫습니다.

> AI에게 묻습니다.
> **리더의 확신은 언제부터 고집이 되는 걸까요?**
>
> '처음 생각이 옳다'는 믿음이 판단을 돕는 걸까요,
> 아니면 시야를 좁히는 또 다른 착각일까요?
>
> 우리 팀이 성장하려면 지금 필요한 건 결정의 속도일까요,
> 아니면 의견이 머무를 수 있는 여유일까요?

팀장 프롬프트를 입력하세요

회의실. 오 팀장이 새로운 프로젝트 방향을 제안했다.

"우리는 A 방식으로 진행합시다. 이게 가장 효율적일 것 같아요."

팀원들이 고개를 끄덕였다. 오 팀장의 판단을 신뢰했다.

2주 후, 이 차장이 조심스럽게 말했다.

"팀장님, 2주간 진행해 보니 B 방식이 더 나을 것 같습니다. A 방식은 예상보다 리스크가 크더라고요."

오 팀장은 눈썹을 꿈틀거리며 즉각 반응했다.

"아니, 우리 이미 A 방식으로 결정했잖아요. 갑자기 바꾸면 지금까지 했던 게 다 시간낭비예요."

이 차장은 더 이상 말하지 않았다. 4주가 지났고, 프로젝트는 실패했다. 예상했던 리스크가 현실이 되었기 때문이다. 오 팀장은 후회했다. '이 차장 말을 들을 걸…'

시험 답안 고치기

누구나 알고 있는 뻔한 이야기, 바로 두 개의 정답 중에서 헷갈리면 먼저 골랐던 것이 답이다라는 말. 이는 오랜 기간 객관식 시험에 대해 가지고 있던 나의 신념 중의 하나였다.

나는 이것과 관련된 아주 오래된 기억을 가지고 있다.

고등학교 1학년 중간고사 국어시험이었다. 공부도 덜 되었고, 문제도 꽤 어렵게 출제되어 그날따라 명확하게 답을 적은 것보다 대충 직관적인 느낌으로 찍은 답이 꽤 있었다. 특히 두 개중 하나가 답인 것 같은데… 하면서 갈팡질팡하던 문제가 여러 개 있었다.

5분을 남기고 시험지에 표기된 답을 OMR 답안지에 옮기기 시작했는데 왜 그랬는지는 모르겠지만 이 과정에서 나는 끝까지 고민하던 문제 5개를 모두 처음 찍었던 답에서 다른 것으로 바꾸어 마킹을 했다.

놀랍게도 다섯 문제 모두 처음 내가 생각했던 답이 정답이었다. 그날 얼마나 화가 나고 후회가 되던지 하도 억울해서 다음 날에 치를 예정이었던 다른 과목은 시험공부도 제대로 못했던 기억이 난다.

그 사건을 계기로 아마 나는

"확실하게 잘못 적은 것이라고 생각되면 답을 고치지만, 둘 중 하나인 것 같다는 식으로 아리송할 때는 무조건 처음 골랐던 것이 답이다." 라는 이야기를 불변의 진리처럼 여기기 시작했고, 이후 내가 치렀던 모든 객관식 시험에서 이 원칙을 유지했으며 30년이 지난 최근까지도 굳게 믿고 있었던 것이다.

이렇게 단단히 유지했던 내 생각이 엄청난 착각이라는 걸 깨우치게 된 건 한 논문 때문이었다.

답안 고치기에 대한 실험

저스틴 크루거 Justin S. Kruger 와 데일 밀러 Dale miller 두 명의 심리학자는 일리노이 대학의 학생 1,561명을 대상으로 객관식 시험을 치르게 했다. 그리고 그들이 시험 도중 답을 수정하게 되면 그것을 파악할 수 있도록 장치를 마련했다.

1,561명의 학생 중 1,231명이 1개 이상의 답을 바꾸었다. 답을 바꾸게 되면 세 가지 유형이 나타난다.

1. 원래 틀린 답이었지만 고쳐서 답이 맞게 된 경우
2. 원래 틀렸는데 고쳐서도 틀린 경우
3. 원래 맞았지만 고쳐서 틀리게 된 경우

세 가지 유형 중 고쳐서 답이 맞은 경우는 51%, 원래 맞았던 답을 고쳐서 틀리게 된 경우는 25%였다.

결론적으로 처음의 답을 수정하는 것이 정답이 될 가능성을 높인 것이다.

그렇다면 실제 실험에 참여한 학생들도 그렇게 생각했을까? 실험 전, 학생들에게 질문했다. 시험에서 답변을 변경할 경우 그 결과가 어떨 것 같은지 예측하도록 한 것이다. 답변을 변경할 시에 오답이 될 것 같다고 예상한 사람의 비율은 42%, 정답이 될 것 같다고 예상한 사람의 비율은 33%였다.

즉, 답변 변경으로 좋아질 것은 과소평가하고, 나빠질 것은 과대평가한 것이다. 왜 이런 현상이 나타나는 것일까?

처음 답을 유지하는 현상의 이유

첫째는 기억의 왜곡에 따른 차이다.

답을 바꾸어서 오답이 된 경우는 그 상처가 강렬하고 매우 커서, 기억에 오래 남아 두고두고 후회를 하게 된다. 반면에 답을 바꾸어 정답이 된 경우나, 고치지 않고 그냥 두어서 틀리게 된 경우는 그 기억이 두드러지지 않는다. 이는 평소 실력의 결과라고 생각하는 경향이 큰 탓이다. 그래서 다음 판단을 할 때 영향을 주지 않는다. 우리는 강력한 후회를 피하고 싶어서 답을 그대로 두는 경우를 선택하게 된다.

둘째는 손실 회피 경향이다.

우리는 동일한 금액을 얻을 때 이득보다 잃을 때의 손실을 더 크게 생각하는 경향이 있다. 처음에 정한 답을 바꾼다는 것은 **예상되는 손실**로 여겨지고, 새롭게 답을 제안하는 것은 앞으로 **예상되는 이득**으로 생각하게 된다. 그런데 이 두 가지 중 전자가 더 크게 느껴져서 가급적 손실 회피를 위해 원래의 답을 유지하는 경향이 있다.

셋째는 한 번 더 생각할수록 정답에 가까워진다.

처음 결정을 한 이후 왜 새로운 대안이 제시된 것일까?

그 이유는 한 번 더 생각했기 때문이다. 한 번 더 생각을 한다는 것은 기존 생각에 대한 의심, 잘못되었을 수 있다는 것에 대한 검증을 뜻한다. 또 다른 아이디어에 대한 고민을 통해 새로운 답이 나온 것이다. 따라서 기존의 결정에 비해 한번 더 생각하고 결정한 것이므로 정답에 가까울 확률이 더 높다.

최초 제안을 여러 가지로 하자

자 이제 당신은 한번 더 생각을 통해 새로운 답이 제시된 경우에는 새로운 답으로 수정하는 것이 훨씬 정답에 가까울 확률이 높다는 사실을 알게 되었다. 이것은 실험으로 증명된 사실이다. 이제 이것을 알았으니 앞으로 당신은 새로운 제안이 나올 경우 기존의 제안에서 바꿀 확률이 높을까?

안타깝게도 그렇지 않은 경우가 훨씬 많다.

우리는 이러한 사실을 알더라도 여전히 최초 제안을 고수할 확률이 높다. 이를 최초 제안의 오류라고 이야기한다. 이 오류의 주된 원인은 앵커링 anchoring에 의한 각인 효과다. 처음 제시된 제안이 마치 배를 묶어 자유로운 움직임을 방해하는 닻 anchor처럼 작용하여 우리의 사고를 고정시키기 때문이다.

처음 무언가를 결정하게 되면 그 최초 제안은 기준점이 된다. 따라서 변화하는 것이 쉽지 않다. 또한 대상이 물건일 경우에는 새로운 것에 대한 업데이트라고 생각하고 바꾸기 위해 노력하지만, 생각에 관해서는 가급적 기존의 것을 유지하려는 경향이 강하다. 그렇다면 이를 어떻게 극복하는 것이 좋을까?

인지심리학자 스티븐 도우STEVEN P. DOW는 2010년에 광고를 한 번에 하나씩 만드는 방식 또는 동시에 여러 개를 만드는 방식에 관한 연구를 진행했다. 실험에 앞서, 그래픽 디자이너들에게 웹매거진에 게시할 배너광고를 제작하라는 업무를 할당했다. 이때 디자이너들을 두개의 그룹으로 나누고 각각 다른 프로세스를 사용하도록 했다.

첫 번째 그룹에게는 하나의 광고를 만들면 바로 피드백을 받게 했다. 처음 광고에 대한 피드백을 수용하여 다시 수정한 두 번째 광고, 다시 피드백을 받고 수정한 세 번째 광고… 이렇게 총 여섯 번의 작업을 통해 최종 광고가 완성되었다.

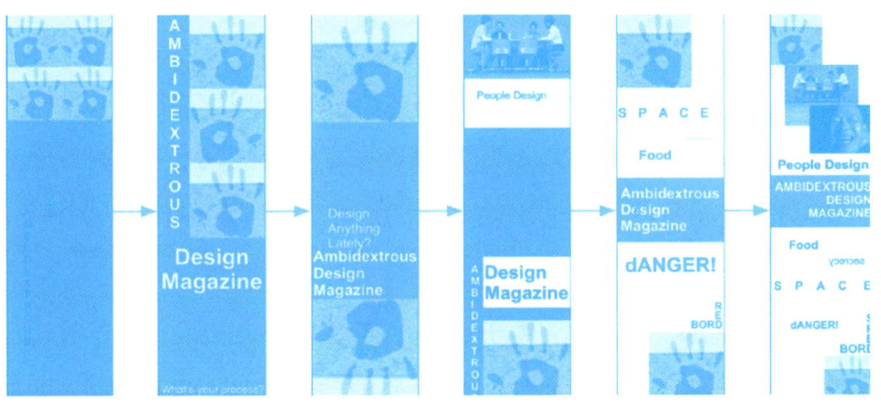

두 번째 그룹에게는 아예 처음부터 세 개의 광고 시안을 만들게 했다. 그리고 각각의 광고에 대해 피드백을 받고, 다시 수정하여 두 개의 광고를 만들게 하고 두 개의 광고에 대해 피드백을 받고 최종 하나의 광고를 만들게 했다.

두 개의 프로세스는 모두 6번의 광고작업과 5번의 피드백을 받았다. 이후 최종으로 만들어진 두 개의 광고를 전문가와 소비자들에게 평가하도록 했다. **그러자 두 번째 그룹에서 최종적으로 작성한 광고 시안이 훨씬 높은 평가를 받았다.** 왜 이런 현상이 벌어진 것일까?

스티븐 도우는 다음과 같이 설명한다. 두 번째 그룹이 더 좋은 평가를 받을 수 있었던 것은, 여러 아이디어에 대한 피드백을 동시에 받은 덕분에 그 피드백 내용을 비교 분석해 볼 수 있었기 때문이고, 그러한 과정을 통해 핵심적인 디자인 원칙을 더 정확히 이해할 수 있었으며 그 이해를 바탕으로 광고를 어떻게 수정해야 할지 선택할 수 있었기 때문이라고.

또한 한 번에 하나의 광고를 만들며 작업했던 디자이너들은 자신의 작업물에 대한 객관적 시각이 흐려지면서 이에 대한 비판을 자신에 대한 비난으로 받아들였던 반면, 여러 개의 디자인을 만든 디자이너들은 작품과 스스로를 분리하여 생각하는 자기조절 효과가 나타났다고 말했다.

우리가 최초 제안으로 단 하나의 방안만 제시하면, 이후 어떤 새로운 대안이 등장하더라도 제시된 기준과 틀을 벗어나기 어려워진다. 결국 기존의 선택에 대한 비판을 수용하거나 결정을 바꾸지 못하는 함정에 빠지게 된다. 따라서 최초 제안을 여러 개로 제시하여 이러한 고정 관념의 함정에서 벗어나는 것이 효과적인 방법일 것이다.

첫 결정을 바꾸는 문화

오 팀장의 팀에는 새로운 문화가 생겼다.

"이건 제 첫 번째 생각입니다."

팀장이 제안할 때 늘 이 문구를 붙였다. 이 말은 두 가지를 의미했다.

첫째, 이건 확정이 아니라 시작점이다.

둘째, 더 나은 생각이 있으면 언제든 말해라.

팀원들도 달라졌다. 팀장의 결정에 이의를 제기하는 것이 자연스러워졌다.

"팀장님, 그 방향으로 2주 해봤는데, 다른 방식이 더 나을 것 같아요."

이런 말을 하는 게 더 이상 두렵지 않았다.

왜? 팀장이 그걸 환영했기 때문이다.

오 팀장은 말했다.

"좋아요. 두 번째 생각은 첫 번째보다 더 정확할 확률이 높아요. 자세히 설명해 보세요."

당신은 결정을 바꿀 수 있는가

"당신은 팀원의 두 번째 제안을 받아들일 수 있는가?"

처음 당신이 제안한 방향이 있다. 그런데 팀원이 다른 방향을 제안한다.

이때 당신의 반응은?

"우리 이미 결정했잖아."인가?

"흥미롭네요, 더 자세히 설명해 보세요."인가?

처음 결정에 집착하는 팀장은 실패한다. 두 번째 생각을 환영하는 팀장은 성공한다. 왜일까?

두 번째 생각은 더 많은 정보를 가지고 있기 때문이다. **팀장의 역할은 처음 결정을 지키는 게 아니다. 최선의 결정에 도달하는 것이다.** 그리고 최선의 결정은 대부분 처음 생각과 다르다.

팀장 프롬프트

case.1 처음 제안한 전략을 계속 고집하려고 할 때

한 번 더 생각해서 나온 새로운 대안이 있다면,
그것이 정답에 가까울 확률은?

연구 결과, 답을 바꾸면 51%가 정답이고 25%만 오답이다.
한 번 더 생각해 수정한 결과가 더 정확할 가능성이 높다.
처음 제안을 고집하지 마라.

case.2 팀원의 새로운 제안을 듣고 본능적으로 거부감이 들 때

나는 지금 앵커링 효과에 갇혀 있는 것은 아닐까?

처음 제안은 닻처럼 작용해 사고를 고정시킨다.
손실 회피와 기억의 왜곡 때문에 새로운 제안을 받아들이기 어렵다.
의식적으로 열린 자세를 훈련하라.

case.3 프로젝트나 기획을 진행하며 하나의 안만 제시할 때

여러 개의 대안을 동시에 검토하면, 어떤 변화가 생길까?

여러 제안을 함께 검토하면 비교가 가능해지고, 시야가 넓어진다.
객관적 시각을 유지하고, 비판을 자신에 대한 공격으로 받아들이지 않게된다.
최초 제안은 하나가 아니라, 여러 개로 시작하라.

팀장 프롬프트를 입력하세요

팀장 프롬프트를 복습하며 직접 작성해보세요

▶ 최근 처음 제안을 끝까지 고집했다가 후회한 경험이 있었는가?
새로운 대안을 받아들였다면, 어떤 결과가 달라졌을까?

▶ 팀원이 내 아이디어에 다른 의견을 제시할 때,
나는 방어적으로 반응했는가, 아니면 열린 자세로 들었는가?
구체적인 사례를 떠올려보자.

▶ 최근에 진행했던 프로젝트를 떠올려보자
거기서 하나의 안 대신 세가지 대안을 검토한다면,
어떤 주제로 시도해볼 수 있을까?

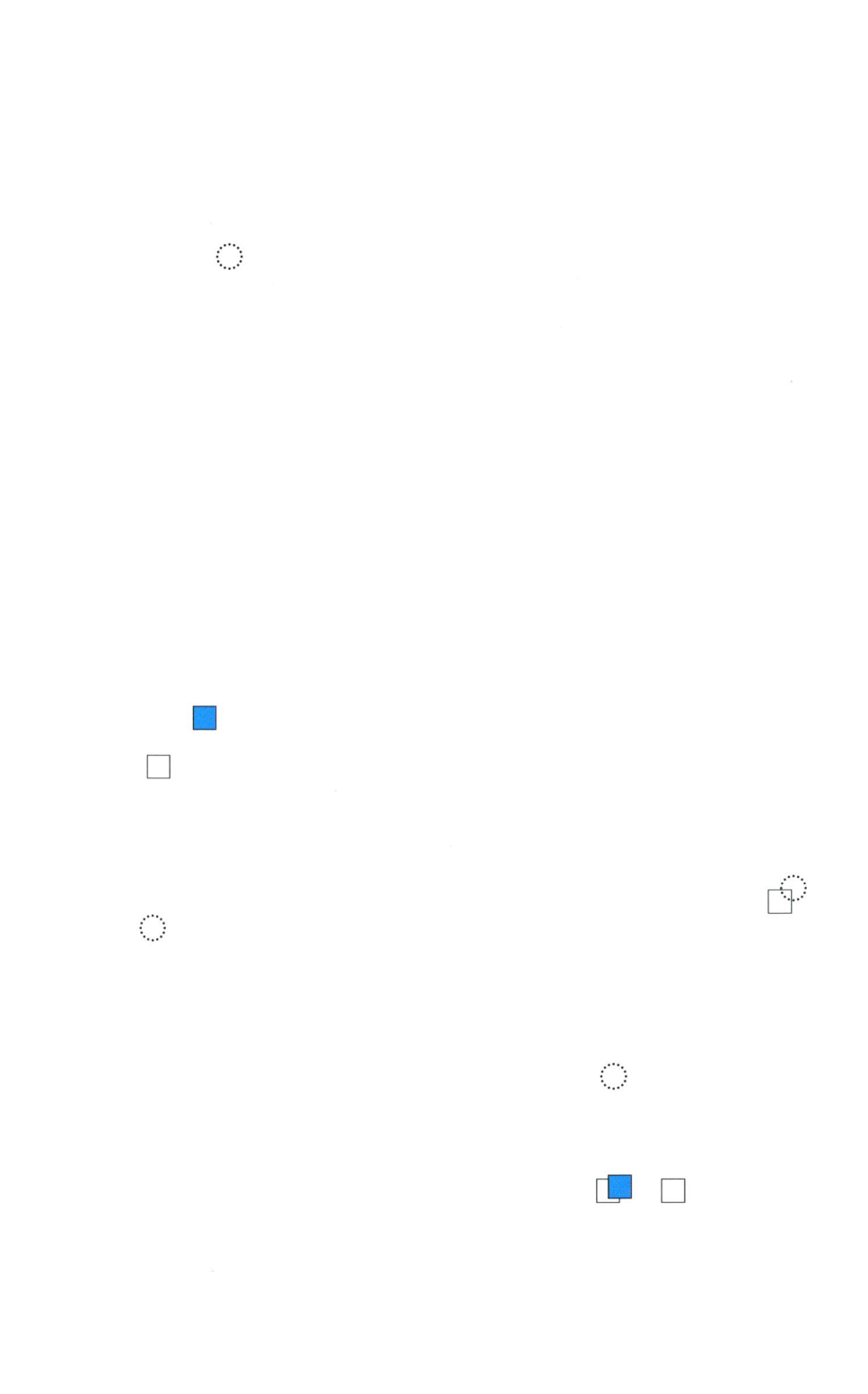

팀장으로서의 소통 능력은 단순히 말을 잘하는 수준을 넘어서야 한다.

그것은 팀 전체의 성과를 실질적으로 끌어올리는 전략적 도구이자,
리더십 실전에서 반드시 갖추어야 할 핵심 역량이다.

특히 피드백과 설득은 팀 운영의 심장부에 해당한다.
이 두 가지를 정교하게 구사하는 팀장은 구성원들의 신뢰를 얻고,
궁극적으로 조직의 목표를 달성할 수 있는 리더로 성장하게 된다.

많은 팀장이 소통에 어려움을 겪는다.

"피드백을 해도 팀원들이 별 반응이 없어요."
"상대가 말귀를 못 알아들어요."
"이건 감정 문제라 말해봤자 소용없어요."

하지만 문제는 '말투'가 아니라 '심리 구조'에 있다.
피드백과 설득은 단순한 말의 문제가 아니라,
관계의 심리, 동기의 메커니즘, 저항과 수용의 조건을 아는 문제다.

3부.
결정을 실행으로 바꾸는 소통의 힘

이 장에서는 성과 중심의 피드백과
설득의 심리학적 원리를 바탕으로 한 실천 전략을 소개하고자 한다.

팀장의 역할은 단순히 의사소통을 원활히 하는 데 그치지 않는다.
올바른 피드백을 통해 팀의 실행력을 끌어올리고,
설득 전략을 상황에 따라 조율함으로써 조직의 목표 달성을 이끄는 것이다.

결국 피드백과 설득은 단지 '말의 기술'이 아니라,
사람과 조직을 이해하고 움직이는 '심리적 리더십'의 정수이다.

11장.
피드백의
구조

똑같은 말을 했는데,
어떤 팀원은 고개를 끄덕이고, 어떤 팀원은 표정이 굳어집니다.

의도는 같았지만, 결과는 전혀 달랐습니다.
한쪽은 동기부여가 되고, 다른 한쪽은 의욕을 잃었습니다.

> AI에게 묻습니다.
> 문제는 내가 한 말의 내용일까요,
> 아니면 팀원이 받아들이는 감정의 방식일까요?
>
> 리더가 피드백을 설계할 때 더 먼저 고려해야 할 것은
> **말의 정확함**일까요, **듣는 사람의 심리적 준비도**일까요?

| 팀장 프롬프트를 입력하세요

윤 팀장은 며칠째 많이 당황한 상태이다. 대표님의 특별 지시로 진행하고 있는 정기 피드백 세션 때문이다. 과거 6개월에 한 번씩 하던 면담을 금년부터 수시로 진행하는 것으로 일정이 변동되었다. 중간중간 점검하고, 개선하고 피드백해서, 성과도 높이고 연말에 항상 발생하는 평가 공정성에 대한 팀원들의 불만을 최소화시키라는 취지였다.

문제는 이 피드백 세션 이후 실망하고 상처받아서 업무에 집중하지 못하는 팀원들이 생겼다는 것이다. 같은 피드백을 해줘도 어떤 팀원은 긍정적으로 받아들이고 적극 개선하는 반면에, 그렇지 않은 팀원도 꽤 있었다.

최 대리의 예상 밖 반응

특히 항상 활기차있던 최 대리의 모습은 충격이었다. 최 대리가 작성한 보고서는 나름 열심히 자료를 찾아본 흔적은 있었지만, 나열식에 불과하고 적절한 강약과 구조가 없었다. 그래서 피드백 세션에서 이것을 이야기했더니 이후 본인은 기획 관련 업무가 적성에 맞지 않는 것 같다면서 진행 중인 프로젝트에서 빠지겠다고 면담을 요청한 것이다. 윤 팀장은 이런 최 대리의 반응에 매우 곤혹스러웠다.

"예전에는 6개월에 한 번만 평가하고 불만 있는 친구만 달래주면 끝났는데. 이제는 한 달에 한 번씩 이런 경험을 해야 하니. 이거 아주 에너지 낭비, 시간낭비 같아. 차라리 안 하는 게 낫지 않을까? 똑같이 피드백 세션을 진행하는데 받아들이는 사람마다 반응이 천지 차이니… 그렇다고 맨날 잘한다고 칭찬만 할 수도 없고 말이야."

팀의 성장을 위해 필수적인 피드백 과정에서 **어떻게 하면 팀원들이 부정적 감정 없이 피드백을 받아들이고, 이를 성장의 동기로 생각할 수 있을까?** 그리고 **왜 사람마다 피드백에 대한 반응이 제각각일까?**

이는 초보 팀장인 윤 팀장뿐 아니라 꽤 경험이 많은 팀장들도 항상 하는 고민이다.

고정 마인드셋 vs 성장 마인드셋

며칠간 고민하던 윤 팀장은 김 팀장을 찾아갔다.

"김 팀장, 이상한 일이 있어요."

윤 팀장이 상황을 설명했다. 김 팀장이 고개를 끄덕였다.

"아, 마인드셋 차이네요."

"마인드셋이요?"

"네. 사람은 크게 두 가지로 나뉘어요. '성장 마인드셋' 과 '고정 마인드셋' 인데 최 대리는 전형적 고정 마인드셋 이에요."

☐ **고정 마인드셋**

"나는 원래 이런 사람이야."

→ 피드백을 '비판'이나 '판단'으로 받아들인다

☐ **성장 마인드셋**

"나는 노력하면 성장할 수 있어."

→ 피드백을 '기회'로 받아들인다

윤 팀장은 무릎을 쳤다.

"그래서 최 대리가 프로젝트에서 빠지고 싶다고 한 거군요."

"맞아요. 최 대리는 피드백을 '개선 방향'이 아니라 '무능의 증거'로 받아들인 거예요. 기획 업무가 적성에 안 맞는 게 아니라, 피드백이 자기를 부정하는 말로 들린 거죠."

마인드셋을 바꿀 수 있는가

윤 팀장이 물었다. "그럼 최 대리의 마인드셋을 바꿀 수 있나요?"

김 팀장이 대답했다. "바꿀 수 있어요. 하지만 시간이 걸려요. 그리고 팀장의 피드백 방식을 완전히 바꿔야 해요."

"어떻게요?"

"지금 윤 팀장의 피드백은 '개선점'에 초점을 맞추고 있죠. 그건 성장 마인드셋을 가진 이 과장에게는 완벽해요. 하지만 고정 마인드셋의 최 대리에게는… 독이에요."

윤 팀장은 충격받았다. 불편해도 피드백을 주는 게 인간미라고 생각했는데 피드백 방식을 바꾸라니?

김 팀장이 말을 이었다.

"피드백을 주는 건 맞아요. 하지만 고정 마인드셋을 가진 사람에게는 순서를 바꿔야 해요."

강점부터 시작하기

김 팀장이 조언했다.

"고정 마인드셋을 가진 팀원에게는 강점 피드백부터 시작해야 해요. 그들은 자신의 능력이 고정되어 있다고 믿기 때문에, 약점을 지적받으면 '나는 이 일을 못하는 사람'으로 정의돼요. 그러니 먼저 '나는 이 일을 할 수 있는 사람'으로 정의되게 해야 해요."

다음 주, 윤 팀장은 방식을 바꿨다.

"최 대리, 이번 보고서에서 시장 분석 부분이 정말 탁월했어요."

"네?" 최 대리는 놀란 표정이었다.

"특히 고객 인터뷰 데이터를 활용한 부분. 다른 사람들이 못 잡아낸 인사이트를 딱 찾아냈더라고요. 어떻게 생각해낸 거예요?"

최 대리가 조심스럽게 설명하기 시작했다. 표정이 조금씩 밝아졌다.

윤 팀장은 한 달 동안 최 대리의 강점에만 피드백을 줬다. 예산 분석 같은 약점은 언급하지 않았다. 처음엔 억지로 찾는 것 같았지만, 시간이 지나니 자연스러워졌다. 실제로 최 대리에게 강점이 많았다.

한 달 후, 최 대리가 달라졌다. 피드백 세션이 더 이상 두렵지 않았다. 오히려 기대되었다. 자신이 잘한 부분을 인정받는 시간이 되었기 때문이다.

작은 도전에 참여시키기

한 달 후, 윤 팀장은 조심스럽게 다음 단계로 갔다.

"최 대리, 시장 분석은 정말 잘하네요. 근데 시장 분석 잘하는 사람이 예산 분석까지 하면… 완전체가 될 것 같은데요?"

예전 같았으면 최 대리는 즉각 거절했을 것이다. "저 그런 거 못해요."

하지만 이제는 한 달간 강점 피드백으로 자신감이 조금 생긴 상태였다.

"한번 해볼게요. 근데… 어떻게 시작해야 할지 모르겠어요."

"이 과장이 그쪽을 잘해요. 이 과장한테 배워보는 건 어때요? 시장 분석은 최 대리가 더 잘하니까, 서로 배우는 거죠."

실수를 학습 기회로

6개월 후, 최 대리가 처음으로 예산 분석 보고서를 제출했다. 처음 하는 일이라 실수가 많았다.

예전의 윤 팀장이라면, 즉각적인 피드백을 했을 것이다.

하지만 이제는 달랐다.

"최 대리, 처음 하는 건데 여기까지 한 거 대단해요. 특히 이 부분은 이 과장도 처음에 못 잡았던 건데, 최 대리는 처음부터 잡아냈네요."

최 대리의 표정이 밝아졌다.

"근데 3페이지는 제가 잘 모르겠어요…."

"그 부분 어려워요. 저도 팀장 되기 전엔 몰랐거든요. 제가 같이 볼까요?"

실수를 지적이 아니라 학습 기회로 다뤘다. 그리고 "나도 몰랐어."라고 고백함으로써, 완벽함이 아니라 성장이 중요하다는 메시지를 전했다.

1년이 지났다. 최 대리가 윤 팀장을 찾아왔다.

"팀장님, 감사합니다."

"왜요?"

"작년 이맘때 제가 프로젝트 빠지고 싶다고 했잖아요."

"기억해요."

"그때 팀장님이 '그래, 그럼 빠져.'라고 하셨으면 저는 지금 이 팀에 없었을 거예요. 아니, 이 회사에도 없었을지 몰라요.

근데 팀장님이 달라지셨어요. 처음엔 이상하더라고요. 왜 자꾸 잘한 것만 말해주나. 약점은 안 말해주나. 근데 그게 저한테 필요했던 것 같아요."

"뭐가요?"

"자신감이요. 전 피드백을 받을 때마다 '나는 이 일 못하는 사람'이라고 생각했어요. 근데 팀장님이 계속 잘한 부분을 말해주시니까, '나도 이 일 할 수 있는 사람'이라고 생각하게 됐어요."

"이제는?"

"이제는 피드백이 무섭지 않아요. 오히려 기대돼요. 뭘 배울 수 있을까 하고요. 저도 이 과장처럼 성장할 수 있다고 믿게 됐어요."

윤 팀장은 웃었다. 최 대리의 마인드셋이 바뀐 것이다.

당신의 팀원은 어떤 마인드셋인가?

피드백을 줄 때 우리 팀원의 반응을 떠올려보자.

방어적으로 반응하는 사람?

"저는 원래 이래요."라고 말하는 사람?

피드백 후 에너지가 빠지는 사람?

"이 일이 제 적성에 안 맞는 것 같아요."라고 말하는 사람?

이들은 모두 고정 마인드셋을 가진 사람들이다.

그 팀원에게는 **다른 접근이 필요하다.**

강점을 발견하자. 칭찬부터 시작하라. 피드백 시간에 대한 거부감을 먼저 줄이자. 작은 도전을 조심스럽게 주라. 결과가 아니라 과정을 칭찬하라. 실수를 판단이 아니라 학습 기회로 다뤄라.

시간이 걸린다. 하지만 가능하다. 최 대리가 증명했다.

그리고 당신의 팀원도 증명할 것이다.

팀장 프롬프트

case. 1 피드백을 줬는데 팀원이 방어적이거나 회피할 때

이 팀원은 고정 마인드셋인가, 성장 마인드셋인가?

고정 마인드셋은 피드백을 '평가'나 '비판'으로 받아들인다.
성장 마인드셋은 피드백을 '성장 기회'로 받아들인다.
즉각적인 개선보다 마인드셋 전환이 먼저다.

case. 2 "그래도 성과는 올렸네"처럼 결과 중심으로 칭찬할 때

나는 '결과'를 칭찬하는가, '과정과 노력'을 칭찬하는가?

결과 칭찬은 고정 마인드셋을 강화한다.
"100명과 면담한 노력, 대단했어"
이처럼 **수행과정을 구체적으로 칭찬해야 성장 마인드셋이 자란다.**

case. 3 고정 마인드셋을 가진 팀원에게 개선 피드백을 할 때

지금 이 팀원에게 즉각적 개선을 요구하는 것이 맞을까?

고정 마인드셋 팀원에게 즉각 개선을 요구하면 역효과가 난다.
1단계. 강점 중심 피드백으로 자신감부터 회복시켜라.
2단계. 작은도전을 제시하라.
3단계. 실수를 판단이 아닌 학습기회로 다뤄라.

| 팀장 프롬프트를 입력하세요

팀장 프롬프트를 복습하며 직접 작성해보세요

 우리 팀원 각각의 마인드셋을 구분해보자.

고정 마인드셋(피드백을 비판으로 받아들이는 사람):

성장 마인드셋(피드백을 기회로 받아들이는 사람):

 최근 한 달간 내가 한 칭찬 중
"결과 칭찬"과 "과정과 노력 칭찬"의 비율은 어떠한가?
앞으로 어떻게 바꿀 것인가?

결과 칭찬:
과정 칭찬:
개선 방향:

 고정 마인드셋을 가진 팀원 1명을 선택하여
3단계 전략을 적용한다면?

 대상:
1단계(강점):
2단계(작은도전):
3단계(실수를 학습기회로):

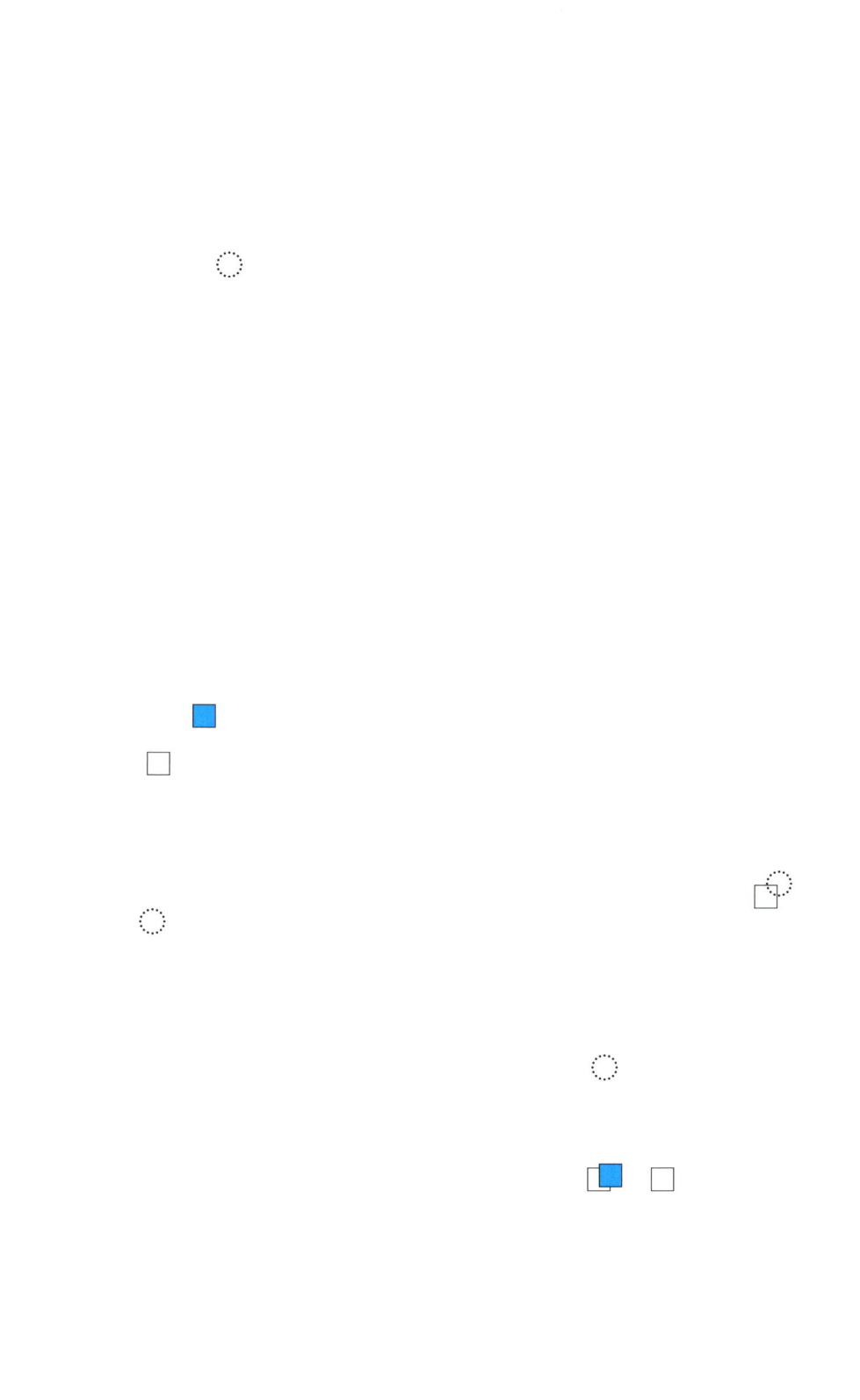

팀장 프롬프트

12장.
타이밍의
중요성

보고서를 받은 지 며칠이 지났습니다.
바쁘다는 이유로 피드백을 미뤘지만,
그 사이 팀원은 내 표정을 살피고 있었습니다.

AI에게 묻습니다, **리더의 침묵은 배려일까요,
아니면 무관심으로 들리는 신호일까요?**

무반응과 부정적 피드백 중,
팀원에게 더 큰 상처를 남기는 건 어느 쪽일까요?

내가 바빠서 미룬 '한마디의 피드백',
팀원에게는 어떤 메시지로 남게 될까요?

팀장 프롬프트를 입력하세요

듀크대학교 심리학자 댄 에리얼리 $^{Dan\ Ariely}$는 재미있는 실험을 많이 한 학자로 유명한데 그 중 하나를 소개해보려고 한다.

무의미한 과제와 그 후의 차가운 반응들

에리얼리 교수가 아르바이트생을 모집한다는 공고를 내자 약 200여 명의 지원자가 모였다. 그리고 그들에게 제일 먼저 알파벳 철자 스펠링이 아무런 의미 없이 마구잡이로 섞여있는 종이를 나누어준다.

이때 진행자가 안내를 시작한다.

"철자들을 잘 보면서 같은 철자가 연속을 나와 있는 것을 찾아서 동그라미 표시해서 앞으로 가져오세요."

```
kkassfadkaakssakskaasasad
adjsdagasddaaddaadadada
dafaaddlawejkwekwexexess
daaekakdssfowekqwekqlwk
sdqwssweokingnsawsswew
aeqwqweeqlwassqwqwkw
fwewqkadsksjdaajadddksof
```

의미 없이 철자로 나열된 그 종이에는 간혹 aa, ss 등 같은 철자가 연속으로 적혀 있는 경우가 있었는데, 참가자들은 아주 지루하고 재미없는 과제라고 생각하면서 그것들을 열심히 찾아서 동그라미 표시를 했다.

이후 자신이 동그라미 표시한 종이를 앞의 진행자 측에 제출하는데 여기에 이 실험의 핵심 요소가 있었다.

실험의 설계: 세 가지 다른 피드백 방식

실험 설계자는 이미 전체 그룹을 참가자 몰래 셋으로 나누었다. 그리고 당사자들은 모르지만 설계자들만 알 수 있는 명단을 가지고 각각의 참가자들이 중복으로 적힌 철자를 표시한 종이를 가져오면 결과물에 상관없이 3가지 반응을 보이도록 했다.

☐ 첫 번째 그룹, 성과 보관형

참가자가 종이를 가지고 오면 그 참가자 이름이 적힌 종이를 보관할 수 있는 파일이 있다. 거기에 참가자가 가져온 결과물 종이를 끼워 넣고 "수고하셨습니다."하고 보낸다.

☐ 두 번째 그룹, 성과 무관심형

참가자가 종이를 가지고 오면 기존에 이미 받아 놓은 수많은 중복 체크된 결과물이 있는 다른 종이들 사이에 섞이도록 넣고 "수고하셨습니다."하고 보낸다.

☐ 세 번째 그룹, 성과 파쇄형

참가자가 종이를 가지고 오면 그 참가자 눈앞에 있는 문서 파쇄기에 종이를 집어넣고 그 자리에서 파쇄 시켜버린다. 아마 세 번째 참가자들은 정말 당황했을 것이다.

실험 후 질문: 이 일을 다시 한다면 얼마를 받아야 할 것 같나요?

이렇게 중복 철자를 찾고 3종류의 상황을 접한 참가자들은 자리로 돌아가서 실험 진행자가 준비한 설문 조사에 응답을 한다.

여기서 가장 핵심 질문은 '방금 그 일을 본격적으로 아르바이트로 하게 된다면 시간당 인건비로 얼마를 받으면 그 일을 하겠는가' 라는 질문이었다.

결과는 다음과 같았다.

그룹 유형	원하는 시급
이름 파일에 보관한 그룹	15유로
다른 결과물과 섞어버린 그룹	28유로
눈 앞에서 파쇄기에 갈아버린 그룹	30유로

첫 번째 그룹, 즉 자신의 이름이 적힌 파일에 자신이 했던 작업을 끼워 넣은 사람들은 15유로 정도의 돈을 받으면 그 일을 하겠다고 대답했다.

두 번째 그룹, 즉 자신이 작성한 종이를 다른 사람들이 작업한 종이와 마구 섞어 넣은 상황을 겪은 사람들은 28유로 정도 돈을 받으면 그 일을 하겠다고 대답했다.

그리고 가장 황당한 경험을 했던 세 번째 그룹, 즉 결과물을 가져 가자 눈 앞에서 종이 파쇄기에 넣어버린 상황을 경험한 참가자들은 30유로는 받아야 그 일을 할 것이라고 대답했다.

실험이 보여준 반전 포인트

이는 예상했던 결과였다. 보통 자기 가치를 드러내기 위해 이름이 적힌 파일에 결과물을 넣게 되면 뿌듯하고, 일할 의욕이 생긴다. 이런 경우에는 받는 돈이 적어도 가급적 그 일을 하려고 할 것이라는 것이 실험의 결과였다.

우리는 어느 경우에 일을 열심히 할까? 당연히 자기의 이름이 드러나고, 자기의 이름으로 일을 할 때 책임감을 가지고 더 열심히 한다.

그런데 이 실험에서 예상치 못한 포인트가 발견된다.

자신의 결과물을 다른 사람의 결과물과 마구 섞은 두 번째 경우와 제출하자마자 결과물을 파쇄기에 넣어버린 세 번째 경우. 이 두 경우의 참가자들이 받고자 하는 금액이 거의 비슷했다는 것이었다.

상식적으로 파쇄기에 넣어버린 경우가 더 기분 나쁠 것 같은데, 이 경우나 자기 결과물을 다른 사람 결과물과 섞어버린 경우나 똑같이 기분이 나쁘다는 것이었다.

실험의 해석: 무피드백은 곧 파쇄기

이게 뭘 의미하는 것일까?

파쇄기로 갈아버리는 행동은 당장 화를 내고 소리를 치는 부정적 피드백을 뜻한다.

그리고 자신이 제출한 결과물을 다른 사람의 결과물에 섞어 버리는 것은? 이제나, 저제나 자신의 결과물에 대한 상사의 피드백을 기다릴 사람들을 애타게 만드는 **늦은 피드백 또는 무피드백을 의미한다.**

늦은 피드백은 부정적 피드백만큼 팀원의 사기를 떨어뜨리는 피드백이라는 것을 실험을 통해 밝혀낸 것이었다.

팀원 입장에서는 아무런 반응이 없는 상태를 자신의 노력이 무시당한 것으로 받아들인다. 즉, 피드백이 늦거나 없으면, 그건 눈앞에서 갈아버리는 것만큼 상처를 준다는 사실을 실험이 증명한 것이다.

팀장은 종종 "조만간 피드백 줄게요.", 혹은 "바쁘니까 일단 넘겨둘게요."라고 말한다. 하지만 팀원 입장에서는 그 '넘겨둠'이 바로 결과물 파쇄기처럼 느껴질 수 있다는 것이다.

팀장 프롬프트

case.1 팀원의 보고서를 받았지만, 바빠서 나중에 보려 할 때

지금 이 '무반응'이 팀원에게는 어떻게 느껴질까?

늦은 피드백은 보고서를 파쇄기에 넣는 것과 같다.
무피드백(28유로)과 부정적 피드백(30유로)의 타격은 거의 동일하다.
"조만간"이라는 말은 팀원에게 "무시당했다"는 신호로 들린다.

case.2 일단 나중에 이야기하자며 미루려 할 때

팀원은 지금, 내 피드백을 얼마나 간절히 기다리고 있을까?

역시나 팀원은 자신의 노력이 무시당한 것으로 느낀다.
**이름이 적힌 파일에 보관(15유로) vs 섞어버림(28유로)
인정받는 느낌의 차이는 두 배다.**

case.3 피드백할 시간이 정말 없을 때

30초라도 지금 당장 반응하는 것 vs 며칠 뒤 완벽한 피드백, 무엇이 팀원에게 더 나을까?

늦은 완벽한 피드백보다, 즉각적이고 짧은 피드백이 낫다.
"김 대리. 잘 봤어, 이번 주 안에 자세히 이야기하자."
이 한 마디가 팀원의 사기와 신뢰를 지켜준다.

|팀장 프롬프트를 입력하세요

> **팀장 프롬프트를 복습하며 직접 작성해보세요**

▶ 지금 내 책상(메일함, 메신저)에
며칠째 피드백을 안 준 보고서나 결과물이 있는가?
그 팀원은 지금 어떤 마음일까?

▶ 최근 한 달간 "조만간 피드백 줄게요" 또는
"나중에 이야기하자"라고 말한 적이 몇 번인가?
그때 팀원의 표정은 어땠는가?

▶ 내일부터 팀원의 제출물을 받으면
몇 시간 안에 어떤 첫 반응을 줄 것인가?
(완벽한 피드백이 아니어도 좋다. 즉각적 인정이 더 중요하다.)

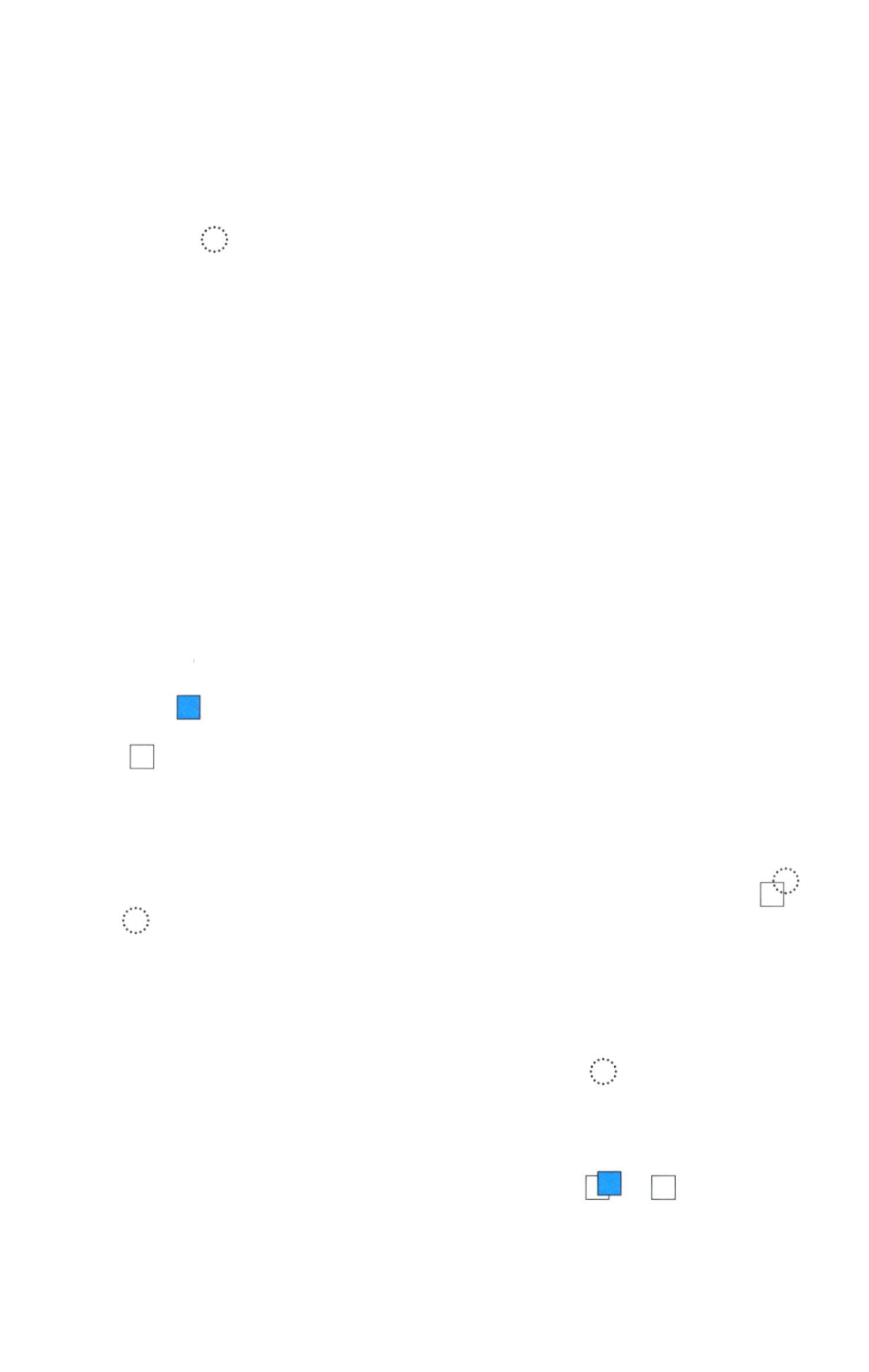

13장.
소통의 균형

팀 안에서는 내 말이 잘 통합니다.
그런데 외부 협업 회의에선 같은 말을 해도 반응이 전혀 다릅니다.

> AI에게 질문합니다,
> 문제는 내가 말하는 내용일까요,
> 아니면 상대와의 관계 맥락일까요?
>
> 강한 메시지를 써야 할 때와 힘을 빼야 할 때,
> 그 기준은 어디에서 찾아야 할까요?
>
> **나는 지금 누구와 어떤 거리에서 소통하고 있는지,**
> **그 상호의존성을 제대로 읽고 있는 걸까요?**

식품회사 신제품 개발팀의 이 팀장은 고민이 많아졌다. 핵심 팀원들의 커뮤니케이션 스타일로 신제품 출시 프로젝트가 여러 차례 삐걱거리는 것을 경험한 이후 잠이 잘 안 온다.

처음엔 고 차장에게 PM을 맡겼다.

고 차장은 아주 강한 리더십의 소유자로 명쾌하고 강력한 어조로 프로젝트를 이끌었다. 명확한 결론 중심, 주저함 없는 자신감으로 인해 회의는 효율적이었고, 팀 내 일정도 빠르게 정리됐다.

그런데 이런 고 차장의 소통스타일은 팀 내에서는 괜찮았지만 타 부서와 협업하는 과정에서 삐걱거리기 시작했다. 고 차장의 단정적인 말투와 독단적 업무진행은 반감을 샀고, 특히 협업의 가장 핵심팀인 R&D팀은 저 사람과는 더 이상 협력할 수 없다는 입장을 내세웠다.

R&D 팀장이 이 팀장을 찾아왔다.

"이 팀장, 고 차장하고는 더 이상 일 못 하겠어요."

"네? 무슨 일이에요?"

"저번 주 회의 때도 그랬잖아요. 우리가 기술적으로 어렵다고 했는데, '그건 당신들이 해결할 문제'라고 하더라고요. 우리 의견은 듣지도 않고 일방적으로 밀어붙이기만 해요."

이 팀장은 당황했다. 프로젝트의 핵심은 R&D와의 협업이었다. R&D가 빠지면 프로젝트는 망한다.

"알겠습니다. 제가 조치를 취하겠습니다."

그래서 어쩔 수 없이 심 차장으로 PM을 교체했다.

R&D팀의 협조를 위한 어쩔 수 없는 고육책이었다.

심 차장은 고 차장과 전혀 다른 소통스타일을 가지고 있었다. 말하는 것보다는 질문이나 듣는 것을 잘하고, 상대방 배려를 하다 보니 명확함보다는 불확실하고 애매한 소통을 했다. 급한 상황에서도 꼭 의견을 물어서 확인하고, 혼자 독단적으로 진행하는 것을 못 견뎌했다. 아무리 신입사원이라도 정중한 어조로 존댓말을 하고, 조화로움을 가장 중시하는 스타일이었다.

문제는 R&D 부서와 협력이 끝난 다음부터였다. 프로젝트 마무리 단계로 국내 주요 대형마트와의 협상을 통해 제품 출시 일정을 확정해야 했는데 상대측인 대형마트의 베테랑 영업사원들이 심 차장의 업무스타일에 대해서 불만을 이야기했다.
"이 팀장, 심 차장이랑은 일이 안 되겠어요."
"무슨 일이에요?"
"답답해요. 뭘 물어봐도 '어떻게 생각하세요?' 만 되묻고, 결정을 안 해요. 우린 바쁜 사람들인데, 쓸데없는 얘기로 시간만 끌어요. 일부러 그러나 싶을 정도로."

이 팀장은 머리가 아팠다.
고 차장은 R&D에서 문제를 일으켰고,
심 차장은 영업팀에서 문제를 일으켰다.
'둘 다 능력 있는 사람들인데, 왜 이렇게 되는 거지?'

강력한 의사소통과 힘을 뺀 의사소통

심리학자 엘리슨 R. 프래글^{Alison R. Fragale}은 의사소통 방식을 두 가지로 구분한다.

하나는 강력한 의사소통이다. 직접적이고 자기주장이 강하며, 자신감 있고 간결한 스타일이다. 문제가 발생하면 명확한 실행계획을 통해 해결하려고 한다.

다른 하나는 힘을 뺀 의사소통이다. 잠정적이고 간접적이며 공손하다. 항상 상대의 승인이나 동의를 구한다. 문제가 발생하면 주의 깊게 접근하여 여러 사람의 피드백을 받아 해결하려고 한다.

이 두 가지 소통방식을 구별하는 핵심은 소통대상이 하고 있는 일의 상호의존성이다.

자신의 고객과 주어진 목표를 책임지며 독립적으로 운영되는 역할을 하면서 프로젝트를 진행하는 사람들, 개별영업, 프리랜서 그래픽 디자이너 등의 일을 하는 사람들은 개별적 조직문화에서 일을 하는 사람들로 상호의존성이 거의 없다. 이들은 한 팀이어도 개인관점으로 일을 한다.

반면에 팀단위로 움직이는 의료팀, 구성원의 협업과 조정을 통해 프로젝트를 완성하는 프로그램 개발팀, 앞 단계의 일이 완성되어야 뒷 단계의 일이 가능한 조립라인 제조팀 등은 전형적인 상호의존성이 높은 조직이다. 이들은 집단적 조직문화가 강해서 조직관점으로 일을 한다.

이러한 상호의존성에 따라 설득의 방식은 완전히 다르다.

상호의존성이 낮은 독립적인 일을 하는 사람들에게는 **강력한 의사소통**이 큰 설득력을 발휘한다. 이를 통해 청중은 집중력과 동기부여를 높이고, 그렇게 해주는 리더에게 권위와 영향력을 부여한다.

상호의존성이 높은 협업, 유기적인 일을 하는 사람들에게는 존중과 협업 분위기를 조성시키는 **힘을 뺀 의사소통**이 큰 설득력을 발휘한다. 질문, 경청, 피드백 구하기 등을 통해 리더는 청중으로부터 협력과 신뢰를 얻는 데 성공한다.

이 팀장의 깨달음과 전략 전환

이 팀장은 이후 전략을 전면 바꾸었다. 상황에 맞게 각기 다른 방식으로 일을 진행하기 시작했다.

먼저 총괄 프로젝트 매니저를 이 팀장 본인이 스스로 담당하면서 직접 일을 지휘하기 시작했다. 그리고 처음 프로젝트 팀 내부 구성원을 설득할 때는 강력한 언어를 사용했다. 목표와 일정에 대한 명확한 지침을 제공하고 "이 프로젝트는 우리의 미래를 결정할 중요한 단계로 반드시 성공해야 한다"며 강력한 메시지를 전달하면서 집중력을 높였다.

협력부서와 협업할 때는 심 차장에게 일을 위임했다. 심 차장은 평소 잘하는 힘을 뺀 의사소통 방식으로 R&D팀과의 협업을 이끌어 냈다. "이번 협업이 여러분의 전문성을 발휘할 수 있는 좋은 기회라고 생각하는데 제가 할 수 있는 일이 있다면 언제든지 말씀 주시기 바랍니다." 불확실하지만 공손하게, 가급적 상대의 의견과 민감한 정서를 살피면서 함께 협업을 진행하여 많은 도움을 얻어냈다.

국내 대형마트 영업사원들과 협상할 때는 고 차장이 적극적으로 나섰다. 마트 영업사원들은 개인의 성과를 중시하며, 실질적인 이익에 초점을 맞추는 것을 인지한 고 차장은 자신의 적극적인 업무스타일로 밀어붙였다. 빠른 의사결정과 얻게 되는 이득중심의 제안, 결론중심의 메시지로 베테랑 영업사원들을 호감을 얻었다.

결국 이 팀장이 얻은 교훈은 명확했다. **모든 커뮤니케이션은 상황과 상대방에 따라 다르게 접근하는 게 중요하다는 것이다.**

1년 후, 이 팀장은 또 다른 프로젝트를 맡았다. 이번에는 처음부터 달랐다. 프로젝트 킥오프 회의에서 이 팀장이 말했다.

"이번 프로젝트는 크게 세 부분으로 나뉩니다. 팀 내부 조율, 기술팀 협업, 외부 협상. 각 부분마다 다른 방식이 필요합니다.

팀 내부는 빠르고 명확하게 진행할 거예요. 기술팀과는 충분히 논의하며 진행하고, 외부 협상은 단호하게 할 거예요.

하나의 프로젝트지만, 상대와 상황에 따라 우리의 방식을 유연하게 바꿀 겁니다."

팀원들이 고개를 끄덕였다. 지난 프로젝트를 함께한 사람들은 이미 알고 있었다. 한 가지 방식으로는 안 된다는 것을.

당신은 모든 상황에 같은 방식을 쓰고 있지 않은가?
같은 리더십 스타일로,
같은 의사소통 방식으로,
같은 피드백 방법으로.

하지만 상대와 상황은 매번 다르다.
맥락을 읽어라.
그리고 그에 맞게 방식을 바꿔라.
그것이 진짜 리더십이다.

팀장 프롬프트

case.1 팀 내부에서 목표를 빠르게 추진하려고 할 때

이들은 독립적으로 일하는가, 아니면 협업으로 일하는가?

상호의존성이 낮은, 독립적 업무에는
강력한 의사소통(명확한 결론, 자신감, 단정적)이 효과적이다.
집중력과 실행력을 높이고, 리더의 권위를 강화한다.

case.2 타 부서와 협업할 때 반발이나 반감을 살 때

지금 나는 '밀어붙이고' 있는가, 아니면 '함께 만들고' 있는가?

상호의존성이 높은 협업 상황에서는
힘을 뺀 의사소통(질문, 경청, 공손함)이 효과적이다.
존중과 협업의 분위기를 만들어 신뢰를 얻는다.

case.3 소통이 잘 안 되고 계속 삐걱거릴 때

내 소통 방식이 상대방의 상호의존성 수준과 맞지 않는 것은 아닐까?

모든 커뮤니케이션은 상황과 청중에 따라 전략적으로 설계되어야 한다.
지금 누구와, 어떤 목적으로 말하고 있는지를 점검하라.
그리고 강력함 ↔ 힘을 뺀 **의사소통 방식을 유연하게 조절하라.**

| 팀장 프롬프트를 입력하세요

팀장 프롬프트를 복습하며 직접 작성해보세요!

▶ 나의 기본 소통 스타일은 무엇인가?

☐ 강력한 의사소통 (명확, 단정적, 결론 중심)
☐ 힘을 뺀 의사소통 (질문, 경청, 배려 중심)

이 스타일 때문에 최근 문제가 된 적이 있었는가?

▶ 내가 자주 소통하는 상대방들의 상호의존성 수준을 구분해보자.

독립적 업무 (낮은 상호의존성):
→ 강력한 의사소통이 효과적

협업 업무 (높은 상호의존성):
→ 힘을 뺀 의사소통이 효과적

▶ 내일부터 상황에 맞게 소통 스타일을 조절한다면,
누구에게 어떤 방식을 사용할 것인가?

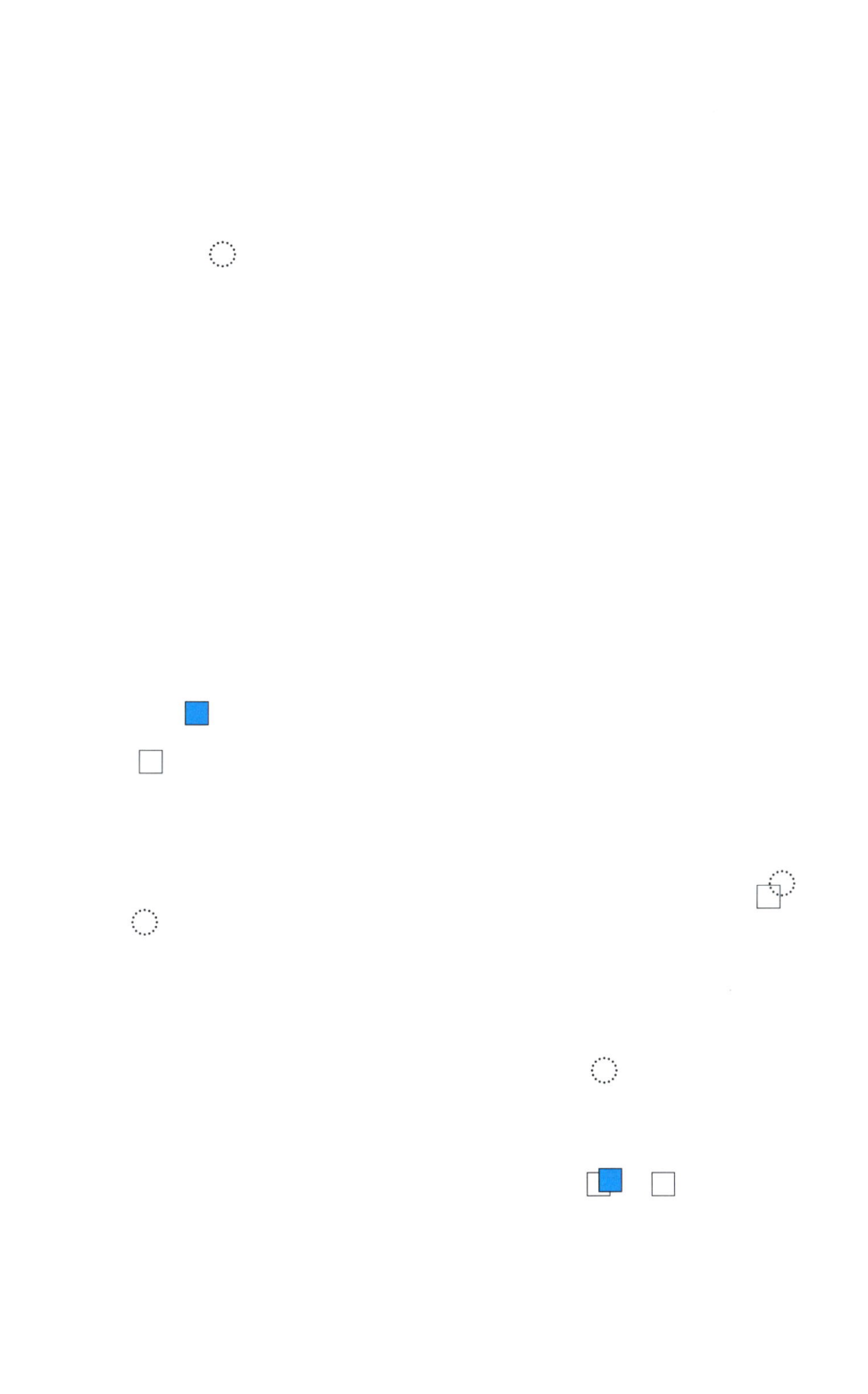

팀장 프롬프트

14장.
설득의
기술

나보다 나이 많거나 경력이 긴 팀원에게 지시를 하려니 쉽지 않습니다.
설명을 덧붙여도, 설득하려 애써도 마음이 잘 움직이지 않습니다.

> AI에게 묻습니다.
> 이런 상황에서 리더는 더 강하게 말해야 할까요,
> 아니면 한 걸음 물러서 조언을 구하는 태도로 접근해야 할까요?
>
> **도움을 요청하면 약해 보일까 두렵지만,**
> **혹시 그 솔직함이 관계의 신뢰를 여는 시작일 수도 있을까요?**

팀장 프롬프트를 입력하세요

가끔 현장에서 자신보다 입사선배가 팀원으로 있어서 참으로 불편하다면서 어떻게 하면 좋겠느냐고 질문하는 팀장들을 만난다. 과거에는 흔치 않았지만 요즘은 이러한 현상이 굉장히 보편적인 것 같다.

나이 많은 팀원, 또는 입사가 빠른 선배가 팀원으로 있으면 팀장으로서 참 곤혹스러울 때가 많다. 무엇 하나 지시하는 것이 쉽지 않고 문제가 발생했을 때 부정적 피드백을 해 주는 것도 어렵다.

박 과장은 답답했다.

새로 부임한 팀장은 자신보다 5살이나 어렸다. 나이도 어린데 입사도 늦었다. 박 과장은 이 회사에 15년째 다니고 있었고, 새 팀장은 3년 차였다.

'대체 저 사람이 날 뭘 가르치겠다는 거지?'

첫 주부터 불편했다. 팀장이 뭔가 지시하려 하면 기분이 나빴다. '나이도 어린 게 뭘 안다고.'

조언을 구한 팀장

월요일 아침, 팀장이 박 과장을 불렀다.

"박 과장님, 시간 좀 괜찮으세요?"

박 과장은 마지못해 팀장실로 들어갔다.

"과장님, 제가 조언을 구하고 싶어서요."

"…조언이요?"

"네. 제가 이 팀 맡은 지 얼마 안 됐잖아요. 과장님은 15년이나 계셨으니, 이 팀을 제일 잘 아시잖아요."

박 과장은 조금 놀랐다. 지시가 아니라 조언을 구한다고?

"이 팀이 가장 잘하는 게 뭔가요? 그리고 가장 어려워하는 게 뭔가요?"

박 과장은 생각했다. 그리고 천천히 대답했다.

"우리 팀은… 고객 응대는 잘해요. 15년간 쌓인 노하우가 있거든요. 근데 새로운 시스템 적응은 약해요. 다들 나이가 있어서…."

"아, 그렇군요. 그럼 과장님 생각엔 어떻게 하면 좋을까요?"

"글쎄요…. 새 시스템을 도입하려면, 천천히 하나씩 알려줘야 할 것 같아요. 한꺼번에 바꾸면 다들 거부감이 클 거예요."

팀장이 메모하며 고개를 끄덕였다.

"좋은 조언입니다. 그럼 과장님이 도와주실 수 있을까요? 팀원들한테 새 시스템 교육하는 거요. 과장님이 하시면 팀원들이 제일 편하게 받아들일 것 같아요."

박 과장은 의외로 기분이 나쁘지 않았다. 오히려 인정받는 느낌이었다.

"알겠습니다. 제가 해보죠."

2주 후, 박 과장은 팀원들에게 새 시스템을 교육했다. 팀장이 직접 하는 것보다 훨씬 효과적이었다. 팀원들은 박 과장의 말을 신뢰했다.

팀장이 다시 박 과장을 불렀다.

"과장님, 교육 너무 잘해주셨어요. 감사합니다."

"아니에요. 제가 할 일이죠."

"그런데 한 가지 더 조언을 구하고 싶은데요. 우리 팀 분위기를 더 좋게 만들려면 어떻게 하면 좋을까요?"

박 과장은 또 생각했다. 이상하게 팀장이 물어보면 대답하고 싶어졌다.

"음…. 월 1회 회식은 좀 부담스러워요. 차라리 분기별로 하되, 좀 더 여유

있게 하는 게 어떨까요?"

"좋은 생각이네요. 그럼 과장님이 장소 좀 알아봐 주실 수 있을까요? 과장님이 팀원들 취향을 제일 잘 아시니까요."

박 과장은 기꺼이 했다. 팀장이 명령하지 않고 조언을 구하니까, 거부감이 없었다.

3개월이 지났다.

박 과장은 어느새 팀장의 가장 든든한 협력자가 되어 있었다. 팀장이 물어보면 조언했고, 조언한 내용을 실행하는 것도 도왔다.

어느 날, 동료가 물었다.

"박 과장, 새 팀장이랑 잘 지내네? 처음엔 엄청 불편해하더니."

"그게… 팀장이 항상 내 의견을 물어봐요. 지시하는 게 아니라."

"그래서?"

"인정받는 느낌이라… 기분이 좋아요. 그래서 자꾸 도와주게 되네요."

왜 조언을 구하면 설득이 되나

이 팀장의 전략은 영리했다.

박 과장은 나이도 많고 경력도 많았다. 직접 지시하면 반발할 게 뻔했다. 하지만 조언을 구하자, 박 과장은 협력자가 되었다.

왜일까?

첫째, 조언을 구하면 상대는 정보를 제공한다.

박 과장은 15년간의 경험을 가지고 있었다. 팀장이 물어보자, 그 경험을 기꺼이 나눴다. 그리고 한 번 정보를 제공하자, 계속 제공하게 됐다.

둘째, 조언을 구하면 상대는 헌신하게 된다.

박 과장은 처음에 조언만 했다. 하지만 자신이 제안한 내용이 실행되는 걸 보니, 더 적극적으로 돕고 싶어졌다. '내가 제안한 건데, 성공하게 도와야지.'

셋째, 조언을 구하면 상대는 호감을 갖게 된다.

박 과장은 자신의 전문성을 인정받았다고 느꼈다. 팀장이 자신을 존중한다고 느꼈다. 그래서 팀장에게 호감이 생겼다.

나의 경험 이야기

이 원리를 나는 신입사원 시절에 경험했다.

2000년대 초반, 나는 지방 지점에 발령받았다. 결혼한 지 얼마 안 됐는데, 아내는 서울에서 일했다. 신혼 초부터 주말부부 생활이 시작됐다.

6개월 정도 지나니 몸도 마음도 지쳐갔다. 서울로 가고 싶은 마음이 굴뚝같았다. 하지만 당시 회사 인사 규정상, 지점 근무 3년을 채우지 않으면 본사 전입이 불가능했기에 나의 바람은 제약을 받고 있었다.

혼자 힘으로 해결하기 어렵다고 느꼈지만, 막 부임한 열정 넘치는 팀장님께 서울로 보내달라는 요청을 드리는 것은 팀원 입장에서 민망한 일이었다. 그래서 몇 달간은 속마음을 드러내지 않고 묵묵히 일을 했다.

그러던 중, 반기에 한 번씩 진행되는 팀장과의 고충 상담 시간이 왔다. 형식적인 대화를 이어가던 중 팀장님이 마지막으로 물었다.

"혹시 마지막으로 더 할 얘기 있어?"

"네… 한 가지 조언을 구하고 싶습니다. 팀장님처럼 전체적인 시각을 가지고 일하려면, 회사 내에서 커리어를 어떻게 쌓는 게 좋을까요?"

갑작스러운 질문에 당황하신 듯했지만, 곧 미소를 지으셨다.

"하하! 나처럼 돼서 뭐 하게?"

"팀장님이 제 롤모델이시거든요. 그러려면 본사 근무 경험도 도움이 되겠죠?"

"하하하, 롤모델까지야… 민망하네. 물론이지. 본사에서 기획 업무를 하며 시야를 넓히고, 지점에서 현업 흐름도 익히고 이런 걸 반복하면 좋아."

"그럼 저는 언제쯤 본사로 지원하는 게 좋을까요?"

"하루라도 젊을 때 가는 게 좋지 않을까? 이번 여름 인사 때 한번 본사로 가보는 것도 괜찮겠네."

갑작스레 '여름 인사'를 언급하셔서 놀랐다.

"아… 팀장님, 여름이면 제가 영업점에서 겨우 2년 일한 신입인데 너무 빠른 건 아닐까요?"

"나도 예전엔 그렇게 생각했는데 요즘 친구들은 배우는 속도가 빠르잖아. 2년이면 충분하지."

"하지만 규정상 신입사원은 지점 근무 3년을 채워야 본사로 갈 수 있다고 들었습니다."

"아! 그건 팀장 추천제가 적용되면 예외가 될 수 있어. 내가 추천하면 규정에 구애받지 않아."

"정말입니까?"

"그럼. 일단 내가 추천해줄 테니, 가고 싶은 부서를 말해봐."

나는 그제야 '팀장 추천제'라는 제도가 있다는 사실을 알게 되었다.

이 경험을 통해 나는 조언을 구하면 상대가 반드시 정보를 제공한다는 확신을 얻게 되었다.

상대가 주는 정보가 이미 알고 있는 것이거나 중요한 정보가 아니더라도, 상관없다. 조언을 요청받은 사람이 정보를 제공했다는 사실 자체가 중요한 포인트다. 그 순간부터 상대는 '도움을 주는 사람'으로서의 정체성을 갖게 되며, 자신의 행동과 일관된 태도를 유지하려는 심리 때문에 지속적으로 도와주게 된다.

며칠 뒤, 아침 일찍 팀장님이 조용히 나를 부르셨다.

"음… . 내가 좀 알아봤는데, 아무래도 팀장 추천제는 인사부 공식 채널이다 보니 경쟁이 치열해. 자네처럼 3년 요건이 안 된 경우에는 떨어질 확률이 높다는군. 그런데, 그 지원자가 가고자 하는 부서에서 추가로 추천해 주면 가능성이 훨씬 높아진다고 하더라고. 인사부도 자기 부서에서 쓸 사람은 우선 챙기려 하니까.

그래서 내가 아는 사람한테 알아봤는데, 고객혁신부 팀장이 내 친한 동기야. 내가 그 친구에게 자네 얘기를 했더니, 마침 막내 사원이 지점으로 나갈 예정이래. 그 빈자리에 자네가 적임일 것 같다고 하더군. 자네 인적사항 간단히 정리한 게 맞는지 한번 볼래?"

팀장님은 본인의 PC 화면을 보여주셨고, 그 안엔 내 학력, 특기, 희망 업무 등 다양한 정보가 담긴 한글 파일이 있었다.

"팀장님, 정말 감사합니다. 이렇게까지 도와주실 줄은 몰랐습니다…"

"암튼, 내가 한번 노력해볼 테니 기다려 보게."

팀장님은 나를 위해 팀장 추천서를 써주셨고, 그뿐 아니라 해당 부서의 추천까지 받을 수 있도록 발벗고 나서주셨다.

왜 그랬을까?

사람은 시간, 노력, 지식 등의 자원을 투자해 타인을 도우면, 자신의 행동이 의미 있고 가치 있었다고 믿고 싶어 한다. 즉, 한 번 도와준 사람은 계속해서 돕고 싶어지는 것이다. 처음 나를 도운 그 순간부터, 팀장님은 더 큰 헌신을 하게 되었다.

결국 나는 입사 2년 만에 본사 고객혁신부로 발령을 받았다.

2000년대 초반, 고객 서비스가 주요 화두가 되면서 고객혁신부는 회사 내에서 가장 주목받는 부서 중 하나가 되었고, 나는 그곳에서 주도적으로 업무를 수행하며 큰 성장을 이룰 수 있었다.

팀장님은 내가 처음 조언을 구한 이후로 나에게 꾸준한 호감을 보이셨다. 퇴직 후에도 지속적으로 연락하며 관계를 유지했고, 지금은 모 지방자치단체 기관장을 맡고 계시며 여전히 나의 든든한 인생 선배이시다.

조언을 구할 때 주의할 3가지 조건

심리학자 브룩스^{Brooks}와 슈바이저^{Schweitzer}는 『조언을 구하는 현명한 사람』에서 조언을 구할 때 다음 세 가지를 주의해야 한다고 강조했다.

1. 적절한 난이도의 과제여야 한다.

강 과장이 신입 팀장에게 물었다.

"팀장님, 이 보고서 제목을 뭐로 하면 좋을까요?"

너무 쉬운 질문이다. 팀장은 생각한다. '이 사람은 이런 것도 모르나?'

이 과장이 물었다.

"팀장님, 이번 프로젝트에서 우리 팀이 가장 집중해야 할 부분이 뭘까요? 경험상 조언을 구하고 싶습니다."

적절한 난이도다. 팀장은 진지하게 생각하고 답한다.

2. 조언 요청은 단 한 사람에게만 하라.

김 대리가 여러 팀원에게 물었다.

"이 문제 어떻게 해결하면 좋을까요?"

모두가 조언을 줬다. 하지만 아무도 특별하다고 느끼지 않았다. '나 말고 다른 사람도 조언했네.'

최 대리는 한 사람에게만 물었다.

"이 문제는 과장님이 가장 잘 아실 것 같아요. 조언을 구하고 싶습니다."

과장은 선택받은 느낌이 들었다. '나에게만 물어봤네. 날 신뢰하는구나.'

3. 상대의 전문성이 드러나는 주제로 접근하라.

박 대리가 마케팅 팀장에게 물었다.

"인사 전략에 대해 조언을 구하고 싶은데요…."

마케팅 팀장은 불편했다. '왜 나한테 인사 전략을 물어?'

박 대리가 다시 물었다.

"우리 제품 마케팅 전략에 대해 조언을 구하고 싶습니다. 팀장님 경험에 빗대어 생각하실 때 이런 상황에선 어떻게 해야 할까요?"

마케팅 팀장은 기꺼이 답했다. 자신의 전문성을 인정받았기 때문이다.

6개월 후, 박 과장과 팀장의 관계는 완전히 달라졌다

박 과장은 이제 팀장을 존중했다. 팀장도 박 과장을 신뢰했다.

어느 날, 팀장이 박 과장에게 말했다.

"과장님, 솔직히 처음엔 어떻게 해야 할지 몰랐어요. 과장님이 저보다 연배도 높으시고 경력도 많으시니까."

"저도 처음엔 불편했어요."

"그런데 과장님한테 조언을 구하니까 팀이 잘 돌아가더라고요. 과장님이 가진 15년 경험이 저한테는 보물이에요."

박 과장은 웃었다.

"팀장님이 제 의견을 존중해 주시니까… 저도 도와드리고 싶더라고요."

당신은 설득하려고 하는가, 조언을 구하는가

마지막 질문이다.

나이 많은 팀원, 경력 많은 선배를 어떻게 대하는가?

설득하려 하는가?

"이렇게 하세요. 제가 팀장이니까 제 말을 따르세요."

조언을 구하는가?

"어떻게 하면 좋을까요? 선배님 경험상 조언을 구합니다."

설득은 저항을 만들지만, 조언은 협력을 만든다.

불편한 관계일수록, 조언을 구하라.

그것이 가장 강력한 설득일 테니까.

팀장 프롬프트

case.1 나이 많은 팀원이나 선배 팀원을 설득해야 할 때

내가 지금 '설득'하려는가, 아니면 '조언'을 구하려는가?

설득하지 말고 조언을 구하라.
"선배님, 제가 이런 고민이 있는데 어떻게 하면 좋을까요?"
조언을 요청받은 사람은 정보를 제공하고, 헌신하며
상대에게 호감을 느끼게 될 것이다.

case.2 팀원이 계속 비협조적이거나 반대만 할 때

이 사람의 전문성을 인정하고 능력을 활용하는 질문을 했는가?

도움을 요청하는 것은 상대의 능력을 인정하는 행위다.
그 순간 상대는 유능감을 느끼고, 자신을 '돕는 사람'으로 정체화하며,
그 일관성을 유지하기 위해 계속 도와주게 된다.
다만 질문의 수준이 너무 낮다면 역효과가 난다.

case.3 여러 명에게 의견을 물어도 아무도 진심으로 돕지 않을 때

나는 한 사람에게 집중했는가, 여러 사람에게 분산했는가?

조언은 단 한 사람에게만 구하라.
여러 사람에게 묻는 순간 '내 조언은 여러 옵션 중 하나'로 느껴진다.
한 사람에게 집중해야 '선택받았다'는 느낌을 주며
진정성과 헌신을 이끌어낼 수 있다.

| 팀장 프롬프트를 입력하세요

팀장 프롬프트를 복습하며 직접 작성해보세요

▶ 우리 팀에서 설득이 어려운 사람은 누구인가?
그 사람에게 지금까지 어떻게 대했는가? (설득 vs 조언 요청)

대상:
기존 방식:
바꿀 방식:

▶ 만약 그 사람에게 조언을 구한다면,
어떤 질문을 던질 것인가?
(난이도는 적절한가? 그 사람의 전문성을 살릴 수 있는가?)

질문:
이 사람이 제공할 수 있는 정보:

▶ 조언을 구할 때 3가지 조건을 점검해보자.

☐ 질문의 난이도는 적절한가? (너무 쉽지 않은가?)
☐ 단 한 사람에게만 요청하는가?
☐ 상대의 전문성이 드러나는 주제인가?

개선이 필요한 부분:

15장.
칭찬의
진실

모든 팀원에게 "잘하고 있어!"라고 말하지만,
베테랑 팀원은 시큰둥한 반응을 보입니다.

**신입에게는 힘이 되는 말이,
경험 많은 팀원에게는 형식적인 말로 들리는 걸까요?**

> AI에게 묻습니다,
> 리더의 칭찬은 언제 격려가 되고, 언제 값싼 신호가 될까요?
>
> 사람마다 다른 동기 구조 속에서,
> **나는 지금 진짜 의미 있는 신호를 보내고 있는 걸까요?**

칭찬은 고래도 춤추게 한다. 하지만 모든 고래가 춤추는 건 아니다.

당신은 팀원들에게 칭찬을 자주 하는 편인가?

오랫동안 칭찬은 성과를 높이는 열쇠로 여겨져 왔다.

'칭찬은 고래도 춤추게 한다'는 유명한 문구는 칭찬이 팀 분위기를 좋게 만들고, 그 결과로 높은 성과를 만들어낸다는 믿음을 퍼뜨렸다.

교육 현장에서는 칭찬을 잘 못하는 팀장에게 이를 연습시키는 경우도 있다. 하지만 칭찬이 **항상 성과를 높일까?**

최 팀장은 회사 내에서 가장 활발한 외향적 성격으로 매우 관계 지향적인 사람이었다. 임원 및 부장급 중심의 등산동아리 총무만 10년 넘게 하면서도 젊은 사원들이 많은 게임동아리의 고문까지 역임하는 등 직급과 세대를 초월한 소통의 아이콘이었다. 회사에서 처음 만들어진 조직인 기업문화팀에 갓 승진한 신임팀장인 최 팀장을 파격적으로 발령 낸 것은 이러한 그의 소통역량을 신뢰했기 때문이었다.

최 팀장이 새로 맡은 팀은, 팀장도 팀원도 모두 처음으로 함께 하는 낯선 구조였다. 그가 가졌던 리더십 철학은 단순했다.

"팀장의 역할이란 게 뭔가? 팀원이 일을 잘해서 성과가 날 수 있도록 돕는 게 아닌가? 그렇다면 나의 역할은 우리 팀원들이 자신감 있게 일을 잘할 수 있도록 팀원들을 믿고, 열심히 격려하고 칭찬해 주는 거야."

그때부터 그는 진심으로 팀원들을 다독이고 칭찬했다.

그 결과는 놀라웠다. 팀 분위기는 좋아졌고, 아이디어가 쏟아졌으며, 연말에는 본부 최우수 팀으로 선정되었다.

이 성과에 힘입어 회사는 다음해 그를 핵심 부서인 '영업기획팀장'으로 발령냈다. 낯선 업무를 성공적으로 이끈 리더에게 더 중요한 자리와 과제가 주어진 것이다.

그런데 문제는 그때부터 시작됐다.

새로운 팀은 이미 실무 경험이 풍부한 베테랑들로 구성되어 있었기에 최 팀장은 팀장 하는 것이 정말 수월할 것이라고 생각했다.

그러나 현실은 전혀 달랐다. 초반부터 팀은 삐걱거리기 시작했고, 팀원들의 성과는 전혀 나지 않았다. 최 팀장은 작년에 했던 방식으로 격려와 칭찬을 통해 동기를 부여하려 했지만, 팀원들은 대부분 시큰둥한 표정으로 그의 칭찬을 귀담아듣지 않았다. 심지어 자신감을 북돋기 위해 "정말 잘하고 있다."라고 말했더니, 어떤 팀원은 "그만 좀 놀리시죠."라며 항의하는 상황까지 벌어졌다.

최 팀장은 혼란스러웠다. 같은 리더십 방식을 사용했는데, 왜 이렇게 정반대의 결과가 나오는 걸까?

로젠탈 효과와 그 한계

칭찬의 효과에 대한 논의는 하버드대학 심리학자 로버트 로젠탈^{Robert Rosenthal} 교수와 샌프란시스코 초등학교 교장 레노어 제이콥슨^{Lenore Jacobson}의 연구에서 밝힌 이른바 '로젠탈 효과'에서 출발한다.

로젠탈 교수는 1968년 샌프란시스코의 유치원부터 6학년 사이의 18개 학급 학생들에게 하버드대학 인지 능력 평가 시험을 치르게 했다. 그리고 20% 학생들을 선정해서 담임선생님께 해당 아이는 지적 잠재력을 지닌 영재로 분류되었으며 학년이 끝날 때쯤 아주 훌륭한 아이로 성장할 것이라고 통보했다. 그로부터 8개월 후 다시 시험을 치르자 학기 초 20% 학생으로 담임에게 통보된 아이들이 다른 학생들보다 평균 4점 이상이 향상된 높은 성적을 보였다.

놀라운 사실이 이후에 밝혀진다. 그때 그 20%의 학생들이 성적 우수자가 아니라 무작위로 뽑은 것이라는 사실이다. 하버드 인지능력 평가 실력과는 전혀 관계가 없는 학생들이었던 것이다.

이에 대해 로젠탈은 교사가 학생의 성공 가능성을 신뢰하게 되면 이는 '자기 충족적 예언'이 되어 학생에게 더 많은 관심과 격려, 칭찬을 쏟게 되며, 그 결과 학생이 실질적인 학습과 발전을 이룬다는 논리가 검증되었다고 설명하였다.

이 실험이 발표된 이후 자녀교육에서 칭찬 중심의 양육이 트렌드가 되어 자리를 잡았다. 엄격한 아버지, 자애로운 어머니는 사라진 채 우리 아들, 우리 딸 최고라는 부모의 경쟁적인 칭찬이 집안을 가득 채우게 되었다. 별 것 아닌 아이의 그림과 활동에 과할 정도의 리액션을 보여야 했고 이것이 우리 자녀의 행복과 성공을 만든다고 믿었다.

그런데 이는 로젠탈 실험의 절반만 알고 있는 사람들의 이야기다.

아래의 그림은 로젠탈 효과의 결괏값이 나온 그래프다.

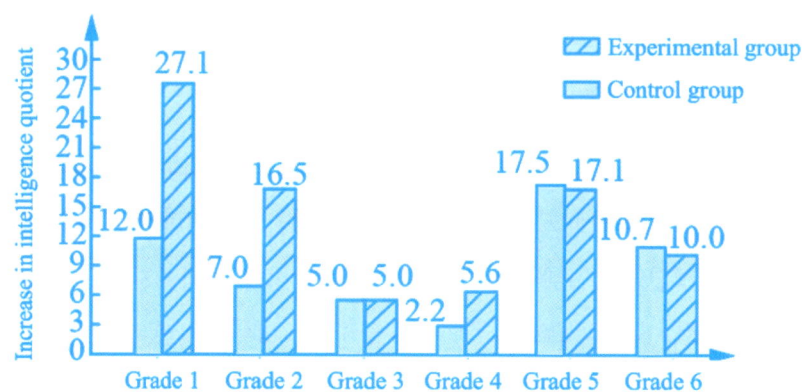

그래프 하단을 보면 1학년부터 6학년까지 대상이 구별되어 있고 각 학년별로 통제집단(영재로 분류되지 않은 평범한 집단)과 실험집단(영재로 분류되어 리더가 자기 충족적 예언의 영향을 받은 집단)의 성취도가 나온다. 4학년까지는 실험집단이 통제집단 보다 점수평가에서 우위를 보여주고 있는 걸 알 수 있다. 이는 칭찬 등으로 인한 리더의 동기부여가 성과와 잘 연결되었다는 뜻이다.

그런데 재미있는 것은 5, 6학년의 그래프다.

왼쪽과 오른쪽의 그래프 차이가 거의 없다. 즉 영재로 분류된 평범한 아이들이나 영재로 분류되어 선생님의 자기 충족적 예언의 영향으로 창찬과 격려를 받은 아이들의 점수가 큰 차이를 보이지 않고 있다. 이는 로젠탈 효과가 초등학교 5, 6학년에서는 나타나지 않는다는 걸 의미한다. 로젠탈 교수는 이 현상을 세 가지로 설명했다.

첫째, 수용성의 차이

저학년은 변화에 민감하지만, 고학년은 기대나 격려에 덜 반응한다.

둘째, 교사의 기대감 차이

저학년에게는 교사 스스로의 기대가 크지만, 고학년에게는 기대가 낮아지기 쉽다.

셋째, 반응 민감도

저학년은 칭찬과 격려에 민감하게 반응하지만, 고학년은 그렇지 않다.

요약하자면, 칭찬은 모든 사람에게 통하지 않는다는 이야기다. 특히 자아가 이미 형성된 시기 이후에는 그 효과가 제한적이다. 이러한 이유로 로젠탈은 이미 5학년 이후의 아이들이 로젠탈 효과가 없음을 설명했지만 대중은 저학년의 결과를 일반화시켰고, 이에 따라 결국 모든 칭찬이 성과를 높인다는 오류를 범하게 된 것이었다.

최 팀장의 경우로 돌아가보자.

처음 팀장으로 부임한 기업문화팀의 팀원들은 어땠을까? 다들 처음 접하는 업무였고 미리 정해진 것도 없으며 뭐든 새롭게 만들어 가야 하는 아주 조심스러운 팀원들이었을 것이다. 이때 분명 칭찬 중심의 동기부여를 하는 최 팀장의 리더십이 높은 성과를 올리는데 도움이 되었다.

그러나 영업기획팀은 어떤가? 베테랑 팀원들이 즐비하다. 이들은 이미 객관적으로 팀장의 피드백을 정확하게 받을 준비가 되어있다. 이들에게 근거 없는 칭찬이나 동기부여는 오히려 진정성이 떨어져서 팀원들이 성과를 내는 데 도움이 되지 못했을 것이다.

따라서 조직 내에서 자기 충족적 예언은 아마 신입사원 그리고 새로운 업무를 이제 막 시작하려는 직원들에게 한정하여 적용될 것이다.

그렇다면 어느 정도 성장하여 칭찬이 잘 먹히지 않는 팀원들은 어떻게 해야 할까?

값싼 신호 vs 값비싼 신호

베테랑 팀원들에게 왜 칭찬이 통하지 않을까?

그 답은 '신호이론$^{Signaling\ Theory}$'에서 찾을 수 있다.

"자네는 정말 잘하고 있어!" 이건 누구나 할 수 있는 말이라 신뢰받지 않는다.

"지난 두 달간 OO 프로젝트에서 보여준 A-B-C 행동이 큰 변화를 만들었어." 이 시간과 노력이 들어간 피드백이므로 신뢰성이 높다.

스탠퍼드대 마이클 스펜서$^{Andrew\ Michael\ Spence}$는 '진짜 신뢰받는 말은, 그 신호를 보내기 위해 시간과 비용이 들어갔을 때'라고 말했다. 면접장에서 열심히 하겠다는 말보다, '석사 논문 주제'와 '자격증'이 더 신뢰받는 이유다.

다음 중 남편이 아내를 더 사랑하는 경우는 몇 번일까?

1번 여보 사랑해, 당신밖에 없어!라고 말한다.
2번 조용히 와서 가만히 명품백을 건넨다.

아마도 그 신호의 값어치를 따져보면, 다른 시간적 요인이 같을 경우 비용이 많이 들어간 2번에게서 아내는 더 큰 사랑을 느낄 것이다.

팀장이 열심히 칭찬하고 동기부여 하면 대부분 팀원들은 그것에 대해 그대로 수용하는 경우가 없다. 팀원들이 보기에 팀장의 신호가 값싸 보이기 때문이다.

따라서 팀장은 단순한 칭찬과 말로 누구나 할 수 있는 이야기가 아니라 정말 값비싼 피드백을 해 줘야 한다. 그러기 위해선 당연히 시간과 비용이 들어가야 한다.

팀원들이 팀장의 피드백에 불만인 것 중 하나는 평소에 자신이 한 행동이나 결과에 대해서는 제대로 관찰하지 않은 것 같은데 갑자기 요 장면, 요 현상에서 내가 실수한 것을 가지고 피드백을 주는 것 같기 때문이다.

그래서 피드백에 가장 좋은 것은 팀장이 충분한 시간을 썼음을 보여주는 것이 좋다.

"김 대리. 내가 말이야 김 대리를 5개월 정도 지켜봤는데…

5개월 전에는 이런이런 모습을 보이더라고, 그런데 한달 쯤 지나니 그때 그 사건 있잖아. 기획팀하고 의견조율 안 된 상태에서 본부장님 결재 올렸을 때 김 대리와 기획팀 최 과장과 토론하는 모습을 보면서…."

칭찬을 열심히 하면 성과가 좋아질까?

이건 반은 맞고 반은 틀린 이야기다. 칭찬이 효과가 있는 경우와 그렇지 않은 경우가 있다. 처음 시작하는 신입사원 혹은 그 일을 처음 하는 사람에게는 자기 충족적 예언에 의한 칭찬이 성과를 높인다.

그러나 베테랑들, 이미 경험 많은 팀원들에게는 칭찬은 도움이 되지 않는다. 차라리 값비싼 신호를 보내는 것이 훨씬 도움이 될 것이다.

당신의 팀원은 지금 어느 단계에 있는가? 그에 맞는 피드백을 선택하라. **칭찬은 무기가 아니라 전략이어야 한다.**

팀장 프롬프트

case. 1 잘하고 있어!라고 했는데 팀원이 시큰둥하거나 "놀리지 마세요"라고 할 때

이 팀원은 신입인가, 베테랑인가?
이 업무가 처음인가, 아니면 익숙한가?

칭찬은 모든 사람에게 통하지 않는다.
신입/새로운 업무에는 칭찬이 효과적이지만 (로젠탈 효과)
베테랑/익숙한 업무에는 칭찬이 역효과를 낼 수 있다.
값비싼 신호가 필요하다.

case. 2 팀원에게 피드백을 주려고 할 때

나는 지금 '값싼 신호'를 보내는가, '값비싼 신호'를 보내는가?

"잘하고 있어"는 누구나 할 수 있는 값싼 신호다.
"3개월간 지켜봤는데, 그때 그 사건에서…" 와 같은 피드백은 값비싼 신호다.
베테랑에게는 구체적이고 시간이 든 피드백이 신뢰를 얻는다.

case. 3 고정된 리더십 방식이 팀마다 다르게 통할 때

이 팀원들의 성숙도와 업무 익숙도는 어느 정도인가?

처음 하는 일/신입 → 칭찬과 격려 중심으로 피드백
익숙한 일/베테랑 → 구체적이고 객관적인 피드백 중심으로 접근
팀원의 수준에 따라 리더십 방식을 탄력적으로 바꿔야 한다.

팀장 프롬프트를 입력하세요

팀장 프롬프트를 복습하며 직접 작성해보세요

▶ 우리 팀원들을 두 그룹으로 나눠보자.

신입/새로운 업무 그룹 (칭찬 효과적):

베테랑/익숙한 업무 그룹 (값비싼 신호 필요):

▶ 최근 한 달간 내가 한 피드백 중
'값싼 신호'는 무엇이었고, '값비싼 신호'는 무엇이었나?

값싼 신호 (예: "잘하고 있어"):

값비싼 신호 (예: "3개월간 관찰했는데…"):

▶ 베테랑 팀원 1명을 선택하여
'값비싼 신호'를 이용한 피드백을 준비한다면?

(관찰 기간, 구체적 행동, 변화 등 포함)

대상:

피드백:

소통은 잘하는데 관계는 좋아지지 않는다.

피드백도 적절히 주고, 대화도 자주 나누고, 팀원들의 말도 경청한다.
그런데 왠지 팀원들과의 관계가 한 단계 더 깊어지지 않는 느낌이다.
겉으로는 원만해 보이지만,
진짜 속마음을 터놓고 이야기하는 사이는 아닌 것 같다.

"공감한다고 말했는데, 왜 더 거리감을 느끼는 걸까?"
"좋은 것만 주려고 하는데, 왜 다가오지 않을까?"
"심리적 안전감을 만들어주었다고 생각했는데, 신뢰는 왜 쌓이지 않을까?"

소통과 관계는 다르다.
소통은 정보를 주고받는 것이지만,
관계는 서로를 이해하고 신뢰하는 것이다.
많은 팀장이 소통 기술에만 집중하다가 정작 관계의 본질을 놓친다.

4부. 소통을 넘어선 진정한 관계의 기본기

진정한 관계를 만들기 위해서는 상대방의 마음을 제대로 이해해야 한다.
그런데 여기서 함정이 있다. 우리는 종종 상대방을 이해했다고 착각한다.
공감한다고 말하지만 실제로는 자신의 관점으로 해석하고,
좋은 의도로 다가가지만 상대방에게는 부담이 되기도 한다.

이번 단락에서는 관계 구축에서 자주 발생하는 오해와 실수들을 살펴본다.
공감의 진짜 의미, 타인의 마음을 이해하는 올바른 방법,
안전감과 신뢰의 차이, 팀원들이 진짜로 원하는 것이 무엇인지를 다룬다.

기술적인 소통을 넘어서, 진짜 사람과 사람으로 만나는 관계를 만드는 것.
그것이 이 단락의 목표다.

16장.
공감의
오류

"나도 예전에 그랬어."
팀원의 이야기를 듣다 보면, 어느새 내 경험으로 해석하고 있습니다.

공감한다고 말했지만,
사실은 이해가 아니라 판단을 하고 있었던 건 아닐까요?

> AI에게 궁금합니다,
> 리더의 공감은 어디까지가 진짜 이해이고,
> 어디부터가 자신의 관점을 강요하는 순간일까요?
>
> 팀원이 듣고 싶었던 건 조언이었을까요,
> 아니면 그냥 공감받는 경험이었을까요?

프랜차이즈 점장들과의 워크숍에서 "리더로서 가장 중요한 덕목은 무엇인가?"라는 질문을 던졌을 때, 많은 점장들이 '직원의 마음을 잘 아는 것'이라고 답했다. 매우 타당한 이야기로 들린다.

그러나 정말 팀장이 팀원의 마음을 잘 아는 것이 말처럼 쉬울까?

공감의 첫 번째 착각: "내가 준 게 제일 좋을 거야"

노스캐롤라이나 대학의 지노^{Gino}와 스탠퍼드의 플린^{Flynn}은 선물을 주고받는 상황에서 주는 사람과 받는 사람이 실제로 어떤 마음을 가지고, 상대의 마음을 어떻게 예측하며 행동하는지를 실험을 통해 밝혔다.

친밀한 관계에 있는 사람들을 짝지어, 한쪽은 선물을 주고 한쪽은 받게 했다. 선물을 받는 사람은 일정 금액 안에서 자신이 원하는 선물 목록을 작성했고, 그 리스트는 선물을 준비하는 사람에게 명시적으로 전달되었다.

그러자 선물을 주는 사람은 고민에 빠졌다.

"리스트에 있는 걸 주는 게 성의 없어 보이진 않을까?

내가 평소 그 사람을 생각해서 직접 고른 선물이 더 감동적이지 않을까?"

그렇게 절반은 리스트에 있는 선물을, 나머지 절반은 리스트에 없지만 자신이 고민해서 고른 선물을 준비했다.

그 후 실험자들은 선물을 준 사람에게 물었다.

"당신이 고른 선물을 상대가 얼마나 좋아할 것 같나요?"

대부분의 사람들은 자신이 직접 고른 선물이 더 만족스러울 것이라고 예측했다. 그러나 실제로 선물을 받은 사람에게 만족도를 조사하자, 본인이 직접 리스트에 올렸던 선물을 받은 경우가 훨씬 만족도가 높았다.

이 실험이 주는 교훈은 명확하다. 우리는 상대의 마음을 안다고 생각하지만, 실제로는 자신의 관점에서 해석하고 있다는 것이다.

팀장도 마찬가지다.

"김 대리, 요즘 힘들어 보이네. 내가 딱 맞는 조언 하나 해줄게."

팀장은 자신의 경험과 통찰을 바탕으로 조언을 한다. 하지만 정작 김 대리가 원했던 건 조언이 아니라 업무량 조정이었을 수 있다. 팀장은 자신이 팀원을 위한다고 생각하지만, 팀원은 "팀장님은 제 상황을 모르세요."라고 느낀다.

공감의 핵심은 내가 전달하고 싶은 마음이 아니라, 상대가 실제로 원하고 표현한 것에 얼마나 주의를 기울이느냐에 달려 있다.

공감의 두 번째 착각: "내가 해봐서 아는데"

우리는 과거의 경험을 통해 지금 그 경험을 하는 상대를 이해할 수 있다고 믿는다. 예전엔 나도 그랬다는 이유만으로 지금 상대의 마음을 안다고 착각한다. 하지만 이는 큰 오류일 수 있다.

심리학자 로란 노드그랜Loran Nordgren은 고통에 대한 공감 수준을 알아보기 위한 실험을 진행했다.

실험 참가자들은 세 그룹으로 나뉘어 각각 아래의 상태에 놓인다.

- ☐ A그룹: 지금 당장 한쪽 팔을 얼음물에 담근 상태
- ☐ B그룹: 미지근한 물에 담근 편안한 상태
- ☐ C그룹: 10분 전까지만 얼음물에 담갔다가 지금은 편안한 상태

그리곤 모든 그룹에게 같은 질문을 했다.

"거의 얼어붙을 것 같은 온도의 감금방에서 범죄자를 5시간 가두며 심문하는 것이 허용될 수 있는가?"

결과는 놀라웠다.

- A그룹 (현재 고통을 느끼고 있는): 고문에 가깝다며 강하게 반대
- B그룹 (편안한 상태): 고통을 공감하지 못함
- C그룹 (10분 전 고통을 느낀): B그룹과 유사한 수준의 반응

핵심은 C그룹이다. 10분 전까지 똑같은 고통을 느꼈던 사람들도, 지금 당장 고통을 느끼고 있지 않으면 공감하는 강도가 급격히 줄어든다는 것이다.

공감은 기억이 아니라 현재의 감각에서 비롯된다.

작년에 내가 겪은 일이 지금의 팀원을 이해하게 해주지는 않는다. 오히려 이렇게 말할 때 진정한 공감이 시작된다.

"나도 그때 힘들었는데, 지금 네가 겪는 건 또 다를 수 있어. 자세히 말해줄래?"

공감의 세 번째 착각: 내 기준으로 상대를 재단한다

나는 17년간 기업 교육을 하면서 수없이 많은 팀장들을 만났다. 그중 한 팀장의 이야기가 아직도 생생하다.

그는 40대 후반의 베테랑 팀장이었고, 20대 후반 여성 팀원과의 갈등 때문에 고민이 많았다. 그 팀원은 매일 아침 10분씩 늦게 출근했고, 팀장은 그걸 '나태함'으로 봤다.

"요즘 젊은 친구들은 책임감이 없어요. 제가 그 나이 때는 새벽같이 출근했는데."

나는 그 팀원과 별도로 이야기를 나눴다. 그녀는 최근 아버지가 쓰러지셔

서 매일 아침 병원에 들렀다 출근한다고 했다. 팀장에게 말하지 않은 이유는? "어차피 말해도 이해 못 하실 것 같아서요."

시카고대 행동과학 교수 니컬러스 에플리 Nicholas Epley는 저서 『마인드와이즈』에서 사람들이 타인의 마음을 이해할 때 저지르는 세 가지 실수를 설명한다.

1. 자기 마음을 기준으로 상대의 마음을 추정한다.
2. 그 추정에 선입견을 적용한다.
3. 전후 맥락보다는 단편적인 행동에서 마음을 추론한다.

누군가 약속에 늦었을 때, 우리는 '성실하지 못한 사람'이라고 판단하기 쉽다. 하지만 실제로는 교통 체증, 갑작스러운 사고 등 외부 요인 때문일 수 있다. 이를 심리학에서는 '근본적 귀인 오류 Fundamental Attribution Error'라고 한다. 우리는 상황보다 사람의 특성에 원인을 돌리는 실수를 자주 범한다.

진짜 공감은 모른다를 인정하는 것

몇 년 전, 나는 한 대기업의 팀장 워크숍에서 이런 질문을 던졌다.
"여러분, 지금 옆에 앉은 팀장의 가장 큰 고민이 뭔지 아십니까?"
대부분 '알 것 같다'고 답했다. 그래서 실제로 물어보게 했다. 결과는?
10쌍 중 8쌍이 틀렸다. 심지어 같은 본부에서 5년 이상 함께 일한 사이였는데도 말이다.

진짜 공감은 "나는 네 마음을 잘 모를 수도 있다"는 겸손한 태도에서 시작된다. 상대를 완벽히 이해할 수 있다는 착각 대신, 그 마음에 가까이 다가가려는 존중과 주의가 진정한 팀장의 공감 능력이다.

그래서 팀장은 이렇게 말할 수 있어야 한다.

"김 대리, 요즘 힘들어 보이는데 내가 뭘 도와줄 수 있을까? 내가 생각하는 해결책보다, 네가 필요한 게 뭔지 먼저 듣고 싶어."

실천 가이드: 오늘부터 할 수 있는 공감의 기술

1. 가정하지 말고 물어라

"힘들지?" (X)

→ "요즘 어떤 부분이 가장 힘들어?" (O)

2. 나의 해석이 아닌 상대의 표현을 우선하라

"내가 보기엔 네가 ○○ 때문에 힘든 것 같은데." (X)

→ "네가 직접 말해주면 그게 제일 정확할 것 같아." (O)

3. 과거의 나를 근거로 대지 마라

"나도 그랬는데 이렇게 하면 돼." (X)

→ "나도 비슷한 경험이 있긴 한데, 네 상황은 또 다를 수 있으니 자세히 듣고 싶어." (O)

4. 행동이 아닌 맥락을 먼저 이해하라

늦게 출근하는 팀원 - "나태하네." (X)

→ "요즘 무슨 일 있어요?" (O)

공감은 기술이 아니라 태도다. 상대를 안다는 착각이 아니라, 상대를 알고 싶다는 진심이 공감의 출발점이다.

팀장 프롬프트

case.1 내가 더 잘 안다며 팀원이 원하지 않는 것을 주려 할 때

지금 나는 '내 마음'을 주는가, 아니면 '상대가 표현한 것'을 주는가?

선물 실험에서 리스트에 있는 걸 받은 사람이 더 만족했다.
공감의 핵심은 내가 전달하고 싶은 마음이 아니라
상대가 원하고 표현한 것에 주의를 기울이는 것이다.

case.2 "나도 그랬었어. 내가 해봐서 아는데"라고 말하려 할 때

과거의 내 경험이 지금 상대의 고통을 정말 이해하게 해줄까?

10분 전 고통을 겪은 사람도 현재는 공감하지 못한다.
공감은 기억이 아니라 '현재의 감각'이다.
"나도 그때 힘들었는데, 지금 네가 겪는 건 또 다를 수 있어"

case.3 팀원의 행동을 보고 마음을 판단하려 할 때

나는 지금 상황을 판단하는가? 아니면 사람의 성격으로 판단하는가?

약속에 늦은 이유를 '성실하지 않다'로 판단하는 것은 근본적 귀인 오류다.
교통 체증, 외부 요인 등 전후 맥락을 먼저 확인하라.
진짜 공감은 "나는 네 마음을 잘 모를 수도 있다"는 겸손에서 시작한다.

|팀장 프롬프트를 입력하세요

팀장 프롬프트를 복습하며 직접 작성해보세요

▶ 최근 팀원에게 "내가 더 잘 알아"라며
상대가 원한 것과 다른 것을 준 적이 있는가?
(업무 배치, 교육 기회, 보상 등)

　상황:
　팀원이 원한 것:
　내가 준 것:
　결과:

▶ "내가 해봐서 아는데"라고 말한 적이 있는가?
그때 팀원의 반응은 어땠는가?

▶ 한 팀원의 행동을 보고 성격을 판단한 적이 있다면,
그 상황의 전후 맥락은 무엇이었는가?
내가 놓친 외부 요인은?

　판단:
　놓친 맥락:

팀장 프롬프트

17장.
마음의
이해 실패

팀원들은 나를 어떻게 보고 있을까요?
예전엔 잘 통하던 방식인데, 요즘은 반응이 미묘하게 다릅니다.

"그땐 잘 됐는데"라는 말을 반복할수록,
지금의 팀이 아니라 과거의 팀과 대화하고 있는 느낌이 듭니다.

> AI에게 질문합니다.
> 리더에게 필요한 건 경험의 확신일까요,
> 아니면 시대와 사람에 맞게 바꾸는 인식의 업데이트일까요?
>
> 팀원의 피드백을 들었을 때 내가 방어적으로 느낀 건,
> **진짜 비판이 아니라 내 익숙함이 흔들린 신호였을까요?**

팀장 프롬프트를 입력하세요

3년 전, 나는 한 중견기업의 팀 진단 프로젝트를 맡았다. 단발성 강의가 아니라 6개월간 한 팀을 밀착 관찰하고, 진단하고, 개선안을 만들고, 그 결과를 추적하는 장기 컨설팅이었다. 덕분에 팀장과 팀원들의 속마음을 깊이 들여다 볼 수 있었다.

팀장과 팀원의 엇갈린 인식

이 과정에서 두 가지 중요한 사실을 확인할 수 있었다.

첫째, 팀장은 생각보다 팀원들이 자신에 대해 어떻게 생각하는지를 정말 모른다.

둘째, 팀장은 팀원들의 의견을 들었을 때, 겸허하게 수용하기보다는 불쾌해하고 거부한다.

그날도 그랬다. 익명 설문을 통해 팀원들의 의견을 받았는데, 한 가지 키워드가 반복적으로 나왔다. "팀장님은… 좀 꼰대 같아요."

나는 조심스럽게 그 팀장을 따로 만났다.

40대 중반의 김 팀장은 성과도 좋고, 회사에서도 인정받는 리더였다. 하지만 팀원들의 평가를 전했을 때, 그의 표정이 굳어졌다.

"제가… 꼰대라고요?"

그는 자신이 가장 싫어하는 유형이 바로 '꼰대'라고 말했다. 자신의 선배들이 옛날 무용담을 늘어놓거나 후배 의견을 무시하는 태도를 보일 때마다 속으로 다짐했다고 했다. '나는 절대 저렇게 되지 말아야지.'

"그래서 저는 항상 후배들 의견을 들으려고 노력합니다. 다만… 제가 예전 방식이 더 좋다고 이야기하는 건, 객관적으로 지금 방법이 부족하다고 느껴졌기 때문입니다. 과거의 좋은 사례를 함께 나누고, 그 속에서 방법을 찾아보자고 한 건데…."

나는 팀원들과도 별도로 이야기를 나눴다. 한 팀원이 말했다.

"아니 그걸 어떻게 모를 수 있죠? 회의 때마다 절반 이상은 '내가 팀 평가 1등 했을 때'라는 이야기를 반복하십니다. 저희가 새로운 제안을 하면 항상 '예전에는 이렇게 했는데'로 시작하세요."

김 팀장은 진심으로 '후배 의견을 존중'하고 있다고 생각했다. 팀원들은 그가 '자기 경험만 강요'한다고 느꼈다. 같은 행동, 정반대의 해석. 어떻게 이런 일이 가능할까?

기억은 거짓말을 한다: 과거는 항상 아름답다

김 팀장과 팀원들 사이에 이런 오해가 생긴 이유는 단순히 성격 차이가 아니다. 우리 뇌가 과거를 왜곡하는 방식 때문이다.

몇 년 전, 나는 교육 현장에서 흥미로운 질문을 던진 적이 있다.

"여러분, 2000년대 초반 TV 프로그램이 지금보다 더 재미있었다고 생각하시나요?"

대부분이 고개를 끄덕였다. "그때는 정말 명작이 많았죠. 요즘 TV는 볼 게 없어요."

하지만 실제로는 어떨까?

심리학자 캐리 모어웨지 Carey Morewedge의 연구에 따르면, 사람들은 과거에 감명 깊었던 프로그램 한두 개《무한도전》,《1박2일》》만 기억하고, 그것이 당시 전체 콘텐츠였다고 착각한다. 반면 현재는? 좋은 프로그램도, 형편없는 프로그램도 모두 보고 있기에 평가가 낮아진다.

팀장도 마찬가지다.

김 팀장은 자신이 팀원일 때 '팀 평가 1등했던 순간'만 기억한다. 그때의 전략, 팀워크, 성과. 하지만 그는 그 시절에도 수많은 시행착오가 있었고, 실패도 있었고, 갈등도 있었다는 걸 잊었다. 그는 과거의 하이라이트만 기억하고 있었던 것이다.

이를 심리학에서는 '대표성 휴리스틱$^{Representative\ Heuristic}$'이라고 한다. 우리는 전체를 판단할 때 가장 강렬한 일부를 기준으로 삼는다.

팀장이 "예전에는 이렇게 해서 성공했어"라고 말할 때, 팀원들은 속으로 이렇게 생각한다.

"예전이 그렇게 좋았다면, 왜 지금 우리 방식은 안 되는 거죠?"

마찬가지로 우리는 현재 팀의 문제를 뚜렷하게 인식하지만, 과거의 팀은 좋았던 장면들을 중심으로 전체를 판단한다.

우리 뇌는 없는 기억도 만들어낸다

또한 우리는 기억 속 빈 공간을 스스로 채워 넣는 경향이 있다. 기억은 단순 저장이 아니라, 해석이고 구성이다. 그래서 과거가 항상 더 좋았다고 느끼는 것이다. 이해를 돕기 위해 작은 실험을 해보겠다. 지금 이 부분을 읽고 계신 독자님들도 한번 참여해 보길 바란다.

아래의 단어를 읽고 난 다음 대답해보자.

문, 유리창, 창틀, 문지방, 욕조, 차고, 선반, 침대, 전등, 커튼, 쇼파자 질문이다.

위 단어 중에 '창문'이 있었는가?

많은 사람들이 있었다고 대답한다. 하지만 실제로는 없었다. 우리는 '유리창'과 '창틀'을 보면서 자동으로 '창문'을 떠올렸고, 그것이 실제로 있었다고 기억을 만들어냈다.

인간의 기억은 실제로 본 것을 그대로 저장하지 않는다. 오히려 맥락에 따라 '당연히 있었을 것'이라 여긴 내용을 스스로 채워 넣는다.

김 팀장도 마찬가지다. 그는 자신이 팀원일 때 항상 선배 의견을 존중했다고 기억한다. 하지만 실제로는? 그때도 불만이 있었고, 속으로 투덜거린 적도 있었을 것이다. 하지만 그런 부분은 기억에서 지워지고, 좋았던 순간만 남아서 전체인 것처럼 재구성된다.

팀장이 알아야 할 기억의 진실

사람들은 과거의 전체 맥락보다 가장 강렬하고 긍정적인 순간을 중심으로 기억을 재구성하고, 그것이 전체였다고 착각한다. 반면 현재에 대해서는 긍정과 부정을 함께 인식하기 때문에 현재가 상대적으로 부족하게 느껴진다.

결국 팀장과 팀원 사이에 존재하는 감정적 오해는, 단순히 생각의 차이뿐 아니라 기억의 왜곡에서 비롯된다는 점을 이해해야 한다.

그렇다면 팀장은 어떻게 해야 할까?

1. "예전에 내가…"를 경계하라

과거의 성공 사례를 공유하는 것 자체가 나쁜 건 아니다. 하지만 그것이 '기준'이 되면 문제다.

"예전에 우리 팀이 1등 했을 때는 이렇게 했어." (X)

→ "예전에 이런 시도를 해봤는데, 지금 상황에는 어떨지 한번 같이 생각해볼까?" (O)

2. 현재를 과거와 비교하지 마라

과거는 편집된 하이라이트다. 현재는 실시간 전체 방송이다. 비교 자체가 공정하지 않다.

3. "내가 너를 안다"가 아니라 "잘 이해하고 싶다"

김 팀장은 6개월간의 컨설팅 후 이렇게 말했다.

"저는 제가 팀원들을 잘 이해한다고 생각했는데, 사실은 제 경험을 그들에게 투영하고 있었네요."

결국 팀장과 팀원 사이의 감정적 오해는 단순히 생각의 차이가 아니라, 기억의 왜곡에서 비롯된다. 그러니 우리는 더욱 조심스럽고 겸손해야 한다.

기억은 누구에게나 불완전하다. 팀장도, 팀원도 마찬가지다.

차이는 이것이다. 좋은 팀장은 자신의 기억이 불완전하다는 걸 알고, 그래서 더 겸손하게 경청한다.

"내가 너를 안다."가 아니라, "잘 이해하고 싶다."는 태도. 그것이 진짜 리더십의 시작이다.

팀장 프롬프트

case.1 "예전에 우리 팀이 1등 했을 때는…" 자주 말할 때

나는 지금 과거 전체를 말하는가, 아니면 가장 좋았던 순간만 말하는가?

대표성 휴리스틱: 사람들은 과거의 가장 좋은 순간만 떠올리고 그것이 당시의 전체였다고 착각한다.
과거는 좋은 장면 중심, **현재는 전체(좋은+나쁜)를 보기에 현재가 부족해 보이는 것이다.**

case.2 팀원들이 나를 '꼰대'라고 한다는 피드백을 들었을 때

나는 지금 수용하려 하는가, 거부하려 하는가?

팀장은 팀원들의 의견을 겸허하게 수용하기보다는 불쾌하게 여기고 거부하는 경향이 있다.
"내가 그럴 리 없다" 대신 "그렇게 보였구나"라고 말하라.

case.3 나는 팀원들을 잘 안다고 확신할 때

내 기억이 저장인가, 구성인가?

기억은 저장이 아니라 구성이다.
빈 공간을 스스로 채워 넣고 '당연히 있었을 것'을 기억한다.
"내가 너를 안다" 대신 "잘 이해하고 싶다"라고 말하라.

| 팀장 프롬프트를 입력하세요

팀장 프롬프트를 복습하며 직접 작성해보세요

▶ 최근 "예전에는…", "과거에 우리는…"이라고 말한 횟수는 몇 번인가? 팀원들이 어떤 반응을 보였는가?

횟수:
팀원 반응:

▶ 팀원들이 나에 대해 어떻게 생각하는지 객관적으로 파악한 적이 있는가?
(360도 피드백, 익명 설문, 동료의 솔직한 의견 등)

방법:
결과:
내 예상과 달랐던 점:

▶ 만약 팀원이 "저는 팀장님을 잘 이해하고 싶습니다"라고 말한다면, 나도 팀원에게 같은 말을 할 수 있는가?
누구에게 이 말을 하고 싶은가?

대상:

팀장 프롬프트

18장.
안전과
신뢰의 차이

회의에서 몇몇 팀원만 말을 합니다.
실수를 공유하자고 했지만, 대부분은 조용히 고개만 끄덕입니다.

> AI에게 묻습니다.
> **우리 팀의 문제는 신뢰가 부족한 걸까요,**
> **아니면 '말해도 괜찮다'는 심리적인 안전감이 부족한 걸까요?**
>
> 리더가 만든 분위기 속에서
> 팀원들은 지금 의견을 표현하는 자유를 느끼고 있을까요,
> 아니면 여전히 침묵이 더 안전한 선택이라고 믿고 있을까요?

| 팀장 프롬프트를 입력하세요

조직심리학의 핵심 지향점은 성과다. 어떻게 하면 더 나은 성과를 낼 수 있을까? 이 질문에 답하기 위해 학자들은 성과가 좋은 조직을 연구하고, 그 내부에서 어떤 문화와 환경, 리더십이 작동하는지 탐색한다. 그런데 때때로 상식과 정반대의 결과가 도출되곤 한다. 그 대표적 사례가 하버드 대학교 에이미 에드먼슨 Amy Edmondson의 병원 팀 연구다.

에이미 에드먼슨의 놀라운 발견

에드먼슨은 병원을 연구 대상으로 선택했다. 병원은 전공의, 간호사, 행정 요원 등 다양한 전문직이 협업하는 고난도 집단이기 때문이다.

그녀는 가설을 세웠다.

"팀워크가 좋은 팀은 의료 과실이 적고, 따라서 성과가 높을 것이다."

그러나 결과는 예상과 정반대였다.

팀워크가 좋은 팀일수록 의료 과실이 많았고

팀워크가 좋지 않은 팀은 오히려 의료 과실이 적었다.

게다가 성과는 오히려 의료 과실이 많은 팀이 더 높았다.

무슨 일이 벌어진 걸까?

에드먼슨은 직접 병원 책임자와 인터뷰를 진행했다.

"아 그거…. 팀워크가 좋은 팀은요,

팀원들이 사고 치잖아요? 즉각 보고를 합니다. 그래서 공식적으로 집계되는 과실이 많습니다. 보고되는 과실에 즉각 대응을 하죠. 그래서 성과도 높은 겁니다.

"반면 팀워크가 안 좋은 팀은요….

팀원들이 사고를 치면 보고를 하지 않아요. 왜? 괜히 보고했다가 팀장들에게 날벼락을 맞거든요. 숨기고 자기들이 알아서 하려고 합니다. 하지만 그게 해결이 됩니까? 나중에야 문제가 발생해서 결국 성과가 낮은 거죠…."

병원 책임자의 이야기에 에드먼슨은 망치로 머리를 한 대 맞은 기분이었다고 한다.

심리적 안전감이라는 새로운 개념

이러한 실수 보고의 기준은 단순히 성격이나 책임감 문제가 아니라 팀 내의 '문화적 규범' 때문이며, 이를 '심리적 안전감$^{Psychological\ Safety}$'이라는 개념으로 명명했다.

심리적 안전감이란?

팀원 각자가 "이런 말을 해도 괜찮다.", "내가 틀릴 수도 있다."라고 느끼는 환경. 실수하거나 의견을 내더라도 비난받거나 불이익을 당하지 않을 것이라는 확신을 주는 팀 문화.

구글 아리스토텔레스 프로젝트의 확인

심리적 안전감의 개념은 이후 구글의 '아리스토텔레스 프로젝트$^{Project\ Aristotle}$'에서도 반복적으로 확인된다. 이 프로젝트를 주도한 인력 분석부의 줄리아 로조보스키$^{Julia\ Rozovsky}$는 예일대 경영대학원 재학 시절 경험한 두 개의 극명하게 다른 팀을 떠올리며 이 연구에 참여했다.

하나는 겉으로 보기엔 완벽한 팀원이 모였지만 서로 리더십을 다투고 실수를 경계하며 위축된 팀이었고, 다른 하나는 배경이 다양한 구성원임에도 서로를 존중하고 아이디어를 자유롭게 공유하며 높은 몰입을 경험한 팀이었다.

구글은 180개 팀을 조사하며 성별, 지능, 성격, 리더십 스타일 등 수많은 요인을 분석했지만 공통된 성공 요인을 찾기 어려웠다.

그러다 '팀에서 받는 느낌'이라는 주관적 경험이 성과와 연결된다는 사실에 주목했고, 그 감각을 형성하는 두 가지 규범을 발견한다.

1. 팀원 모두가 대체로 고르게 발언하는 문화
2. 팀원 모두가 서로의 감정과 상태에 민감하게 반응하는 사회적 민감성

이는 에드먼슨이 말한 심리적 안전감의 구성요소와 정확히 일치한다.

신뢰와 심리적 안전감의 결정적 차이

이 지점에서 우리는 신뢰와 심리적 안전감을 구분해야 한다.

구분	신뢰	심리적 안전감
정의	사람 간의 정서적 관계	조직이 주는 환경적 신호
형성	개인 간 장기간 교류	문화와 구조에 의해 형성
중심	나는 너를 믿는다	이 조직 안에서 나는 괜찮다
범위	특정 개인	집단 전체의 분위기

신뢰는 '그 사람'에 대한 믿음이고, 심리적 안전감은 '이 조직 안에서 나는 괜찮다'는 감각이다.

팀장이 특정 팀원을 신뢰한다면, 그 팀원이 회의에서 어리석게 보일 수 있

는 발언을 해도 너그럽게 받아들인다. 신뢰의 혜택을 받는 것은 팀원이다.

심리적 안전감은 모든 팀원이 '지금 이 자리에서 무엇이든 말해도 괜찮다'고 느끼는 환경이다. 집단 전체의 분위기와 연관이 있는 것이다.

리더가 설계해야 하는 환경

심리적 안전감은 리더가 설계해야 하는 환경이다.

1. 실수를 처벌이 아닌 학습으로 대하라

"왜 실수했어?" (X)

→ "어떻게 해결했어? 다음엔 어떻게 하면 될까?" (O)

2. 질문을 환영하라

"그것도 모르고 왔어?" (X)

→ "좋은 질문이네. 내가 설명을 제대로 못 한 것 같아." (O)

3. 회의에서 침묵하는 사람에게 먼저 물어라

"다들 이해했죠? 그럼 이만." (X)

→ "김 대리, 혹시 추가하고 싶은 의견 있어?" (O)

4. 본인의 실수를 먼저 공유하라

"나도 이번 주에 실수했어. 고객사 이름을 잘못 써서 메일을 보냈는데, 다행히 바로 정정했지. 여러분도 실수하면 빨리 말해줘."

5. 비난과 피드백을 구분하라

비난: "왜 항상 이렇게 일처리가 늦어?" (사람 공격)

피드백: "이번 보고서는 마감이 하루 늦었는데, 다음엔 중간 점검을 한 번 더 하면 어떨까?" (행동 개선)

리더는 설계해야 한다. 의견을 낼 때 면박을 주지 않고, 실수했을 때 비난보다 피드백을 주며, 실패한 아이디어조차 진지하게 논의하는 문화. 그것이 팀원들이 자발적으로 참여하고, 실패를 인정하며, 팀워크를 발휘하게 만드는 원동력이다.

심리적 안전감은 결국,
탁월한 성과의 출발점이며
신뢰보다 더 **빠르게** 만들어질 수 있고
더 강력하게 작동할 수 있다.
그리고 이건 팀장이 의도적으로 설계해야만 만들어진다.
당신의 팀에는 심리적 안전감이 있는가?

팀장 프롬프트

case.1 팀에서 문제나 실수가 잘 보고되지 않을 때

> 지금 우리 팀은 '보고하면 괜찮다'는 분위기인가, '보고하면 혼난다'는 분위기인가?"

> 팀워크 좋은 팀이 오히려 의료 과실이 많았던 이유는 즉각 보고하고 대응했기 때문이다.
> **심리적 안전감 = "이런 말을 해도 괜찮다"는 환경을 만들기**
> **실수를 숨기지 않고 보고하게 만드는 것이 성과의 출발점이다.**

case.2 특정 팀원만 신뢰하고 다른 팀원은 믿지 못할 때

> 나는 '개인에 대한 신뢰'를 쌓는가, '팀 전체의 안전감'을 만드는가?

> 신뢰 = 나는 너를 믿는다 (개인 간 관계)
> 심리적 안전감 = 이 조직 안에서 나는 괜찮다 (환경)
> **리더는 특정 사람간의 신뢰가 아니라**
> **모든 팀원이 안전하다고 느끼는 환경을 설계해야 한다.**

case.3 회의에서 몇 명만 계속 말하고 나머지는 침묵할 때

> 추구해야 할 회의의 분위기는 무엇일까?

> 구글 아리스토텔레스 프로젝트의 2가지 핵심 규범
>   1) 팀원 모두가 고르게 발언한다
>   2) 서로의 감정에 민감하게 반응한다 (사회적 민감성)
> **이것이 심리적 안전감을 만들고, 탁월한 성과를 낸다.**

|팀장 프롬프트를 입력하세요

팀장 프롬프트를 복습하며 직접 작성해보세요

▶ 우리 팀에서 최근 발생한 실수나 문제가
즉시 보고되었는가, 아니면 숨겨졌는가?
그 이유는 무엇인가?

상황:
보고 여부:
이유

▶ 팀원들이 나에 대해 어떻게 생각하는지
객관적으로 파악한 적이 있는가?
(360도 피드백, 익명 설문, 동료의 솔직한 의견 등)

방법:
결과:
내 예상과 달랐던 점:

팀장 프롬프트

19장.
관계의
출발점

"언제든 와도 된다."고 말했는데,
정작 아무도 찾아오지 않습니다.
문은 열어두었지만, 그 문턱이 생각보다 높았던 걸까요?

> AI에게 묻습니다,
> 리더는 문을 열고 기다려야 할까요,
> 아니면 문밖까지 나가 먼저 손을 내밀어야 할까요?
>
> 팀원이 편안하게 다가올 수 있는 환경을 만드는 건
> 말의 친절함일까요, 진심의 노출일까요?
>
> **내가 먼저 솔직한 경험을 공유하지 않는 한,**
> **진짜 대화의 문은 열리지 않는 걸까요?**

| 팀장 프롬프트를 입력하세요

성과가 좋은 팀에는 한 가지 공통점이 있다.

팀장의 노하우가 팀원에게 유기적으로 전달되고, 팀원은 그 내용을 실행하며, 실행한 내용에 대해 다시 피드백을 받고 수정한다. 이 일련의 순환은 매우 이상적인 협업의 흐름이다.

그런데 이 순환은 누가 먼저 시작할 때 가장 자연스럽게 굴러갈까? 팀장이 먼저 다가가서 가르치고 도와주는가, 아니면 팀원이 먼저 질문하며 팀장에게 다가오는가?

많은 팀장은 좋은 마음으로 팀원들에게 손을 내민다. 멘토링 제도, 비공식 회식, 1:1 면담 등 다양한 방법으로 관계를 열어주고 싶어 한다. 하지만 정작 팀원은 쉽게 그 손을 잡지 않는다. 이유는 간단하지 않다.

도움을 주려는 팀장 vs 받기 어려운 팀원

한 기업의 멘토링 제도에 대한 교육을 맡게 되었다. 그 기업은 사장님의 특별 지시로 사내 멘토링 시스템을 운영 중이었으며, 팀장급 멘토들이 상시 배치되어 있었고, 누구든 필요하면 신청을 통해 공식적으로 도움을 받을 수 있는 체계였다. 하지만 이 제도는 생각보다 활성화되지 않았다.

교육 도중 팀장들이 털어놓은 이야기는 이러했다.

"저는 항상 말합니다. 언제든지 오라고. 필요하면 도와주겠다고. 밥이든 술이든 사줄 테니 부담 갖지 말라고 해요. 그런데 아무도 안 옵니다. 실적 때문에 억지로 연락해서 점심 한번 먹는 게 전부입니다."

다른 팀장은 이렇게 말했다.

"요즘 친구들이 생각보다 이런 좋은 제도를 잘 안 쓰려고 해요. 우리를 꼰대라고 생각하는 건지, 관심이 없는 건지 모르겠어요. 우리 입장에선 정말 안타깝습니다."

왜 멘토링제도 같은 좋은 제도들이 제대로 활성화되지 않는 것일까?

심리학자 바네사 본스 Vanessa Bohns와 프랜시스 플린 Francis Flynn은 이 현상을 연구했다.

그들은 MBA 과정에 신입생 멘토링 프로그램을 만들었다. 선배 MBA 학생들이 자발적으로 멘토로 등록했고, 연구자들은 그들에게 물었다.

"몇 명 정도가 당신에게 조언을 요청할 것 같나요?"

멘토들은 평균 12.6명이 자신에게 연락할 거라고 예상했다. 그들은 자신감에 차 있었다. '내가 이렇게 열심히 도와주려고 하는데, 당연히 많이 오겠지.'

그런데 실제로는? 7.6명에 불과했다. 예상의 60% 수준이었다.

왜 이런 차이가 생길까?

연락하기가 부담스러웠어요

몇 년 전, 나는 한 대기업에서 핵심인재 멘토를 맡았다.

나는 정말 열심히 했다. 첫 만남 때 명함도 주고, 편하게 연락하라고 여러 번 강조했다. 한 달에 한 번은 먼저 문자를 보내며 "요즘 일하는 건 어때요?" 하고 물었다.

그런데 내 멘티는 거의 연락하지 않았다. 나는 속으로 생각했다. '요즘 친구들은 정말 소극적이네.'

1년 후, 멘토링이 끝나고 회식 자리에서 그 멘티가 솔직하게 말했다.

"강사님, 사실 연락하고 싶었는데 부담스러웠어요. 바쁘신데 괜히 귀찮게 하는 것 같고, 제가 너무 의존적으로 보일까 봐 걱정도 됐어요. 그리고… 혹시 제 질문이 너무 기초적이면 실망하실 것 같았어요."

그 순간, 나는 깨달았다. 내 진심이 전달되지 않았던 게 아니다. 상대는 그 진심을 받는 것 자체를 부담스러워했던 것이다.

도움을 받는사람이 느끼는 세 가지 부담

본스와 플린은 추가 연구를 통해 도움을 받는 사람들이 느끼는 심리적 부담을 밝혀냈다.

1. 거절당할까 봐 두렵다

"혹시 '바쁜데 왜 귀찮게 하냐'고 생각하시면 어떡하지?"

2. 민폐일까 봐 염려한다

"이런 걸로 시간 뺏는 게 미안해. 혼자 해결할 수 있어야 하는 거 아닌가?"

3. 평가받을까 봐 걱정한다

"이런 걸 물어보면 '이것도 모르냐'고 생각하실 것 같아."

도움을 주는 사람은 "언제든지 와!"라고 말한다. 하지만 도움을 받는 사람은 '내가 가도 되나?' 하며 망설인다.

이 간극을 메우지 못하면, 아무리 좋은 제도도 작동하지 않는다.

말이 아니라 행동으로 보여라

그렇다면 어떻게 해야 팀원들이 편하게 다가올 수 있을까?

연구자들은 멘토링 프로그램 소개 문구를 두 가지 버전으로 나누어 실험했다.

A버전 "이 프로그램은 여러분의 성장에 매우 유용합니다."
B버전 "이 프로그램이 어색할 수 있습니다. 하지만 걱정 말고 편하게 참여하세요."

실험 결과, B버전이 압도적으로 더 많은 신청을 받았다.

도움을 받는 사람은 유용성보다 편안함을 먼저 확인하고 싶어한다.

문턱을 낮추는 5가지 방법

1. "언제든지 와"가 아니라 "이번 주 금요일 3시 어때?"

추상적인 초대는 부담을 준다. 구체적인 시간을 제안하라.

"바쁘면 말고." → "30분만 시간 내줄 수 있어?"

2. 먼저 나의 실수와 실패를 공유하라

"나도 신입 때 이런 실수 했어. 지금 생각하면 웃기지?"

팀장의 실패담은 팀원에게 안전감을 준다.

3. 작은 것부터 도와달라고 요청하라

"김 대리, 이 자료 좀 봐줄 수 있어? 네 의견이 궁금해."

도움을 받는 것에서 시작하면, 나중에 주는 것도 쉬워진다.

4. 팀원의 질문에 절대 "그것도 몰라?" 하지 마라

"좋은 질문이네. 나도 처음엔 헷갈렸어."

한 번이라도 무시당한 경험은 다음 질문을 막는다.

5. 비공식 채널을 활용하라

공식 멘토링보다 커피 타임, 점심 식사가 더 효과적이다.

"회의실에서 만나자."보다 "커피 한잔 하면서 이야기 할까?"

2년 후, 그 회사는 달라졌다

교육 이후, 그 기업은 멘토링 시스템을 바꿨다.

[변경 전] "멘토 목록을 보고 원하는 사람에게 신청하세요"

[변경 후] "매월 첫째 주 금요일, 팀장들이 사내 카페에 앉아 있습니다. 편하게 와서 커피 마시면서 이야기 나눠요. 아무 주제든 좋아요."

팀장들은 먼저 카페에 가서 노트북을 펼치고 일을 했다. 지나가는 직원들과 자연스럽게 인사를 나눴다. "뭐 하세요?" "그냥 작업 좀 하고 있어. 너도 앉아."

6개월 후, 멘토링 참여율은 300% 증가했다.

사장님이 나에게 말했다.

"제도가 문제가 아니었네요. 방식이 문제였어요."

관계는 제도가 아니라 태도로 만들어진다

멘토링 제도, 1:1 면담, 팀 빌딩. 이런 것들이 나쁜 건 아니다. 하지만 제도만으로는 부족하다.

팀원이 다가오지 않는 건, 팀장을 싫어해서가 아니다. 다가가는 것 자체가 부담이기 때문이다.

그러니 팀장은 물어야 한다.

"왜 안 와?"가 아니라, "어떻게 하면 편하게 다가올 수 있을까?"

문을 열고 기다리는 것만으로는 부족하다. 문턱을 낮추고, 문 밖까지 나가 손을 내밀어야 한다.

관계의 시작은 제도도 지시도 아닌, 내가 먼저 다가가는 용기다.

팀장 프롬프트

case.1 멘토링 제도를 만들었는데 아무도 신청하지 않을 때

나는 팀원이 쉽게 다가올 것이라고 과대평가하고 있지는 않은가?

도움을 주는 사람은 항상 올 사람을 과대평가한다.
반면 도움을 받는 사람은 거절당할까, 민폐일까, 불쾌하게 느낄까 걱정한다.
이 사이에는 심리적 간극이 존재한다.

case.2 "언제든 편하게 오라"고 했는데 팀원이 오지 않을 때

나는 '유용성'을 강조하는가, '편안함'을 강조하는가?

**도움 주는 사람은 '유용성'을 강조하지만
도움 받는 사람은 '편안함'에 반응한다.**
"이 프로그램은 유용해요" (X)
"조금 어색할 수도 있지만 걱정 말고 편하게 와요" (O)

case.3 팀원과의 관계가 깊어지지 않을 때

나는 문을 열고 기다리는가, 아니면 문밖까지 나가 손을 내미는가?

문을 열고 기다리는 것만으로는 부족하다.
문턱을 낮추고, 문밖까지 나가 손을 내밀어야 한다.
팀장이 먼저 솔직한 경험과 실패담을 공유할 때
팀원은 "이 사람은 내 이야기를 들어줄 것 같다"고 느낀다.
관계는 말이 아니라 경험으로 형성된다.

|팀장 프롬프트를 입력하세요

팀장 프롬프트를 복습하며 직접 작성해보세요

▶ "언제든 오라"고 말했는데 팀원이 오지 않은 적이 있는가?
그때 팀원이 느꼈을 심리적 부담은 무엇이었을까?

상황:
내 예상:
팀원의 심리적 부담:

▶ 최근 팀원과 대화할 때
"유용성"을 강조했는가, "편안함"을 강조했는가?
다음부터는 어떻게 바꿀 것인가?

기존:
수정:

▶ 팀원에게 내가 먼저 공유할 수 있는
솔직한 경험이나 실패 이야기는 무엇인가?
이번 주에 누구에게 어떤 이야기를 나눌 것인가?

공유할 경험:
대상:
시기:

20장.
심리로
이해하는
구성원

나는 모든 팀원을 공평하게 대한다고 생각했습니다.
하지만 노력은 같지 않은데 결과만 놓고 판단할 때가 많았습니다.

> AI에게 질문합니다.
> 리더에게 공정함이란 똑같이 대하는 것일까요,
> 아니면 다르게 이해하려는 노력일까요?
>
> 열심히 하는데 성과가 안 나는 팀원,
> 혹은 보상에 실망한 팀원에게 지금 내가 전해야 할 건
> 지시일까요, 설명과 인정일까요?

리더십을 본격적으로 고민하고 실행하기 시작하면 팀장들은 곧 깨닫게 된다. 생각만큼 일이 쉽게 풀리지 않는다는 것을 말이다. 그 이유는 많지만, 그 중에서도 가장 흔한 원인은 대부분의 팀장들이 '하나의 방식으로 모든 팀원을 대하려 한다'는 것이다.

5년 전, 나는 한 중견기업의 팀장 워크숍에서 흥미로운 장면을 목격했다. 쉬는 시간, 한 팀장이 다가와 하소연했다.

"강사님, 저는 팀원들 한 명 한 명에게 정말 공평하게 대해요. 똑같이 피드백 주고, 똑같이 격려하고, 똑같이 기회도 줘요. 그런데 결과가 너무 다릅니다. 어떤 팀원은 엄청 성장하는데, 어떤 팀원은 제자리걸음이에요. 제가 뭘 잘못한 걸까요?"

나는 웃으며 물었다.

"팀장님, 팀원들이 모두 같은 사람인가요?"

그는 잠시 멈칫했다.

"그야… 다 다르죠. 성격도 다르고, 경험도 다르고…."

"그런데 왜 같은 방법으로 대하세요?"

그 순간, 그의 표정이 바뀌었다.

팀원을 이해하는 세가지 질문

심리학자 빅터 브룸 Victor Vroom 은 사람들이 일할 때 세 가지를 끊임없이 계산한다고 말했다.

1. 노력하면 성과가 날까? = 내가 해봐야 되는 건가?
2. 성과를 내면 보상받을까? = 해봤자 인정받는 건가?
3. 그 보상이 내게 의미 있을까? = 받아봤자 좋은 건가?

이 세 가지 중 하나라도 아니라고 생각하면, 사람은 움직이지 않는다.

김 대리와 박 대리를 다시 생각해보자.

[김대리] 노력은 하는데 성과가 안 나온다. "내가 뭘 잘못하고 있는 거지?"

[박대리] 노력 자체를 안 한다. "이 일이 왜 의미 있는데?"

같은 '성과 안 나는 팀원'이지만, 이유가 완전히 다르다. 그러니 해결책도 달라야 한다.

왜 이 일을 해야 하죠?: 의미를 모르는 팀원

내가 사내강사 시절에 후배 강사였던 김 대리는 매일 아침 사무실에 와서 한숨부터 쉬었다.

"또 강의 자료 정리네. 이거 해봤자 뭐가 달라지는데?"

나는 그에게 물었다.

"김 대리, 요즘 강의 준비하면서 어때?"

"그냥요. 반복 작업 같아요. 저는 원래 강사가 되고 싶었는데, 지금은 그냥 자료 정리만 하는 것 같아요."

그 말을 듣고 나는 전략을 바꿨다.

다음 주, 지점장님 대상 강의가 있었다. 나는 김 대리를 데리고 갔다.

"김 대리, 오늘은 강의장 뒤에 앉아서 지켜봐. 네가 정리한 자료가 어떻게 쓰이는지."

강의가 시작되고, 나는 김 대리가 정리한 데이터를 화면에 띄웠다.

"여러분, 이 자료를 보세요. 우리 팀이 3개월간 1,200개 기업을 분석한 결과입니다."

참가자들이 감탄했다. "와, 이 데이터 대단한데요?"

강의가 끝나고, 한 참가자가 다가왔다.

"이 자료 덕분에 우리 회사 문제가 뭔지 정확히 알았어요. 감사합니다."

김 대리는 그 말을 듣고 표정이 달라졌다.

다음 날, 그는 자발적으로 추가 자료를 정리해왔다.

"선배님, 이 데이터도 쓸 만할 것 같아서요."

의미를 모르는 팀원에게는 본인의 일이 누구에게 어떤 영향을 주는지 직접 보여줘라.

어떻게 해야 잘하는지 모른다: 방법을 모르는 팀원

또다른 후배강사 노 대리는 정말 열심히 했다. 매일 밤 늦게까지 남아서 강의 자료를 만들었다. 하지만 결과는? 매번 수정 요청이 들어왔다.

"노 대리, 이거 다시 해줘."

노 대리는 좌절했다.

"선배님, 저 열심히 했는데… 뭐가 문제예요?"

나는 그에게 물었다.

"노 대리, 이 자료 만들 때 어떤 순서로 했어?"

"음… 일단 예쁘게 만들어야 할 것 같아서 디자인부터 했고요…."

"그래서?"

"그 다음에 내용을 채웠어요."

문제를 찾았다. 노 대리는 순서를 몰랐다.

나는 다음 과제를 줄 때 이렇게 물었다.

"노 대리, 이 자료 어떻게 만들 거야? 순서를 말해봐."

"음… 일단 누가 볼 자료인지 확인하고요, 그 사람들이 뭘 원하는지 파악한 다음에, 핵심 메시지를 정리하고, 그걸 뒷받침할 데이터를 찾고…"

"좋아. 그럼 그 순서대로 해봐. 중간에 1차 초안 보여줘."

결과는? 한 번에 통과했다.

노 대리는 처음으로 웃으며 말했다.

"선배님, 제가 뭘 잘못하고 있었는지 이제 알겠어요."

방법을 모르는 팀원에게는 업무를 설명하게 하고, 중간 점검을 통해 방향을 잡아줘라.

아담 그랜트의 놀라운 발견

또 하나의 접근은 팀원이 수행한 일의 결과를 '직접 확인'하게 하는 것이다. 대표적인 사례로 조직 심리학자 아담 그랜트$^{Adam\ Grant}$의 연구가 있다.

그는 미국의 한 대학에서 기부금 모금을 담당하는 콜센터 상담원을 대상으로 실험을 진행했다. 상담원들은 졸업생들에게 기부를 요청하는 전화를 걸었는데, 대다수는 반복되는 거절에 지쳐 업무 의욕이 떨어져 있었다.

이런 상담원들에게 어느 날 장학금 수혜자들이 직접 쓴 감사 편지를 읽게 하고, 이후에는 실제 수혜자와의 만남까지 주선했다. 단순히 편지를 읽는 것을 넘어, 자신의 노력으로 혜택을 받은 사람과 얼굴을 마주하고 직접 감사를 받는 경험을 하게 한 것이다.

그 결과는 놀라웠다. 상담원들의 업무 성과는 월평균 모금액이 412달러에서 2,000달러로 무려 다섯 배나 증가했다.

이 연구는 팀원들이 자신의 노력이 실제로 어떤 긍정적인 영향을 끼치는지 체감할 수 있을 때, 그 몰입도와 업무성과가 극적으로 향상된다는 것을 입증한다.

내 노력은 인정받고 있는가? : 공정성을 의심하는 팀원

작년에 나는 한 금융 회사에서 교육을 했다. 쉬는 시간에 한 과장이 다가왔다.

"강사님, 솔직히 억울해요. 저는 이번 분기에 정말 열심히 했거든요. 주말에도 나와서 일했고, 야근도 가장 많이 했어요. 그런데 성과급은 옆 팀 김 과장이랑 똑같아요. 김 과장은 칼퇴근하는데 말이죠."

나는 물었다.

"팀장님이 뭐라고 하셨어요?"

"다들 열심히 했어. 공정하게 평가했어. 뭐… 이 정도? 그게 끝이에요."

이 과장은 공정성을 의심하고 있었다. 정확히는, 자신만 모르는 무언가가 있다고 느꼈다.

나는 그의 팀장에게 조언했다.

"이 과장에게 평가 기준을 구체적으로 설명해주세요. 그리고 김 과장이 어떤 부분에서 잘했는지도요."

다음 주, 팀장은 이 과장과 1:1 면담을 했다.

"이 과장, 네가 이번 분기에 정말 열심히 한 거 나도 알아. 특히 OO 프로젝트에서 네 역할이 컸어. 그런데 김 과장은 다른 부분에서 점수를 받았어. 신규 거래처 3곳을 확보했거든. 우리 평가 기준에 '신규 개척'이 30% 반영되는 거 알지? 그 부분에서 김 과장이 앞섰어."

이 과장은 고개를 끄덕였다.

"아… 그런 기준이 있었군요. 저는 몰랐어요. 이제 이해가 되네요."

공정성을 의심하는 팀원에게는 투명하게 설명하고, 평가 기준을 명확히 공유하라.

인정받지 못하는 노력: 보이지 않는 기여

최 대리는 조용한 사람이었다. 언제나 본인 일에만 몰두하는 것처럼 보였다. 하지만 실상은 달랐다.

신입사원이 실수하면 조용히 다가가 알려줬다. 다른 팀이 자료를 요청하면 자발적으로 도왔다. 회의 후 회의실을 정리하는 것도 항상 최 대리였다.

그런데 평가 때가 되자, 팀장은 말했다.

"최 대리는… 뭐 특별히 한 게 없네."

최 대리는 퇴사를 고민하기 시작했다. 나는 그 팀장에게 말했다.

"팀장님, 최 대리가 하는 일을 정확히 알고 계세요?"

"글쎄요. 자기 업무는 하는 것 같은데… 딱히 눈에 띄는 건 없어서요."

"최 대리가 없으면 이 팀이 돌아갈까요?"

그 질문에 팀장은 생각에 잠겼다.

다음 회의에서 팀장은 공개적으로 말했다.

"최 대리, 이번 달 신입사원 온보딩 도와준 것 감사해. 네 덕분에 신입들이 빨리 적응했어. 그리고 타 부서 협업할 때도 항상 네가 먼저 나서줬지. 이런 부분들 내가 평가에 꼭 반영할게."

최 대리는 처음으로 환하게 웃었다.

보이지 않는 기여를 하는 팀원에게는 공개적으로 인정하고, 평가에 반영하라.

모든 팀원은 다르다

김 대리는 변했고, 노 대리도 변했고, 이 과장도, 최 대리도 변했다.

하지만 같은 방법으로는 아무도 변하지 않았다.

팀장의 역할은 '하나의 정답'을 찾는 게 아니다.
각 팀원에게 맞는 열쇠를 찾는 것이다.
그 열쇠는 세 가지 질문에서 시작된다.

이 팀원은 일의 의미를 알고 있나?
이 팀원은 성공하는 방법을 알고 있나?
이 팀원은 인정받고 있다고 느끼나?

당신의 팀원은 지금 어느 단계에 있는가?

팀장 프롬프트

case.1 팀원이 일에 흥미를 못 느끼고 노력하지 않을 때

이 팀원은 '왜 이 일을 해야 하는지' 알고 있는가?

동기 부여 결여 = 일의 의미 부족
"이 업무가 전체 조직/고객에게 어떤 영향을 주는가?"
"최근 어떤 업무에서 보람을 느꼈는가?"
평가나 지시가 아니라 의미를 찾게 하는 것이 필요하다.

case.2 열심히 하는데 성과가 계속 안 나올 때

이 팀원은 '어떻게 해야 하는지' 정확히 알고 있는가?

노력 ≠ 성과 : 방법을 모르는 것이다.
메타인지 능력을 강화하자. "이 과제를 어떤 순서로 진행할 건가?"
"무엇을 알고, 무엇을 모르는지" 파악하게 하라.
아담 그랜트 실험처럼 노력의 결과를 직접 확인하게 하라.

case.3 팀원이 공정성을 의심하고 결과에 불만을 가질 때

나는 충분히 투명했는가? 숨은 기여도를 인정했는가?

공정성 의심 = 정보 비대칭 + 투명성 부족 때문이다.
투명성: 상세한 설명, 평가 기준 사전 공지
숨은기여 찾아 공유: "이 프로젝트는 김 대리가 큰 역할 했습니다."
공개적 인정 + 평가 반영이 신뢰를 만든다.

|팀장 프롬프트를 입력하세요

팀장 프롬프트를 복습하며 직접 작성해보세요

 우리 팀원들을 세 가지 유형으로 분류해보자.

노력 안 함 (의미 모름):
→ 잡크래프팅 필요

노력하지만 성과 안 남 (방법 모름):
→ 메타인지 강화 필요

성과 냈지만 불만 (보상 실망):
→ 투명성과 인정 필요

 노력하지 않는 팀원 1명을 선택하 "왜 이 일을 하는가?" 대화를 나눈다면?

대상:
질문할 내용:
연결시켜 줄 의미:

 최근 팀원이 공식 업무 외에 팀을 위해 자발적으로 숨은 기여도가 있는가? 그것을 인정하고 평가에 반영했는가?

팀원:
숨은 기여도:
인정 여부:
다음에 할 행동:

5부.
리더의
내공키우기

기본기도 갖췄고, 판단력도 키웠고, 소통도 원활하고,
팀원들과의 관계도 안정되었다.
이제 모든 준비가 끝났다고 생각하는 순간, 새로운 벽에 부딪힌다.

바로 자기 자신이라는 벽이다.
"왜 완벽하게 하려고 할수록 더 큰 실수를 하게 될까?"
"긍정적으로 생각하려고 하는데, 왜 현실은 자꾸 어긋날까?"
"모든 것을 통제하려고 하는데, 왜 오히려 상황이 더 복잡해질까?"

리더십의 기술을 익히는 것과 진짜 리더가 되는 것은 다르다.
기술은 외부로 향하지만, 진짜 리더십은 내부에서 나온다.
자신의 마음가짐이 바뀌지 않으면,
아무리 좋은 기술을 익혀도 한계에 부딪힌다.

많은 리더가 완벽함을 추구하다가 팀과 자신을 지치게 만든다.
모든 것을 긍정적으로 바라보려다가 정작 현실을 놓친다.
실패를 두려워하다가 도전 자체를 포기하기도 한다.

이번 단락에서는 리더가 가져야 할 건강한 마음가짐을 다룬다.

완벽주의의 함정에서 벗어나는 법,
현실을 있는 그대로 받아들이면서도 희망을 잃지 않는 법.
이것들은 화려한 리더십 스킬이 아니다.

하지만 이런 내적 태도가 바뀌지 않으면,
아무리 좋은 기술을 익혀도 진짜 리더가 될 수 없다.
기술은 상황에 따라 달라지지만,
마음가짐은 모든 상황을 관통하는 힘이 되기 때문이다.
진짜 리더로 거듭나기 위한 마지막 퍼즐 조각들을 맞춰보자.

팀장 프롬프트

21장.
완벽주의의
그림자

실수를 줄이려 할수록 팀 분위기가 무거워집니다.
나의 기준이 높을수록, 팀원들은 점점 도전보다 안전을 선택합니다.

> AI에게 묻습니다.
>
> **리더의 완벽주의는 탁월함을 위한 노력일까요,
> 아니면 실패에 대한 두려움의 다른 이름일까요?**
>
> 팀이 위축되는 이유는 능력이 부족해서일까요,
> 아니면 내가 만든 '실패 금지의 공기' 때문일까요?

|팀장 프롬프트를 입력하세요

김 팀장의 다시 해

금요일 오후 5시. 대부분의 사무실이 퇴근 준비를 할 때, 김 팀장의 팀은 여전히 조용했다. 아니, 정확히는 긴장감이 흘렀다.

침묵을 뚫고 박 대리가 3일간 작업한 기획서를 김 팀장 책상에 올렸다.

김 팀장은 첫 페이지를 넘기다가 멈췄다.

"박 대리, 이 표 정렬 안 맞았네."

"네? 아, 1밀리미터 정도인데…."

"1밀리미터도 틀린 거야. 다시 수정해."

박 대리는 자리로 돌아갔다. 옆자리 최 사원이 작은 소리로 말했다.

"또 그래? 지난주에도 내 보고서 5번이나 고쳤잖아."

"이번 주에는 벌써 7번째야."

김 팀장은 그들의 대화를 듣지 못했다. 아니, 들었어도 이해하지 못했을 것이다. 그에게 '완벽'은 당연한 기준이었으니까.

팀원 시절부터 철두철미함의 대명사였던 김 팀장은 작은 실수도 허용하지 않았고, 완벽하지 않으면 의미가 없다는 신념으로 일을 대했다. 이런 성격은 그가 팀원일 때는 분명 강점이었다.

하지만 팀장이 된 후, 문제는 시작됐다. 그는 팀원 시절 자신의 성공을 만들어준 '완벽주의'를 그대로 팀원들에게도 적용했다.

"완벽함을 추구하면 결과가 그에 못 미쳐도 괜찮은 수준이 나오잖아요. 적당히 하면 결국 적당한 결과밖에 안 나와요."

김 팀장의 완벽주의는 처음엔 팀에 도움이 되는 것처럼 보였다. 보고서 품질이 올라갔고, 실수가 줄었기 때문이다.

하지만 3개월이 지나자 이상한 일이 벌어졌다.

첫째, 팀원들이 자발적으로 제안하지 않게 되었다.

"어차피 팀장님이 '다시 해'라고 하실 텐데…."

둘째, 실수가 오히려 늘었다.

"완벽하게 해야 한다는 부담에 작은 제안서 하나를 써도 손이 떨려요."

셋째, 팀 분위기가 얼어붙었다.

회의 시간에 아무도 말을 하지 않았다. "의견 없어?"

김 팀장이 물어도 모두들 침묵으로 일관했다. 그리고 결정적인 사건이 터졌다. 최 사원이 사직서를 낸 것이다. 김 팀장은 최 사원을 불렀다.

"갑자기 왜? 무슨 문제 있어?"

최 사원은 조용히 말했다.

"팀장님은 완벽하시잖아요. 하지만 저는… 그렇지 못해요. 매일 마음 졸이고 혼나는 게 정신적으로 너무 힘듭니다."

"혼낸 적 없는데? 난 그냥 제대로 하라고…"

"그게 혼나는 거예요. 팀장님."

그날 밤, 김 팀장은 처음으로 흔들렸다.

완벽주의는 두 얼굴을 가진다

《Is Perfect Good? A Meta-Analysis of Perfectionism in the Workplace》라는 연구에 따르면, 완벽주의는 두 가지로 구성되어 있다.

탁월함 추구 완벽주의 Excellence-Seeking Perfectionism

높은 기준을 세우고, 자기 동기와 성실함으로 성과를 끌어올린다.

실패 회피 완벽주의 Failure-Avoiding Perfectionism

실수에 대한 두려움과 압박이 커서, 오히려 업무를 피하거나 소극적으로 만든다.

전자는 높은 기준을 설정해 자기 동기를 높이고 성실함으로 생산성을 끌어올리지만, 후자는 실수에 대한 두려움과 기대 미달에 대한 압박으로 오히려 스트레스를 키우고 업무를 회피하게 만든다. 즉, 완벽주의는 양날의 검이다.

김 팀장이 바꿔야 할 세 가지

김 팀장은 이제 팀원들에게 막연하게 완벽주의를 요구하는 대신, 팀원 개개인의 성격과 업무 스타일을 고려하여 탁월함 추구 완벽주의는 장려하고, 실패 회피 완벽주의는 억제하는 방식을 써야 한다.

① 성장 마인드셋 회복시키기

팀원들에게 완벽함 대신 '성장 마인드셋'을 심어줘야 한다.

일은 평가받기 위한 것이 아니라 배우고 성장하는 과정임을 반복해서 알려야 한다.

팀원 스스로 목표를 설정하게 하고, '결과'보다 '과정'에 대한 피드백을 제공하며, 실패를 문제로 여기기보다 학습 기회로 인식하게 만든다.

② 디자인 싱킹 도입하기

실수 없는 완벽한 결과보다 중요한 것은,

빠른 실행 → 피드백 → 개선의 사이클이다.

'디자인 싱킹'처럼 먼저 간단한 시안을 빠르게 만든 후, 팀원 전체가 함께 피드백하고 최종 결과를 함께 완성하는 방식으로 일하는 구조를 만들어야 한다. 시작은 거칠어도, 함께 다듬으면 더 나은 결과가 나온다는 경험을 쌓게 하자.

③ 팀장이 먼저 실수 공개하기

실수를 두려워하지 않는 분위기를 만들기 위해서는 리더가 먼저 자신의 실패를 털어놓아야 한다.

"내가 팀장 되기 전 이런 실수를 했었는데…."

"그땐 진짜 망했다고 생각했지만, 덕분에 이렇게 배우게 되었지."

리더의 인간적인 이야기는 팀원에게 심리적 안전감을 제공한다.

그리고 이는 실수를 숨기지 않고 빠르게 공유하고 함께 해결하는 문화를 만든다.

완벽은 목표가 아니라 덫이다

김 팀장은 변했다. 그리고 그의 팀도 변했다.

완벽을 추구하는 대신, 성장을 추구했다.

실수를 두려워하는 대신, 시도를 격려했다.

결과만 보는 대신, 과정을 인정했다.

그 결과, 오히려 성과가 좋아졌다. 완벽주의는 팀원 시절에는 강점이 될 수 있다. 하지만 팀장이 되면 오히려 독이 된다.

팀장의 역할은 완벽한 결과를 만드는 게 아니라, 팀원들이 시도하고 성장하도록 돕는 것이기 때문이다.

당신의 팀은 지금 완벽을 추구하는가, 성장을 추구하는가?

팀장 프롬프트

case.1 "완벽하지 않으면 안 돼"라며 높은 기준을 요구할 때

지금 나는 '탁월함 추구'인가, '실패 회피'인가?

완벽주의는 두 얼굴이 있다.
탁월함 추구 = 높은 기준 + 자기 동기 → 생산성 상승
실패 회피 = 실수 두려움 + 압박 → 스트레스 상승, 회피 행동
완벽을 강요할수록 실수는 오히려 더 자주 발생한다.

case.2 팀원들이 소극적이고 실수를 숨길 때

우리 팀은 '성장 마인드셋'을 가지고 있는가,
아니면 '평가 마인드셋'에 머물러 있는가?

일은 평가받기 위한 결과가 아니라, 배우고 성장하는 과정이다.
리더는 결과보다 과정 중심의 피드백을 해야 한다.
**실패를 학습의 기회로 인식하고,
리더가 먼저 자신의 실수를 공유할 때 심리적 안전감이 자란다.**

case.3 완벽한 결과를 기다리다가 마감이 임박할 때

지금 필요한 것은 완벽한 결과인가, 아니면 빠른 실행인가?

디자인 싱킹 접근법을 떠올려보자.
빠른 실행 → 피드백 → 개선의 반복 사이클이 핵심이다
**시작은 거칠어도, 함께 다듬으면 더 나은 결과가 나온다.
완벽한 계획보다 빠른 시안과 반복 개선이 성과를 만든다.**

| 팀장 프롬프트를 입력하세요

팀장 프롬프트를 복습하며 직접 작성해보세요!

▶ 나의 완벽주의는 어느 쪽에 가까운가?
  우리 팀원들에게 미치는 영향은 무엇인가?

  ☐ 탁월함 추구 (높은 기준 + 동기부여)
  ☐ 실패 회피 (실수 두려움 + 압박)

  팀원들의 반응:

▶ 우리 팀에서 최근 실수를 숨기거나 도전을 회피한 사례가 있었는가?
  그 원인이 완벽주의 분위기 때문은 아닐까?

  사례:
  원인:
  개선 방향:

▶ 내가 팀원들에게 공개할 수 있는 과거의 실수나 실패 경험은 무엇인가?
  이번 주, 언제 누구와 공유할 것인가?

  공유할 경험:
  배운 점:
  공유 시기:

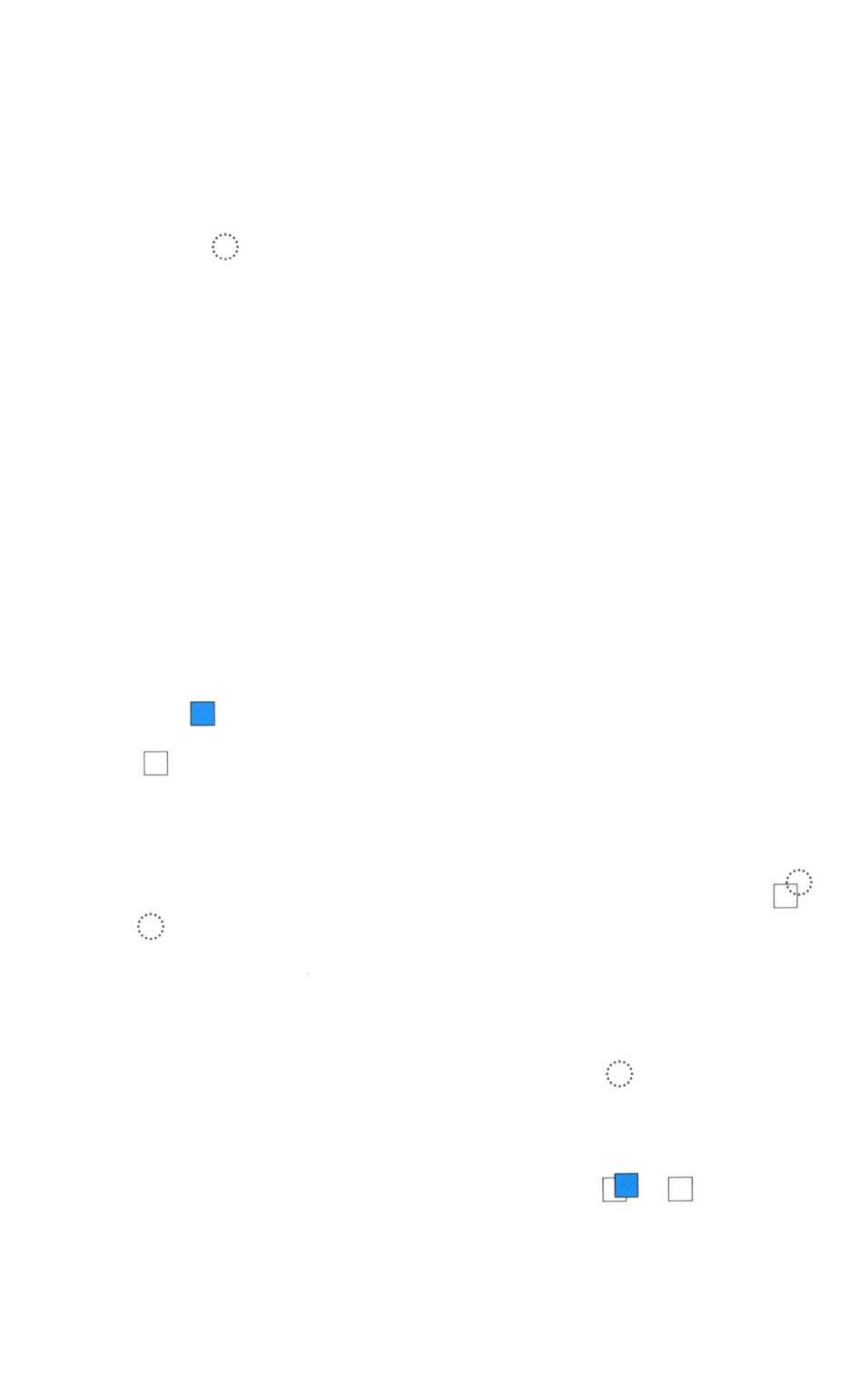

팀장 프롬프트

22장.
현실 수용력

목표를 세울 때마다 "이번엔 할 수 있다."고 다짐했습니다.
하지만 현실의 벽을 마주할 때마다 다짐은 쉽게 흔들렸습니다.

> AI에게 묻습니다,
> 리더의 긍정은 의지의 표현일까요,
> 아니면 준비 없는 희망의 다른 이름일까요?
>
> 팀원에게 "할 수 있다."는 말을 건네기 전에,
> **나는 그들이 넘어야 할 현실의 장애물을 함께 보고 있을까요?**

팀장 프롬프트를 입력하세요

"이번 분기는 반드시 목표를 달성하겠습니다!"

"우리 팀은 할 수 있습니다!"

회의실에 울려퍼지는 팀장의 결의에 찬 목소리. 하지만 왜일까? 그렇게 다짐했던 목표는 늘 3주차쯤 되면 흐지부지되고, 팀원들은 다시 무기력해진다. 문제는 의지가 부족해서일까? 아니면 목표가 잘못된 것일까?

사실 문제는 전혀 다른 곳에 있다.

의지력이 아니라 상황이다

강의를 나가면 자주 듣는 질문이 있다.

"강사님, 팀원들의 의지력을 어떻게 키울 수 있을까요?"

나는 이렇게 답한다. "의지력을 키우려 하지 마세요. 상황을 설계하세요."

기업교육 강사로 일하며 수많은 조직을 봤지만, 의지력만으로 변화에 성공한 팀은 거의 없었다. 반면 구조와 환경을 바꾼 팀은 놀라울 만큼 쉽게 목표를 달성했다.

이걸 깨닫게 된 건 내 개인적 실패 때문이었다.

나의 금연 이야기: 의지력의 한계

군 제대 후 복학한 지 2년 째, 하루 한 갑을 넘나드는 골초였던 나는 목이 부어 인후염으로 고생하던 날 결심했다. "담배를 끊자."

놀랍게도 첫 번째 금연은 너무 쉬웠다. 병이 심해 흡연 자체가 힘들었던 탓인지 금단현상도 없었고, 술자리에서도 흡연 욕구가 생기지 않았다. 7년이 지나자 담배는 내게 전혀 의미 없는 존재가 되었다.

그런데 위기는 갑자기 찾아왔다.

회사에서 사내 강사를 맡게 되며 매뉴얼도, 강의안도 없이 전국 영업점을 돌며 출장을 다니게 된 것이다. 극심한 스트레스 속에서 모텔방에서 선임 차장과 술을 마시던 중, 그가 피우는 담배가 너무 맛있어 보였다. 그리고 나는 결국 다시 불을 붙이고 말았다. 이때 내게는 치명적인 오만함이 있었다.

'난 한번 끊어봤기 때문에 언제든지 다시 금연할 수 있다.'

하지만 기적은 오지 않았다. 처음에 너무 쉽게 끊어서 그런지 이후 금연 시도는 번번이 실패로 돌아갔다. 결국 다시 10년을 더 피웠다.

심리학을 공부하면서 "넌 의지력이 없어"라는 말이 얼마나 비과학적이고, 의지력 하나만으로 금연을 시도했던 것이 얼마나 허술한 방법이었는지 깨달았다.

첫 금연이 쉬웠던 이유는 의지력이 강했기 때문이 아니라, 병 때문에 피울 수 없는 '상황' 때문이었다. 두 번째부터 실패한 건 내 의지력이 약했기 때문이 아니라, 피울 수 있는 '상황'이 그대로였기 때문이다.

의지력 vs 상황의 힘

스탠퍼드 대학의 로스^{Ross} 교수는 이를 명쾌하게 증명했다. 그는 대학생들을 무작위로 짝지어 퀴즈게임을 진행했다. 한 명은 질문자, 한 명은 답변자로 역할을 나눴다. 질문자는 본인만 알 법한 어려운 문제를 냈고, 답변자는 당연히 많이 틀릴 수 밖에 없었다.

놀라운 건, 실험이 끝난 후 참가자들의 인식이었다. 질문자들은 자신이 답변자보다 더 똑똑하다고 믿었고, 답변자들조차 "내가 질문자보다 덜 똑똑하다"고 평가한 것이다. 명백히 상황이 만든 결과인데도, 사람들은 이를 개인의 능력 차이로 착각했다. 팀장인 당신도 똑같은 실수를 하고 있지 않은가?

"저 팀원은 의지가 약해."

"왜 저렇게 책임감이 없을까."

"좀 더 적극적으로 나섰으면 좋겠는데."

정말 그 팀원의 문제일까? 혹은 그가 처한 업무 구조, 권한, 피드백 시스템의 문제는 아닐까?

절대 금지보다 효과적인 것

두 번째 금연을 시작할 때, 나는 과학적 전략을 세웠다.

아내가 갑상선암 진단을 받았고, 일주일간 병원에 입원했다. 나는 그 기회를 활용하기로 했다. 병원에 머물며 외부 접촉을 완전히 차단했고, 보건소에서 귀침 치료를 받았다. 흡연 욕구가 올라올 때마다 귀에 붙은 침을 눌렀다.

하지만 더 중요한 건 마음의 전략이었다.

절대 하지 말자 vs 잠시만 참자: 디저트 실험의 교훈

심리학자 니콜 미드^{Nicole Mead}와 버네사 패트릭^{Vanessa Patrick}은 다이어트 중인 참가자들의 효과적인 의지력 유지를 위한 실험을 진행했다. 실험에 앞서 참가자를 세 집단으로 나누어 각기 다른 조건을 설정했다.

집단	실험 조건
A	좋아하는 디저트를 먹는 상상을 한다
B	디저트를 절대 먹지 않겠다고 결심한다
C	지금은 안 먹지만 나중에 먹겠다고 상상을 한다

그 후 먹음직스러운 초콜릿 케이크를 보여주면서 이를 얼마나 참아낼 수 있는가를 측정했다. 놀랍게도 나중에 먹자고 다짐한 C 집단 사람들이 가장 덜 괴로워했고, 실제 섭취량도 가장 적었다.

"절대 하지 마"라는 금지는 오히려 갈망을 키운다. 반면 "나중에 해도 돼"라는 유예는 마음을 편안하게 만든다. 그래서 나는 계속 이렇게 주문을 걸었다.

'이건 끊는 게 아니야. 그냥 잠시 참는 거야. 나중에 또 피울 수도 있지.'

지금도 누가 "금연하셨어요?"라고 물으면 이렇게 답한다.

"끊은 건 아니고요, 그냥 잠시 참는 중입니다."

팀장으로서도 마찬가지다. 팀원에게 "이건 절대 하지 마"라고 강압하기보다, "일단 이 방식으로 가보고, 안 되면 다시 조정하자"라고 말하는 편이 훨씬 효과적이다.

실패했다고 포기하지 마라

첫 금연에 실패하고 다시 담배를 피울 때, 나는 그동안 못 피웠던 7년 치를 몰아서 피운다는 생각이 들 정도로 담배를 많이 피웠다. 그래서 두 번째 금연 시도를 망설이기도 했다. '또 실패하면 더 심하게 피우지 않을까? 그럼 더 몸에 안 좋을 텐데…'

심리학자 헤르먼Herman과 맥Mack은 다이어트 중인 사람들에게 밀크셰이크를 마시게 했다. 한 집단은 조금, 다른 집단은 배부를 만큼 많이 마시게 했다. 그리고 과자를 주며 관찰했다.

이미 많이 마신 집단이 과자를 폭식했다.

"오늘은 이미 망했어, 아무럼 어때."

실패했다고 느끼는 순간, 자기 조절 기능은 완전히 마비된다. 나 역시 금연 중 한 대를 피우면 "이미 망했으니 더 피워도 돼"라고 생각하며 한 갑을 비웠다.

그래서 이번엔 다르게 접근했다. "다시 피우더라도 좌절하지 말고, 그다음 날 다시 금연하자."

팀 목표 달성도 마찬가지다. 한 주 실적이 부진하다고 해서 "이번 분기는 이미 끝났어"라고 포기하는 순간, 팀 전체가 무너진다. 대신 "이번 주는 안 됐지만, 다음 주에 만회하면 돼"라는 태도가 팀을 살린다.

절대긍정의 함정

2011년, 뉴욕대학교 심리학과 가브리엘 외팅겐 Gabriele Oettingen 교수는 여대생들에게 하이힐을 신고 멋지게 걷는 모습을 상상하게 했다. 그런데 놀랍게도 긍정적으로만 상상한 집단의 혈압이 오히려 하락했다.

긍정적 공상은 뇌를 '이미 성공한 상태'로 착각하게 만든다. 마음이 편안해지고, 실제 행동 의지는 약화된다. 외팅겐 교수는 이를 '심리적 대조 Mental Contrasting'로 해결할 수 있다고 제안했다.

집단	실험 조건	혈압 변화
A	하이힐 신고 당당하게 걷는 모습 긍정적으로 상상	혈압이 하락 (무기력 상태)
B	하이힐의 불편함, 뒤꿈치 통증 등 부정적 요소를 상상	변화없음

① 긍정적인 미래를 상상한 뒤
② 그것을 방해할 현실적 장애물을 함께 떠올리는 것

나 역시 두 번째 금연을 시작하면서 이렇게 접근했다. 금연을 통해 얻을 건강한 미래를 상상하면서도, 동시에 나를 유혹할 피로, 스트레스, 술자리를 함께 떠올렸다. 팀장으로서도 마찬가지다.

"우리 팀은 목표를 반드시 달성할 수 있습니다!"라는 구호만 외치지 말고, "목표 달성 과정에서 우리가 맞닥뜨릴 장애물은 무엇일까? 경쟁사 신제품, 인력 부족, 시스템 오류… 이걸 어떻게 대비할까?"를 함께 고민해야 한다.

절대 긍정이 아니라, 현실적 긍정이 필요하다.

팀장이 기억해야 할 네 가지

의지력을 탓하던 내가 금연에 성공한 건, 의지가 강해져서가 아니라 전략이 바뀌어서였다. 팀장인 당신도 마찬가지다.

첫째, 의지가 아니라 상황을 설계하라.

팀원의 의지력을 탓하기 전에, 그들이 목표를 달성할 수 있는 환경을 만들어줬는가?

둘째, 절대 금지보다 유예의 전략을 써라.

"절대 하지 마"보다 "일단 이렇게 가보고, 안 되면 조정하자"가 더 효과적이다.

셋째, 실패를 끝으로 보지 마라.

한 번 실패했다고 모든 게 끝난 게 아니다. 다음 주, 다음 달에 다시 시작하면 된다.

넷째, 절대 긍정 대신 심리적 대조를 유지하라.

긍정만 외치지 말고, 장애물을 함께 상상하고 대비하라. 그게 진짜 현실적인 낙관이다.

지금도 누군가 내게 묻는다. "담배 끊으셨어요?"

나는 여전히 이렇게 답한다.

"끊은 건 아니고요, 그냥 잠시 참는 중입니다."

그리고 이 말을 팀장인 당신에게도 하고 싶다.

목표 달성은 완벽한 의지로 이루는 게 아니다.

잠시 참고, 다시 시작하고, 상황을 설계하며 조금씩 나아가는 것이다.

팀장 프롬프트

case.1 "긍정적으로 생각하면 된다"며 의지력만 강조할 때

지금 나는 '개인의 의지력'에 의존하는가, '상황의 힘'을 설계하는가?

스탠퍼드 퀴즈 실험: 상황의 힘이 개인의 능력보다 강력하다.
의지력이 아니라 환경을 설계해야 행동이 바뀐다.
금연 성공자들의 공통점 : 병원 입원, 외부 차단, 대체 활동 설계 등
의지보다 구조가 행동을 이끈다.

case.2 "절대 하지 마" vs "잠시 미루자"

완벽하게 단절하려 하는가, 잠시 미루려 하는가?

디저트 실험: "나중에 먹자"가 "절대 안 돼"보다 더 효과적이었다.
"절대 안 돼" → 의지력 소진, 스트레스
"잠시 참자, 나중에 하지 뭐" → 부담 완화, 갈망 감소
작은 유연함이 자기조절의 지속력을 만든다.

case.3 한 번 실패하면 "아무렴 어때" 하며 포기할 때

실패했다고 좌절하는가, 아니면 다음날 다시 시작하는가?

아무렴 어때 효과: 한 번의 실패가 자기조절 마비로 이어지는 현상
"오늘 실패했어" → 폭식, 회피, 포기
"괜찮아, 내일 다시 하면 돼" → 회복 가능
실패의 핵심은 멈춤이 아니라 회복이다.

|팀장 프롬프트를 입력하세요

팀장 프롬프트를 복습하며 직접 작성해보세요

▶ 우리 팀의 목표 달성 전략은
'의지력'에 의존하고 있는가, '상황의 힘'을 설계하고 있는가?

현재 목표:
의지력 의존:
상황 설계:
개선 방법:

▶ 최근 "절대 하지 마"라고 다짐했다가 실패한 경험이 있는가?
그 다짐을 "잠시 참자"로 바꾸면 어떻게 달라질까?

다짐내용:
결과:
"잠시 참자"로 재구성:

▶ 우리 팀의 목표에 대해 심리적 대조를 적용해보자.

긍정적 미래 (목표 달성 시 얻게 될 것):

현실적 장애물 (목표를 방해할 요인들):

이제 팀장으로서의 기본기는 모두 갖췄다.
그런데 여전히 해결되지 않는 문제가 하나 있다.
팀원들이 스스로 움직이지 않는다는 것이다.

지시하면 따르고, 요청하면 응하지만,
능동적으로 나서지는 않는다.
항상 팀장이 먼저 말해야 하고, 추진력을 만들어야 한다.
가끔씩 "동기부여가 필요하다"고 말하지만,
막상 어떻게 해야 할지 모르겠다.

동기부여에 대한 오해가 너무 많다.
동기부여를 개인의 성격이나 태도 문제로 보거나,
단순히 열정과 의지력의 문제로 치부하는 경우가 대부분이다.
하지만 동기는 훨씬 복잡하고 체계적인 시스템이다.

6부.
팀을 살아있게 만드는 동기설계의 과학

사람마다 동기가 작동하는 방식이 다르고,
같은 사람도 상황에 따라 동기의 패턴이 달라진다.
어떤 사람은 성취감으로 움직이고, 어떤 사람은 안정감으로 움직인다.
어떤 때는 도전이 동기가 되고, 어떤 때는 예방이 동기가 된다.

이번 단락은 동기부여의 과학적 원리를 다룬다.
약속보다 기대감을 조율하는 법, 열정보다 실력을 키워주는 법,
개인의 동기 패턴을 파악하고 맞춤형 전략을 세우는 법,
그리고 동기부여를 개인의 문제가 아닌 시스템의 문제로 접근하는 법.

팀장의 역할은 팀원 개개인을 움직이게 하는 것이 아니라,
팀 전체가 살아 움직이는 시스템을 만드는 것이다.
그 시스템의 핵심이 바로 동기 설계다.

23장.
조언의
함정

팀원의 성장을 돕고 싶어서 내 경험을 전부 알려줬습니다.

그런데 이상하게도, **조언이 많아질수록 실행은 줄어들었습니다.**

AI에게 궁금합니다.

리더의 조언은 도움이 될까요,

아니면 팀원의 주도성을 빼앗는 신호가 될까요?

내가 더 가르칠수록 팀이 정체되는 이유,

그건 '지식의 부족'이 아니라 질문이 사라진 리더십 때문일까요?

점심시간, 이 팀장은 동기인 정 팀장 앞에서 숟가락을 내려놓았다.

"정 팀장, 나 윤 대리 때문에 미치겠어."

작년까지 정 팀장 팀에 있다가 올해 이 팀장 팀으로 온 윤 대리 이야기였다.

"내가 거의 매일같이 조언해 주거든. 보고서는 이렇게 쓰고, 고객 미팅은 이렇게 준비하고, 심지어 엑셀 단축키까지 알려줬어. 근데 왜 계속 똑같은 실수를 반복하는 거야? 정 팀장, 자네는 윤 대리랑 어떻게 그렇게 잘 지냈어?"

정 팀장이 잠시 생각하더니 조심스럽게 말했다.

"나는… 윤 대리한테 조언을 거의 안 했어."

"뭐?"

"대신 윤 대리한테 물어봤지. '네 생각은 어때? 이 상황에서 너라면 어떻게 할 것 같아?' 그러면 윤 대리가 자기 방식을 찾더라고."

이 팀장은 이해가 되지 않았다. 경험 많은 팀장이 알려주는 게 당연히 더 효과적인 거 아닌가?

우리가 몰랐던 동기부여의 비밀

나는 기업교육 강사로 수백 번의 강의를 하며 항상 이상한 점을 느꼈다.

교육 시간에 내가 열정적으로 노하우를 전달하면, 참가자들은 고개를 끄덕인다. 하지만 한 달 뒤 팔로우업을 해보면 대부분 아무것도 실행하지 않았다. 반면 참가자들끼리 서로 조언하고 토론하는 세션에서는 달랐다. 내가 아무것도 가르쳐주지 않았는데, 사람들이 스스로 답을 찾았다. 그리고 그들은 실제로 행동을 바꿨다.

왜일까?

펜실베이니아 대학의 아옐렛 피시바흐^{Ayelet Fischbach}와 『그릿(Grit)』의 저자로 유명한 앤젤라 더크워스^{Angela Duckworth}는 중학생들을 두 그룹으로 나눴다.

한 그룹은 선배로부터 공부 방법을 조언받게 했고, 다른 그룹은 후배에게 공부 방법을 조언하게 했다.

결과는 충격적이었다. 조언을 '받은' 학생이 아니라, 조언을 '해준' 학생들이 더 열심히 공부했다.

더 흥미로운 건, 실험 전 학생들에게 물었을 때 대부분 "조언을 받는 게 더 도움이 될 것 같아요"라고 답했다는 점이다. 우리의 직관이 완전히 빗나간 것이다.

저축 습관, 다이어트, 이직 준비… 다양한 영역에서 실험해도 결과는 같았다. 누군가를 가르치는 순간, 가르치는 사람 자신이 변했다.

윤 대리에게 일어난 변화

정 팀장의 조언을 듣고, 이 팀장은 방식을 바꿔보기로 했다.

다음 주 월요일, 윤 대리가 보고서를 들고 왔다.

"팀장님, 이번 제안서 초안인데 검토 부탁드립니다."

예전 같으면 이 팀장은 빨간 펜을 들고 하나하나 고쳐줬을 것이다. 하지만 이번엔 달랐다.

"윤 대리, 내가 보기 전에 신입인 김 주임한테 먼저 보여주고 조언해 줄래? 김 주임이 지금 제안서 작성법을 배우고 있거든."

윤 대리는 어리둥절했지만, 김 주임을 불렀다.

"김 주임, 제안서 쓸 때 가장 중요한 건 고객 입장에서 생각하는 거야. 예를 들어 이 부분, 우리 제품 스펙만 나열했잖아? 근데 고객은 그게 자기한테 어떤 이득인지를 알고 싶어 해. 그래서 여기에 '이 기능으로 귀사는 월 평균 200만 원의 비용을 절감할 수 있습니다'라고 쓰는 거지."

설명하는 윤 대리의 목소리에 확신이 담겨 있었다. 김 주임은 연신 고개를 끄덕였다.

"와, 윤 대리님, 정말 명쾌하네요! 감사합니다!"

그날 오후, 윤 대리가 이 팀장을 찾아왔다.

"팀장님, 김 주임한테 조언하다 보니까… 제 제안서에도 고칠 부분이 보이더라고요. 다시 작성해서 드려도 될까요?"

이 팀장은 놀랐다. 윤 대리가 스스로 문제를 발견한 건 처음이었다.

조언하는 순간 뇌에서 무슨 일이 일어난 걸까

정체성이 달라진다

조언을 받은 윤 대리	조언한 윤 대리
나는 과제에 실패하고 성과가 부족한 팀원	나는 잘하는 사람, 성과가 높은 사람
수동적 존재	능동적 문제해결자
도움이 필요한 사람	도움을 줄 수 있는 사람

단순히 조언을 한 번 했을 뿐인데, 우리 뇌는 새로운 정체성에 걸맞게 행동하려고 한다. 심리학에서 말하는 '자기 일관성의 법칙'이다.

잊고있던 능력을 재발견한다

조언을 하려면 자연스럽게 과거를 되돌아본다. "그때 내가 어떻게 해결했지?" 이 과정에서 성공 경험을 떠올리고, 자기효능감이 회복된다. 윤 대리가 김 주임에게 조언하면서 "아, 내가 이 정도는 알고 있었구나."를 깨달은 것이다.

자신의 목표가 선명해진다

다른 사람에게 조언하다 보면 자기 모순을 발견한다. '내가 이런 조언을 하고 있는데, 나는 어떻게 하고 있지?' 이 질문이 목표를 구체화하고, 실행 계획을 치밀하게 만든다.

이 팀장의 새로운 시도: 가르치기에서 끌어내기로

이 팀장은 이후 동기부여 방식을 바꿨다. 핵심은 '가르치기' 대신 '끌어내기'로의 전환이다.

1단계. 매주 금요일 서로에게 배우는 시간

매주 금요일 오후 30분, 팀원들이 모여 돌아가며 이야기한다.

"이번 주 가장 어려웠던 순간은? 그걸 어떻게 해결했나요?"

처음엔 어색했다. 하지만 몇 주가 지나자 팀원들은 자신의 문제 해결 방식을 또렷하게 설명하기 시작했다. 그리고 동료들의 피드백을 통해 자신의 강점을 재발견했다.

2단계. 서로의 코치가 되어주기

이 팀장은 팀원들을 2인 1조로 묶었다. 한 달에 한 번씩 30분간 서로의 멘토가 되는 것이다. 한 사람은 고민을 이야기하고, 다른 사람은 조언자 역할을 한다. 다음 달엔 역할을 바꾼다.

윤 대리는 신입 김 주임의 멘토가 됐다. 김 주임의 "고객 미팅 때 너무 떨려요."라는 고민을 들으며, 윤 대리는 자신의 과거를 떠올렸다.

"나도 처음엔 그랬어. 근데 어느 날 깨달았거든. 고객은 우리가 완벽하길 바라는 게 아니라, 자기 문제를 이해해주길 바란다는 걸. 그래서 나는 미팅 전에 고객 입장에서 질문 3개를 미리 준비해."

조언하면서 윤 대리 자신이 변했다. '나도 이 정도는 할 수 있는 사람이구나' 라는 자각이 생긴 것이다.

3단계. 자기주도적 목표, 스스로 찾게 하라

가장 큰 변화는 목표 설정 방식이었다. 이 팀장은 더 이상 목표를 일방적으로 정해주지 않는다. 대신 팀원들이 서로 조언하는 과정에서 자연스럽게 목표를 발견하게 한다.

세 달 후, 윤 대리가 이 팀장을 찾아왔다.

"팀장님, 다음 분기 제 목표를 제안서 채택률 30% 향상으로 잡고 싶어요. 김 주임한테 조언하면서 느낀 건데, 제가 고객 관점 분석을 너무 소홀히 했더라고요. 이 부분을 집중적으로 개선하고 싶습니다."

이 팀장은 감격했다. 윤 대리가 스스로 문제를 진단하고, 목표를 설정한 건 처음이었다.

나는 이제 강의 방식도 바꿨다. 예전엔 내가 2시간 내내 노하우를 쏟아냈지만 지금은 다르다. 첫 30분만 핵심 개념을 설명하고, 나머지 1시간 30분은 참가자들끼리 서로 조언하게 한다.

"여러분 각자 최근에 해결한 문제 하나씩 이야기해보세요. 그리고 서로 질문하고, 조언해보세요."

처음엔 "우리가 뭘 알겠어요."라며 망설인다. 하지만 20분이 지나면 회의실이 떠들썩해진다. 그리고 교육이 끝난 후 실행률이 놀라울 만큼 높아졌다.

가르침이 아니라 끌어냄, 이것이 진짜 동기부여의 비밀이다.

팀장이 기억해야 할 것

이 팀장이 윤 대리를 변화시킨 건 탁월한 조언이 아니었다. 윤 대리 안에 있던 능력을 끌어낸 것이다.

조언하고 싶은 충동을 참아라.

팀원이 고민을 이야기할 때, 즉시 답을 주고 싶은 충동이 든다. 하지만 그 순간 참고 물어봐라. "너는 어떻게 생각해?"

다른 팀원을 가르치게 하라.

성과가 부족한 팀원에게 신입을 가르치게 해봐라. 가르치는 과정에서 스스로 깨닫는다.

토론과 공유의 시간을 만들어라.

일방적 전달이 아니라, 서로 배우는 시간을 만들어라. 그 시간이 가장 강력한 교육이다.

목표를 정해주지 말고, 발견하게 하라.

"이번 분기 목표는 이거야."가 아니라, "네가 성장하고 싶은 부분이 뭐야?"라고 물어라

팀장 프롬프트

case.1 팀원에게 조언을 많이 했는데 오히려 의욕이 떨어질 때

조언을 받는 것과 주는 것, 어느 쪽이 더 동기부여가 될까?

조언을 주면 세 가지 변화가 생긴다.
정체성 변화, 도움을 주는 사람으로 자아 인식
자기효능감 증가, 과거 성공 경험 재발견
목표 구체화, 나는 어떻게 하고 있지를 스스로 묻게 된다.

case.2 팀원이 수동적이고 스스로 해결하려 하지 않을 때

나는 '가르치려' 하는가, 아니면 '끌어내려' 하는가?

가르치기는 팀원을 수동적 존재로 만든다.
끌어내기는 팀원을 능동적 문제해결자로 바꾼다.
"자네가 생각하는 좋은 방법은 뭐야? – 이 한마디가 정체성을 바꾼다.

case.3 팀 내 동기부여와 협력을 높이고 싶을 때

팀원들이 서로 조언하고, 서로의 코치가 되는 구조가 있는가?

조언 문화는 리더의 말이 아니라, 구조로 만들어진다.
다음 4단계 전략을 실행해보자.
  1) 주간 리플랙션 미팅 – 문제 해결 방식 공유
  2) 서로가 서로의 코치 – 2인 1조 멘토링
  3) 조언 스킬 워크숍 – 질문, 경청, 피드백 훈련
  4) 자기주도적 목표 설정 – 스스로 찾은 목표

│팀장 프롬프트를 입력하세요

팀장 프롬프트를 복습하며 직접 작성해보세요

▶ 최근 한 달간 팀원에게 조언한 횟수와
   팀원에게 조언을 요청한 횟수를 비교해보자.

내가 조언한 횟수:
팀원에게 조언 요청한 횟수:

균형이 맞는가? 어떻게 바꿀 것인가?

▶ 성과가 부족한 팀원 1명을 선택하여
   가르치기 대신 "끌어내기" 질문을 만들어보자.

대상:
기존 방식: "이렇게 하면 돼" (가르치기)
끌어내기를 적용한 새로운 질문:

▶ 4단계 전략 중
   우리 팀에 이번 주 바로 적용할 수 있는 것은 무엇인가?

선택 전략:
실행 계획:

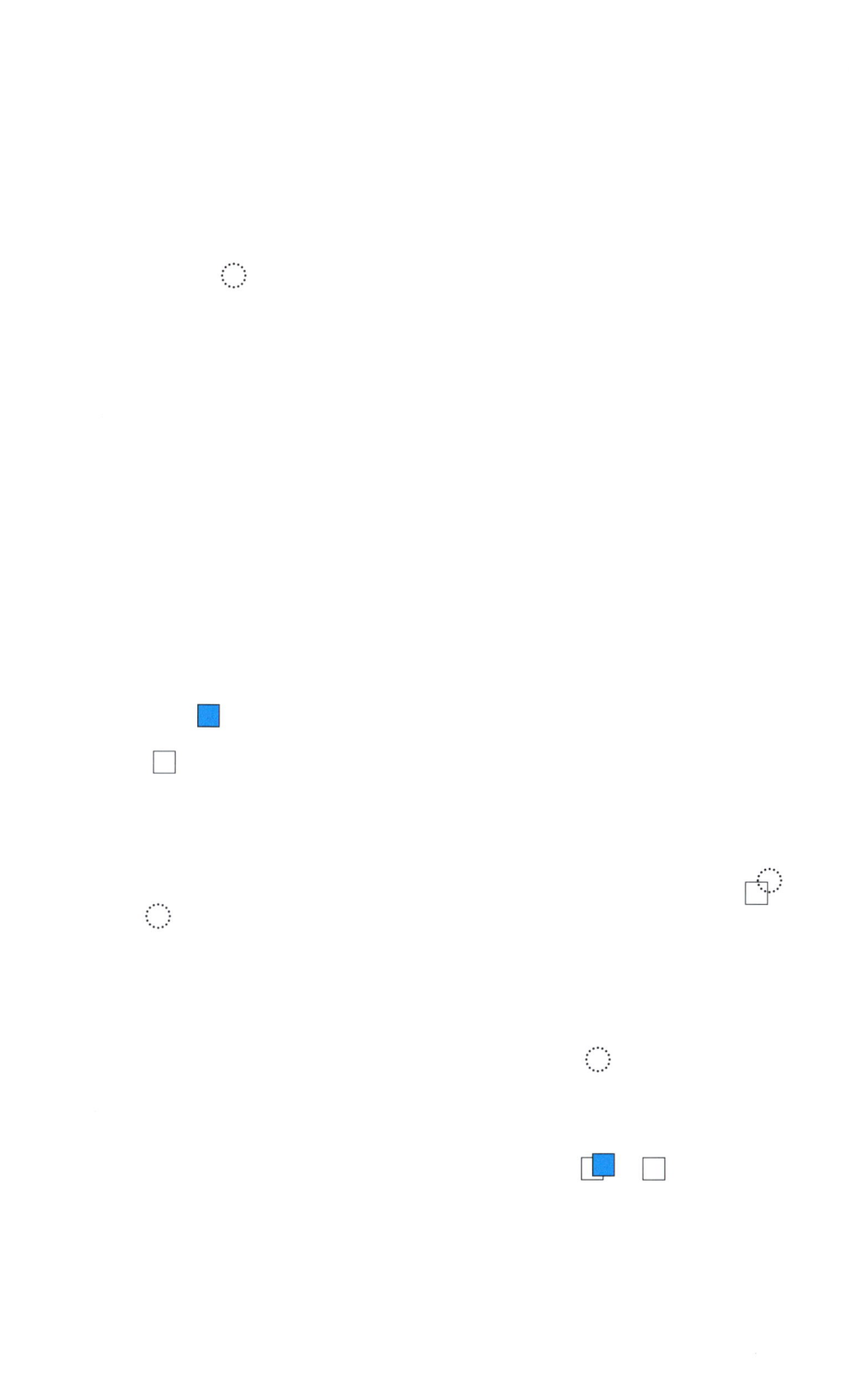

팀장 프롬프트

24장.
약속 대신
기대를

팀원들에게 약속을 자주 합니다.
그런데 가끔은 약속보다 더 해줬는데도,
고맙다는 말보다 실망의 기색이 먼저 돌아옵니다.

AI에게 묻습니다. 리더가 지켜야 하는 건 약속 그 자체일까요,
아니면 **팀원들이 품고 있는 기대의 무게**일까요?

내가 쉽게 한 한마디의 약속이
누군가에겐 신뢰의 척도가 되고 있는 걸까요?

| 팀장 프롬프트를 입력하세요

400만원을 받고도 불평한 팀원들

"팀장님, 이건 약속과 너무 다른데요."

회식 자리, 강 팀장은 팀원들의 차가운 눈빛을 마주했다. 순간 머릿속이 하얘졌다.

'내가 뭘 잘못했다는 거지?'

강 팀장은 스스로를 '팀원을 위하는 팀장'이라고 생각했다. 실제로 그랬다. 성과를 내면 반드시 보상으로 보답했고, 그 약속을 지키기 위해 윗선과 싸우는 것도 마다하지 않는 팀장이었기 때문이다.

올해 상반기, 그는 팀원들에게 분명하게 말했다.

"목표 달성하면 1인당 200만 원 격려금 받게 해줄게. 내가 약속할게."

팀원들은 불타올랐다. 그리고 해냈다. 목표를 초과 달성했다.

강 팀장은 본부장과 대표를 설득하러 다녔다. 몇 번이고 보고서를 수정하고, 회의에서 팀의 성과를 역설했다. 그 결과, 무려 1인당 400만 원의 격려금을 받아냈다. 약속의 두 배였다. 팀 회식 자리에서 강 팀장이 발표했을 때, 팀원들은 환호했다.

"와, 팀장님 대단하세요!"

"역시 팀장님이십니다!"

강 팀장은 뿌듯했다. '이렇게 하는 게 리더십이지.'

하반기에도 강 팀장은 같은 약속을 했다.

"이번에도 목표 달성하면 200만 원, 내가 책임질게."

팀원들은 다시 한번 목표를 달성했다.

하지만 상황이 달라졌다. 본부장이 교체된 것이다. 새로 온 본부장은 격려금에 회의적이었다.

"월급 받고 일하는 건데 무슨 격려금을 또 줘야 합니까?"

강 팀장은 간곡하게 설득했다.

"이건 제가 한 약속입니다. 팀원들과의 신뢰 문제란 말입니다."

몇 번의 면담 끝에, 겨우 100만 원을 확보했다. 절반밖에 안 됐지만, 그래도 받아낸 것만으로 다행이라고 생각했다.

무엇보다 강 팀장에게는 확신이 있었다.

'상반기에 400만 원을 받았으니까, 하반기 100만 원이어도 팀원들이 이해해주겠지. 1년 합치면 500만 원이잖아. 원래 약속했던 400만 원보다 100만 원이나 더 받은 건데. 뭐 다들 이해해주겠지.'

팀 회식 자리. 강 팀장이 조심스럽게 말을 꺼냈다.

"다들 고생 많았어. 이번엔 상황이 좀… 100만 원 받게 됐어. 미안해."

순간, 분위기가 싸늘해졌다.

"100만 원이요? 200만 원이라고 하지 않으셨나요?"

"이건 약속과 너무 다른데요."

"이러면 신뢰를 잃는 거 아닙니까?"

쏟아지는 말들에 강 팀장은 당황했다. 그리고 억울했다.

"잠깐, 상반기 생각해 봐. 내가 400만 원 받아냈잖아. 1년 기준으로 보면 총 500만 원이야. 원래 약속했던 게 1년에 400만 원이었는데, 100만 원이나 더 받은 거라고."

하지만 팀원들의 표정은 풀리지 않았다.

"그건 그거고, 이번은 이번이죠."

"저희가 요구한 것도 아니고, 팀장님이 약속하셨잖아요."

강 팀장은 배신감을 느꼈다. '내가 이렇게까지 해줬는데…'

그날 밤, 강 팀장은 잠을 이룰 수 없었다.

약속promise은 계약이다

"강사님, 저는 팀원들한테 정말 많이 해줬어요. 근데 왜 고마워하지 않죠? 약속보다 더 줬는데, 오히려 서운해해요. 이해가 안 돼요."

교육 현장에서 이런 사례를 듣게 되면, 나는 항상 조심스럽게 물어본다.

"혹시… 약속을 자주 하시나요?"

대부분의 팀장들은 고개를 끄덕인다. 그리고 이렇게 말한다.

"약속을 해야 팀원들이 동기부여가 되지 않나요?"

맞다. 약속은 동기부여가 된다. 하지만 약속은 양날의 검이다. 지키면 신뢰가 쌓이지만, 못 지키면 그 신뢰는 순식간에 무너진다.

더 중요한 건, 약속을 초과 이행해도 감동이 크게 늘어나지 않는다는 사실이다.

시카고 대학의 심리학자 에일릿 그니지Ayelet Gneezy와 니콜라스 에플리Nicholas Epley는 약속 이행 방식에 따른 감정 반응 차이를 실험했다.

실험 요약

B그룹은 A그룹을 도와 퍼즐 10개를 풀겠다고 약속했다.

어떤 B그룹은 5개만 풀었고, (약속 미이행)

어떤 B그룹은 약속대로 10개, (약속 이행)

어떤 B그룹은 초과해 15개를 풀었다. (약속 초과 이행)

결과

5개만 풀어준 경우, A그룹은 강한 부정적 감정을 보였다. 당연하다.

10개를 풀어준 경우, 만족스러워했다. 역시 예상 가능하다.

그런데 15개를 풀어준 경우는 어땠을까?

분명 약속보다 50%나 더 해줬는데, 감정 반응은 10개일 때와 거의 차이가 없었다.

연구자들은 이렇게 설명했다.

"약속은 일종의 계약입니다. 계약을 지키면 만족하지만, 그 이상을 해줘도 감동은 크게 늘어나지 않습니다. 약속을 지키는 순간, 기대치가 이미 포화 상태에 이르기 때문입니다."

강 팀장이 상반기에 400만 원을 줬을 때, 팀원들은 분명 좋아했다. 하지만 그 감동은 200만 원을 받았을 때와 생각만큼 크게 다르지 않았을 것이다. '약속을 지켰네'라는 만족감이 주된 감정이었다.

반대로 하반기에 100만 원만 받았을 때, 약속이 지켜지지 않았다는 부정적 감정은 강렬하게 남았다. 마이너스는 플러스보다 훨씬 강하게 기억된다.

기대 expectation 는 감정이다

이번에는 기대에 대한 감정 반응을 실험했다.

A그룹에겐 과거 누군가의 약속을 떠올리게 했고,

B그룹에겐 누군가에 대한 기대를 떠올리게 했다.

그리고 상대방이 기대 이하, 기대만큼, 기대 이상의 행동을 했을 때 감정 변화를 측정했다.

약속을 초과 이행했을 때는 앞선 실험처럼 감사의 감정이 크게 증가하지 않았다.

하지만 기대를 초과하는 행동을 했을 때는 완전히 달랐다. 감사와 감동의 감정이 폭발적으로 증가했다.

왜 이런 차이가 생길까?

약속은 계약이기 때문에 '지켜야 할 선'이 명확하다. 그 선을 넘어도 큰 차이가 없다. 이미 기대치가 고정되어 있기 때문이다.

하지만 기대는 고정된 선이 아니라 유동적인 감정의 영역이다. 그래서 기대를 넘어서는 행동은 진짜 감동으로 이어진다.

깨달음은 혼자 오지 않는다

회식 이후 며칠간, 강 팀장은 괴로웠다. 사무실에 출근하는 게 두려웠다. 팀원들의 시선이 차갑게 느껴졌다.

그러던 어느 날, 선배 팀장이었던 최 전무가 그를 불렀다.

"강 팀장, 요즘 안색이 안 좋던데. 무슨 일 있나?"

강 팀장은 그간의 일을 털어놓았다. 최 전무는 조용히 듣더니 이렇게 말했다.

"자네, 약속을 너무 많이 했어."

"네? 하지만 약속을 지켜야 신뢰가 쌓이는 거 아닙니까?"

"지킬 수 있는 약속만 해야지. 그리고 더 중요한 게 있어."

최 전무는 커피를 한 모금 마시고 말을 이었다.

"약속을 초과해서 줘봤자 큰 감동은 없어. 오히려 약속하지 않았던 것을 해줄 때 사람들이 감동하더라고. 내 경험상."

"무슨 말씀이신지…."

"예를 들면 이런 거야. 나는 성과급을 약속할 때 절대 부풀려서 말하지 않

아. 정확히 받을 수 있는 금액만 말하지. 대신 여력이 생기면 전혀 다른 방식으로 보상해. 갑작스러운 반차, 개인별 맞춤 선물, 교육비 지원 같은 거. 그리고 이렇게 말해. '이건 내가 약속한 건 아니야. 하지만 너희가 정말 고생한 거 보면서, 내가 따로 준비했어.' 이 말의 힘이 얼마나 센지 알아?"

강 팀장은 무릎을 쳤다.

"아… 약속의 영역과 기대의 영역을 구분해야 하는 거군요."

"그렇지. 약속은 신뢰의 최소선이야. 하지만 감동은 기대를 건드릴 때 생기는 거지."

강팀장의 깨달음: 약속을 줄이고 기대를 건드려라

강팀장님은 이번 일을 통해 향후 팀 운영에 관한 두 가지 기준을 세웠다.

첫째, 약속은 최소화한다.

이전에는 팀원들의 동기부여를 위해 자주 약속했다.

"이번 프로젝트 성공하면 이런저런 보상 받게 해줄게."

하지만 그중 일부는 상황 변화로 지키지 못했다. 강팀장은 팀원들이 자신의 노력을 알아줄 거라고 생각했다. 하지만 현실은 달랐다. 지키지 못한 약속은 신뢰를 갉아먹었다.

그래서 이제는 실현 가능성이 90% 이상일 때만 약속하기로 했다. 불확실한 것은 절대 약속하지 않는다..

둘째, 여력이 생기면 기대영역을 건드린다.

이전 같았으면 200만 원을 약속하고 400만 원을 주는 식이었다.

하지만 이제는 다르다. 200만 원을 약속했다면, 정확히 200만 원을 준다. 더도 덜도 아니게, 뱉은 말을 지키는 것이다.

그리고 만약 추가 보상 여력이 생긴다면? 약속한 격려금을 늘리는 게 아니라, 전혀 약속하지 않았던 다른 방식으로 보상한다. 그리고 덧붙인다.

"이건 약속에는 없던 거지만, 다들 밤낮없이 애써준 게 너무 고마워서 내 마음을 좀 담아봤어."

이 말의 힘은 강력하다. 약속을 초과한 게 아니라, 기대하지 않았던 영역에서 놀라움을 준 것이기 때문이다.

당신은 지금 무엇을 약속하고 있는가

교육 현장에서 내가 가장 많이 듣는 질문 중 하나가 이것이다.

"강사님, 팀원들의 동기부여를 위해 어떻게 해야 할까요?"

나는 이렇게 답한다.

"약속을 남발하지 마세요. 대신 예상치 못한 순간에 기대를 넘어서는 행동을 하세요."

리더의 언어는 팀원들의 기대감을 조율한다.

약속은 신뢰의 최소선이다. 반드시 지켜야 한다.

하지만 감동은 기대의 영역에서 만들어진다.

당신은 지금 팀원들에게 무엇을 약속하고 있는가?

그리고 그들은 당신에게 무엇을 기대하고 있는가?

팀장 프롬프트

case. 1 약속보다 더 많이 해줬는데 팀원들이 고마워하지 않을 때

지금 내가 건드린 건 '약속'인가, '기대'인가?

약속 = 계약 = 초과해도 감동 적음
 (200만원 약속 → 400만원 줘도 감동 적음)
기대 = 감정 = 초과하면 감동 폭발
(약속 없음 → 100만원 줘도 감동 큼)
약속을 초과하기보다, 기대를 넘어서는 것이 효과적이다.

case. 2 약속을 지키지 못했을 때 신뢰가 무너질 때

나는 실현 가능성이 낮은데도 약속하고 있지는 않은가?

약속은 신뢰의 최소선이다. 지키지 못한 약속은 신뢰를 갉아먹는다.
손실은 이득보다 훨씬 강하게 기억된다.
실현 가능성 90% 이상일 때만 약속하라.

case. 3 팀원들에게 감동을 주고 싶을 때

약속한 것을 더 주려 하는가,
아니면 약속하지 않은 것을 주려 하는가?

약속한 200만원을 400만원으로 늘리기 (X)
약속한 200만원은 정확히 지키고,
여력이 생긴다면 예상치 못한 선물로 감동을 주라.

| 팀장 프롬프트를 입력하세요

팀장 프롬프트를 복습하며 직접 작성해보세요

▶ 최근 6개월간 팀원들에게 한 약속들을 나열해보자.
그중 지키지 못한 약속이 있는가?

약속 목록:
1.
2.
3.

지키지 못한 약속:
팀원 반응:

▶ 만약 추가 예산이나 보상 여력이 생긴다면
그 자원을 어떻게 사용할 것인가?

기존 방식: 약속한 금액 늘리기 (X)
새로운 방식: 약속하지 않은 것으로 놀라움 주기 (O)

구체적 아이디어:

▶ 앞으로 약속할 때 적용할 원칙은?
다음 약속 전 자가 점검 질문:

25장.
열정보다 실력

"저는 열정이 없어요."
한 팀원의 이 한마디가 머릿속에 오래 남습니다.

> AI에게 궁금합니다.
>
> **열정은 일을 시작하기 전에 생기는 감정일까요,**
> **아니면 일이 익숙해지고 나서 생기는 결과일까요?**
>
> 나는 지금 팀원에게 열정을 요구하고 있을까요,
> 아니면 그들이 열정을 느낄 수 있도록 돕고 있을까요?

팀장으로서 가장 당황스러운 순간은 언제일까?

예고 없이 책상 위에 놓인 사직서를 발견할 때다.

더 당황스러운 건, 그 사람이 실적도 좋고 성실했던 팀원일 때다.

그리고 가장 막막한 건, 그가 "저는 열정이 식었습니다"라고 말할 때다.

당신은 뭐라고 말해줄 것인가?

K의 사직 메일: 저는 열정이 식었습니다.

몇 년 전, 모 그룹의 신입사원 교육 과정에서 'K'를 처음 만났다.

약 50명의 동기 회장을 맡았던 그는, 누구보다 열정적이고 성실한 리더형 신입사원이었다.

교육 마지막 날, 그는 이렇게 말했다.

"회사 생활 중 궁금한 게 생기면 꼭 연락드릴게요."

그리고 1년 반 후, 그는 정말 메일을 보냈다.

다음은 그가 보낸 메일 중 일부이다.

잘 지내셨죠? 강사님.

저는 무역파트 원유팀에 배치받아서 1년 6개월 정도 직장 생활을 했는데요,

요즘 회사를 그만두고 싶다는 생각을 자주 하게 됩니다.

너무 갑갑하고 답답함을 느낍니다.

회사에서 일하는 것이 이런 것인 줄은 몰랐습니다.

제가 그동안 선배들에게 배운 일은 장표 만들기, 오타 체크, 업체 리스트 작성, 단체 이메일 발송, 그리고 컴플레인 정리해서 통계 만드는 게 전부입니다.

저는 정말 열정적으로 일을 하고 싶었습니다.

사업을 기획하고, 다이내믹한 원유 소재를 발굴하며, 글로벌 시장을 뛰어다니며 진짜 무역의 전쟁터에서 주인공이 되고 싶었습니다.

저는 아무래도 발로 뛰어 새로운 계약을 따내고, 새로운 사람을 만나면서 창의적으로 기획하는 일에 열정이 끓어옵니다. 그래서 더 늦기 전에 정말 다이내믹하고 제가 열정을 쏟을 수 있는 곳, 스타트업 기업이나 제가 옳다고 생각하는 길로 용기를 가지고 떠나는 게 어떨까 생각합니다.

메일을 읽으며 나는 묘한 기시감을 느꼈다.

K와 비슷한 고민을 털어놓았던 사람들의 얼굴이 스쳐 지나갔다. 30대 초반 직장인, 5년차 대리, 심지어 팀장들까지. 모두 비슷한 말을 했다.

"제 열정은 여기에 없는 것 같아요."

"더 의미 있는 일을 하고 싶어요."

수많은 사람들이 '열정'이라는 단어 앞에서 흔들리고 있었다. 더 나은 미래를 위해, 더 뜨거운 삶을 위해 '지금 이곳'을 떠나야만 할 것 같은 절박함.

하지만 정말 그들에게 없는 건 열정일까?

'열정을 찾아 떠나는 사람들'의 착각

세상은 끊임없이 외친다.

스티브 잡스는 스탠포드 졸업식에서 말했다. "당신의 열정을 찾으세요."

자기계발서들은 한 목소리로 말한다. "열정을 쫓아야 성공합니다."

심지어 다단계 영업 현장에서도 같은 말을 한다. "열정을 따르세요!"

그렇게 우리는 배웠다. '열정이 있는 일'을 찾아야 한다고. 지금 일에서 열정이 안 느껴진다면, 그건 내 일이 아니라고.

2003년, 캐나다 심리학자 로버트 밸러랜드Robert J. Vallerand가 시행한 연구를 살펴보자. 대학생 539명을 대상으로 한 그의 연구 결과는 놀라웠다.

질문	응답결과
당신은 열정을 가지고 있습니까?	84% : 그렇다
그 열정을 어디에 쏟고 있습니까?	
개인적 운동(조깅, 수영, 사이클 등)	35%
팀 스포츠(농구, 축구 등)	25%
음악 감상 및 영화 관람	15%
악기 연주	10%
독서나 시 쓰기	5%
실제 일이나 학업, 장래 진로와 관련된 일	**단 4%에 불과!**

질문지를 해석해보면 다음과 같다.

사람들은 '열정'을 갖고 있고, 그 감정이 무엇인지 알고 있으며, 또한 그 '열정'을 소중히 여긴다는 것. 하지만 정작 그 열정은 우리가 생각하는 '일'이나 '학업'에는 쉽게 적용되지 않는다는 것이다.

이는 무얼 뜻하는가?

무작정 "자신의 일에서 열정을 찾아라!"라는 외침은 많은 이들에게 대부분의 사람들에게는 불가능한 주문이라는 것이다. 그리고 그 주문은 오히려 큰 부담과 좌절을 안겨줄 뿐이다.

JOB, CAREER, CALLING : 일에 대한 세 가지 관점

잡 크래프팅 이론의 권위자 에이미 브제니브스키$^{\text{Amy Wrzesniewski}}$ 교수는 일을 다음과 같이 나눈다.

구분	의미	일에 대한 태도
JOB	단순 생계를 위한 일	월급을 받기 위해 한다. 가능한 적게 일하고 빨리 퇴근! 기회가 되면 그만 두고 싶어함
CAREER	커리어를 위한 단계	성장과 목표 달성을 위한 전략적 경로 지루해도 목표를 이해 감내
CALLING	삶의 목적을 실현하는 소망	일을 통해 세상과 연결된다고 느낌 일에서 존재의 의미를 발견

같은 직업이라도, 어떤 관점으로 보느냐는 사람마다 다르다.

의사들을 조사했다. 어떤 의사는 이걸 단순한 생계 수단^{JOB}으로 봤다. 어떤 의사는 성공을 위한 단계^{CAREER}로 봤다. 어떤 의사는 삶의 소명^{CALLING}으로 봤다.

교사도 마찬가지였다. 사무직도, 기술직도 마찬가지였다.

같은 책상에서 같은 업무를 하면서도, 누군가는 이를 단순한 월급을 위한 일로 여기고, 다른 누군가는 삶의 의미로 받아들였다.

그렇다면 핵심 질문은 이것이다.

무엇이 사람들로 하여금 일을 CALLING으로 느끼게 만드는가?

열정의 핵심은 실력

브제니브스키 교수는 후속 연구를 통해 결정적 요인을 찾아냈다.

그것은 '열정'이 아니었다.

'적성'도 '성격'도 아닌 바로 '숙련도'였다.

일을 오랫동안 하면서 익숙해지고, 그 일을 잘하게 되면 자연스럽게 애착이 생기고 몰입하게 된다는 것이다.

열정은 일을 선택하기 전에 찾는 게 아니라,

일을 잘하게 된 후에 생기는 것이다.

생각해 보라. 당신이 처음 자전거를 탈 때를 말이다. 균형을 잃고 넘어지고, 무릎이 까지고… 그때 자전거에 대한 열정이 있었나?

하지만 자전거를 능숙하게 타게 되고, 바람을 가르며 달리게 된 순간.

그때부터 자전거가 좋아지기 시작한다. 일도 마찬가지다.

K에게 보낸 답장: 퇴사가 아닌 숙련도가 필요합니다.

메일 잘 받았습니다.

솔직히 말할게요. 지금 당신은 열정이 없어서 떠나려는 게 아닙니다.

아직 그 일을 충분히 잘하지 못해서 지친 겁니다.

장표 만들기, 오타 체크, 자료 정리, 이메일 발송, 통계 작성….

K님은 이걸 '단순 반복 업무'라고 생각하시죠?

하지만 이게 다 일의 기본입니다.

이 기본이 제대로 갖춰져야 나중에 창의적인 기획도, 큰 계약도 가능합니다.

기본기가 없으면, 열정을 쏟을 무대에도 못 올라갑니다.

K님이 지금 일을 JOB처럼 느끼는 이유는, 회사가 별로여서가 아닙니다.

팀이 다이내믹하지 않아서도 아닙니다.

아직 일을 제대로 할 수 있는 수준까지 숙달되지 않았기 때문입니다.

일을 잘 못하면, 누구든 그 일에 열정을 느끼기 어렵습니다.

하지만 그 일을 정말 잘하게 되면, 자연스럽게 몰입이 생기고 열정도 자라납니다.

그러니 지금 떠나지 마세요.

일단 지금 주어진 일들을, 완벽하게 해내는 것부터 시작해 보세요.

장표를 만들더라도 누구보다 정확하게.

오타를 체크하더라도 가장 꼼꼼하게.

통계를 만들더라도 가장 보기 쉽게.

그렇게 하다 보면 어느 순간, 일이 익숙해집니다.

그리고 '내가 이 일을 할 수 있구나'라는 자신감이 생깁니다.

열정은 그다음에 찾아옵니다.

K님의 다음 메일은, 그 일을 충분히 잘 해내고 난 뒤에 다시 받고 싶습니다.

그때는 스타트업 이야기가 아니라,

"이 일이 재밌어졌어요."라는 이야기를 들려주시길 바랍니다.

화이팅.

우리 주변에 K가 있습니다.

지금 이 순간에도, 누군가는 사직서를 쓰고 있다.

"저는 열정이 식었습니다."라고 말하면서.

그들에게 필요한 건 새로운 일이 아니다.

지금 일을 잘할 수 있는 시간과 기회다.

열정은 일을 선택하기 전에 찾는 게 아니라,

일을 잘하게 된 후에 생기는 것이다.

당신의 팀원이 열정이 없다고 말할 때,

정말 물어야 할 질문은 이것이다.

"지금 일을 충분히 잘할 수 있게 도와줬는가?"

팀장 프롬프트

case. 1 팀원의 말 "저는 열정이 없어요. 다른 일을 찾고 싶어요"

이 팀원은 정말 열정이 없는 걸까?

사람들의 84%가 열정을 가지고 있지만
자신의 일/학업/진로에 열정을 쏟는 사람은 단 4%뿐이다.
대부분은 열정이 없어서 떠나는 게 아니라
아직 그 일을 충분히 잘하지 못해서 지친 것이다.
열정은 일을 선택하기 전에 생기는 것이 아니라 일을 잘하게 된 후에 생긴다.

case. 2 "이건 단순 반복 업무라 의미가 없어요"라고 말할 때

기본 업무를 숙달시키고 있는가, 아니면 바로 큰 일을 맡기려 하는가?

장표 만들기, 오타 체크, 자료 정리 = 이 모든 것이 일의 기본기다.
기본기가 없으면 열정을 쏟을 무대에도 오르지 못한다.
일을 잘 못하면 누구나 열정을 느끼기 어렵다.
지금 맡은 일을 완벽히 해내는 것부터 시작하라.

case. 3 팀원이 일을 JOB(생계 수단)처럼 대할 때

이 팀원이 일을 CALLING(소명)으로 느끼게 하려면 무엇이 필요할까?

CALLING을 느끼게 하는 핵심 = 숙련도! 열정도 적성도 성격도 아니다.
일이 익숙해지고 잘하게 될수록 자연스럽게 애착이 생기고 몰입하게 된다.
리더는 이렇게 물어야 한다.
"이 팀원이 지금 일을 충분히 잘할 수 있게 내가 도와주고 있는가?"

| 팀장 프롬프트를 입력하세요

팀장 프롬프트를 복습하며 직접 작성해보세요!

▶ 우리 팀에 "열정이 없다"고 말하는 팀원이 있는가?
그 팀원의 숙련도는 어느 정도인가?

대상:
현재 숙련도 (하/중/상):
잘할 수 있도록 도와준 것:

▶ 우리 팀원들은 지금 일을 어떻게 바라보는가?

JOB (생계 수단):
CAREER (성장 단계):
CALLING (소명):

CALLING으로 느끼게 하려면?

▶ 만약 팀원이 "열정을 찾아 떠나겠다"고 사직서를 낼 때
나는 어떤 질문과 조언을 할 것인가?

질문:
조언:

팀장 프롬프트

26장.
동기의
방향

같은 목표를 제시했는데,
어떤 팀원은 눈빛이 반짝이고 어떤 팀원은 표정이 굳습니다.

AI에게 묻습니다,
동기부여는 메시지의 힘에서 나올까요,
아니면 사람이 느끼는 의미의 차이에서 시작될까요?

나는 지금 모든 팀원에게 같은 방식으로 동기를 주고 있을까요,
아니면 **각자의 성향과 상황에 맞게 맞춤형 자극을 설계하고 있을까요?**

**SMART 목표로는 설명되지 않는,
그 사람의 마음을 움직이는 변수는 무엇일까요?**

|팀장 프롬프트를 입력하세요

SMART한 목표만으로는 부족하다

팀장이라면 누구나 목표를 세운다.

그리고 SMART 목표 설정법을 배웠을 것이다.

> Specific (구체적)
> Measurable (측정 가능)
> Achievable (달성 가능)
> Realistic (현실적)
> Timely (기한 명시)

SMART 목표는 조직심리학이 낳은 최고의 발명품이라 불릴 만큼 효과적이다. 하지만 여기서 한 가지 질문이 생긴다.

같은 목표를 세웠는데, 왜 어떤 팀원은 눈빛이 반짝이고, 어떤 팀원은 표정이 굳어질까?

90점을 받아야 하는 두 아이의 이야기

초등학교 6학년, 같은 반 친구인 민수와 지훈이가 있다.

둘 다 다가오는 수학 시험에서 90점 이상을 받아야 한다는 목표가 있다.

둘 다 열심히 공부하고 있다. 하지만 이유는 완전히 다르다.

민수에게 물었다

"민수야, 왜 이렇게 열심히 공부해?"

민수는 눈을 반짝이며 대답했다.

"저요? 저는 이다음에 훌륭한 과학자가 되고 싶어요! 과학자가 되려면 카이스트에 가야 하잖아요. 그 전에 고등학교는 과학고에 가고 싶고요. 그러려면 수학을 잘해야 하니까 지금부터 열심히 하는 거예요. 90점? 그건 시작일 뿐이에요!"

지훈에게도 물었다

"지훈아, 너도 열심히 공부하네?"

지훈이는 한숨을 쉬며 대답했다.

"네…. 90점 받아야 해요. 지난번 중간고사에서 80점 받았거든요. 그랬더니 엄마가 정말 화나셨어요. 핸드폰 압수당하고, 학원도 하나 더 다녀야 했어요. 이번에 90점 못 받으면… 진짜 큰일 나요. 그래서 공부하는 거예요."

같은 목표.

같은 시험.

같은 90점.

하지만 민수는 원하는 것을 얻기 위해 공부하고,

지훈이는 원하지 않는 것을 피하기 위해 공부한다.

당신의 팀에도 민수와 지훈이가 있지 않은가?

접근하는 사람 VS 회피하는 사람

컬럼비아 대학교의 심리학자 토리 히긴스$^{Tory\ Higgins}$는 20년 넘게 사람들의 동기를 연구했다. 그리고 같은 목표를 향해 가더라도, 사람들은 두 가지 완전히 다른 방식으로 움직인다는 것을 발견했다.

이를 조절초점 이론^{Regulatory Focus Theory}으로 정리하면서 접근초점^{Promotion Focus}을 가진 사람과 회피초점^{Prevention Focus}을 가진 사람의 차이를 아래 처럼 설명했다.

구분	접근초점(Promotion Focus)	회피초점(Prevention Focus)
지향점	이상적 자아	당위적 자아
동기	성공, 행복, 성장추구	안전, 평화, 실수 방지
감정	성취하면 기쁨, 즐거움 실패하면 슬픔, 불행	성취하면 안전, 편안함 실패하면 불안, 불편함
행동특성	행동 빠름, 감정표현 풍부, 칭찬에 민감	마감 임박에 강함, 책임감 중시

그렇다면 어느 쪽이 더 좋은 걸까?

아주 많은 사람들이 착각한다. 접근초점이 긍정적이고, 회피초점은 부정적이라고.

절대 그렇지 않다. 둘 다 정당한 동기다. 단지 다를 뿐이다.

토리 히긴스 교수의 핵심 발견이 바로 이것이다.

접근초점을 가졌다고 해서 더 좋은 사람인 것이 아니다. 회피초점을 가졌다고 해서 모두 개선해야 하는 것도 아니다. 각자에게 맞는 자극이 있고, 각자에게 효과적인 언어가 있을 뿐이다.

나의 고백

고백하자면, 나는 전형적인 회피초점^{Prevention} 성향이다.

적극적으로 뭔가를 추구하기보다는, 안전하게 내 영역을 구축하는 걸 좋아한다. 새로운 기회보다는 기존 관계를 지키는 데 더 신경 쓴다. "대박 날 거야!"보다는 "혹시 모르니까 준비해야지."라는 생각을 더 자주 한다.

강사 일을 시작한 초창기, 이게 고민이었다.

2000년대 중반, 당시는 긍정심리학이 폭발적으로 유행하던 시기였다. 모든 강의가 외쳤다. "긍정적으로 생각하면 이룰 수 있다!", "부정적인 생각을 버려라!"

나는 스스로에게 질문을 던졌다.

나는 왜 이렇게 부정적인 생각을 자주 할까? 무조건 된다는 마음으로 노력해야 하는데, 왜 나는 안 될 것 같다는 생각부터 할까?

심지어 강의에서 "긍정적으로 생각하세요!"라고 가르치면서도, 집에 돌아오면 "내일 강의 망치면 어떡하지?"라고 걱정하는 내가 위선자처럼 느껴졌다. 그러던 중에 토리 히긴스를 만났다.

조절초점 이론을 처음 읽었을 때, 나는 큰 위로를 받았.

'아, 내가 부정적인 게 아니구나.'

'이건 단지 다른 방식일 뿐이구나.'

내가 "혹시 실패하면 어떡하지?"라고 생각하는 건, 결과를 포기하는 게 아니라 더 잘하기 위한 나만의 방식이었다. 스스로를 긴장시키고, 나태함을 경계하기 위해 비관적으로 예상하는 것도 정당한 동기 전략이라는 걸 깨달았다. 그날 이후, 나는 나 자신을 있는 그대로 받아들이기 시작했다.

상황이 성향을 압도한다

더 흥미로운 발견이 있다.

개인의 성향도 중요하지만, 상황의 힘이 성향을 압도하는 경우가 많다는 것이다. 같은 사람도 상황에 따라 접근초점이 되기도 하고, 회피초점이 되기도 한다.

1월의 회의 VS 12월의 회의

상황의 대표적인 것은 시간이다. 동기부여할때 시간이 많이 남았는가? 아니면 얼마남지 않은 임박한 상황인가? 그에 따라 접근초점과 회피초점이 달라진다.

1월 2일, 첫 팀 회의 (접근 초점)

"자, 모두들 새해 복 많이 받으세요!

올해 우리 팀 목표는 매출 120억입니다. 작년보다 20% 높은 목표죠. 하지만 우리 충분히 할 수 있어요. 목표 달성하면 인센티브도 두둑하고, 평가도 좋을 거예요. 올 한 해, 함께 힘내봅시다!"

분위기가 밝다. 팀원들의 눈빛도 반짝인다. 아직 1년이 남았으니까. 할 수 있을 것 같으니까. 접근 동기가 작동한다.

12월 15일, 긴급회의 (회피 초점)

"이제 보름밖에 안 남았어. 지금 목표 대비 80%야. 20억을 15일 안에 채워야 한다고. 이거 못 채우면 너희도 큰일이고 나도 큰일이야. 평가 최하등급 나와. 가만히 앉아 있으면 고객이 오나? 당장 나가서 움직여!"

분위기가 긴박하다. 팀원들의 표정이 굳어진다. 시간이 없으니까. 실패하면 안 되니까. 회피 동기가 작동한다.

신용카드 VS 보험, 무엇이 다른가?

상품의 성격에 따라 접근초점과 회피초점으로 구분되기도 한다.

신용카드는 전형적 접근초점 상품이다. 이득이 중시된다. 반면 보험은 회피초점 상품이다. 이득보다는 안하면 손해라는 인식이 더 중요하다.

신용카드 (접근 초점)

"○○카드로 결제하시면 CGV 영화 50% 할인!"

"스타벅스에서 1+1!"

신용카드는 본질적으로 이익과 혜택의 상품이다. 그래서 접근 동기 메시지가 효과적이다. "이걸 쓰면 이런 좋은 게 생긴다!"

보험 (회피 초점)

"갑작스러운 암 진단, 준비 안 하면 가족이 힘들어집니다."

"사고는 예고 없이 찾아옵니다."

보험은 본질적으로 손실과 위험을 피하는 상품이다. 그래서 회피 동기 메시지가 효과적이다. "이걸 안 하면 이런 끔찍한 일이 생긴다!"

베테랑 영업사원의 상황별 전략

혼자인가, 여럿인가에 따라 동기의 초점이 달라진다.

혼자인 사람이 중시여기는 것은 이득이다. 반면 여럿이 함께 이용하는 것이라면 그들은 이득보다는 안전을 중요하게 여긴다.

몇 년 전, 자동차를 사기 위해 혼자 전시장에 갔다.

마음에 드는 차를 둘러보고 있는데, 영업사원이 다가왔다.

"고객님, 와… 이 차 정말 고객님께 딱 어울리시는데요? 요즘 '승차감'보다 '하차감'이 더 중요하다는 말 들어보셨죠? 아까 고객님이 차에서 내리시는 걸 봤는데, 핏이 완벽하세요. 이 디자인은 고객님 스타일에 딱입니다."

전형적인 접근 동기 자극이다. '이 차를 사면 멋있어 보일 거야.' 라는 욕구를 건드린 것이다.

이틀 후, 아내와 아이들을 데리고 저녁에 다시 방문했다. 같은 영업사원이었지만 이번에는 완전히 다른 전략을 펼쳤다.

"사모님, 차에서 가장 중요한 게 뭔지 아시죠? 바로 안전입니다. 지난 달 경부고속도로에서 대형 추돌사고 났던 거 뉴스로 보셨죠? 차는 완전히 폐차됐는데 사람들은 거의 멀쩡했어요. 그게 바로 이 차였어요. 에어백이 9개나 되고, 충돌 안전도 최고 등급입니다. 아이들 태우고 다니시잖아요. 혹시 모를 일에 대비하셔야죠."

완벽한 회피 동기 자극이다. '이 차를 안 사면 가족이 위험할 수 있어.' 라는 불안을 건드린 것이다. 그 영업사원은 알고 있었다.

혼자 온 남자 고객에게는 → 접근 동기를,

가족과 온 고객에게는 → 회피 동기를.

상황에 맞는 언어를 써야 한다는 것. 그게 바로 설득의 기술이었다.

정서에 맞는 메시지를 어떻게 만들까?

접근초점인가, 회피초점인가? 그 사람의 성향, 또는 상황에 따른 정서적 동기가 확인되면 그에 맞는 메시지를 보내야 한다. 다양한 메시지 관점이 있지만 크게 세 가지로 구분해서 메시지를 만드는 것이 좋다.

이득인가 VS 손실인가

이유가 중요한가? VS 방법이 궁금한가?

전체의 그림은 어떤가? VS 항목별 세부 디테일은 어떤가?

메시지 설계 프레임

구분	접근동기	회피동기
이득 VS 손실	이 물건을 "선택하면" 이런 **이익**이 있습니다.	이 물건을 "선택하지 않으면" 이런 **손해**가 납니다.
이유 VS 방법	운동을 하면 건강해집니다. (추상적 이유)	운동은 근육을 강화하고 혈압을 낮춥니다. (구체적 방법)
전체 VS 부분	전체적인 장점 종합	항목별 세부 비교

동기부여의 완성공식

1단계. 인지적 동기 (SMART 목표)

팀원 동기부여의 시작은 목표설정을 SMART하게 하여 인지적으로 각인시키는 것이다.

2단계. 정서적 동기 (조절초점)

인지적 동기만으로는 행동하지 않는다.

인지적 동기에 추가적으로 정서적 동기를 더해야 한다.

3단계. 상황적 조율

개인적 특성뿐만 아니라 환경적 요인을 고려해야 한다.

시간, 제품 속성, 구성 인원에 따라 전략을 달리한다.

4단계. 메시지 설계

접근동기는 이득, 이유, 전체에 맞는 메시지를,

회피동기는 손실, 방법, 부분에 맞는 메시지를 만든다.

팀장 프롬프트

case.1 같은 목표를 제시했는데 팀원마다 반응이 다를 때

이 팀원은 '접근초점'인가, '회피초점'인가?

접근초점: 성공/성장 추구, 칭찬에 민감, 이득에 반응
(민수: 과학자 되고 싶어서 90점)

회피초점: 안전/실수 방지, 마감에 강함, 손실 회피
(지훈: 핸드폰 압수 피하려고 90점)

두 유형 모두 정당한 동기다. 단지 다를 뿐이다.

case.2 "열심히 하자!"라고 했는데 어떤 팀원은 반응이 없을 때

지금 나는 '이득' 메시지를 쓰는가, '손실' 메시지를 쓰는가?

접근동기형 팀원 → 이득중심, 이유제시, 전체맥락 강조,
회피동기형 팀원 → 손실, 방법, 부분을 강조하자.

case.3 팀원의 성향을 잘 모르겠을 때

이 팀원은 어떤 상황에서 더 잘 움직이는가?

상황이 성향을 압도한다.
연초, 여유 있을 때 → 접근동기 효과적
마감 임박, 긴박할 때 → 회피동기 효과적
제품 속성: 신용카드(접근) vs 보험(회피)
구성원: 혼자(접근) vs 가족(회피)
리더의 언어는 상황에 맞게 조절되는 설득의 기술이다.

| 팀장 프롬프트를 입력하세요

> **팀장 프롬프트를 복습하며 직접 작성해보세요 |**

▶ 우리 팀원들을 접근초점 vs 회피초점으로 분류해보자.

접근초점 (성장 추구, 칭찬 민감):
회피초점 (안전 추구, 마감 강함):
아직 판단이 어려운 팀원:

▶ 최근 동기부여가 잘 안 됐던 팀원을 떠올려보자.
혹시 그 팀원의 조절초점과 반대 메시지를 준 건 아닐까?

팀원:
내가 준 메시지:
팀원의 조절초점:
수정할 메시지:

▶ 다음 목표 제시 시, 두 가지 버전으로 메시지를 만들어보자.

목표:
접근초점 버전 (이득, 이유, 전체):

회피초점 버전 (손실, 방법, 부분):

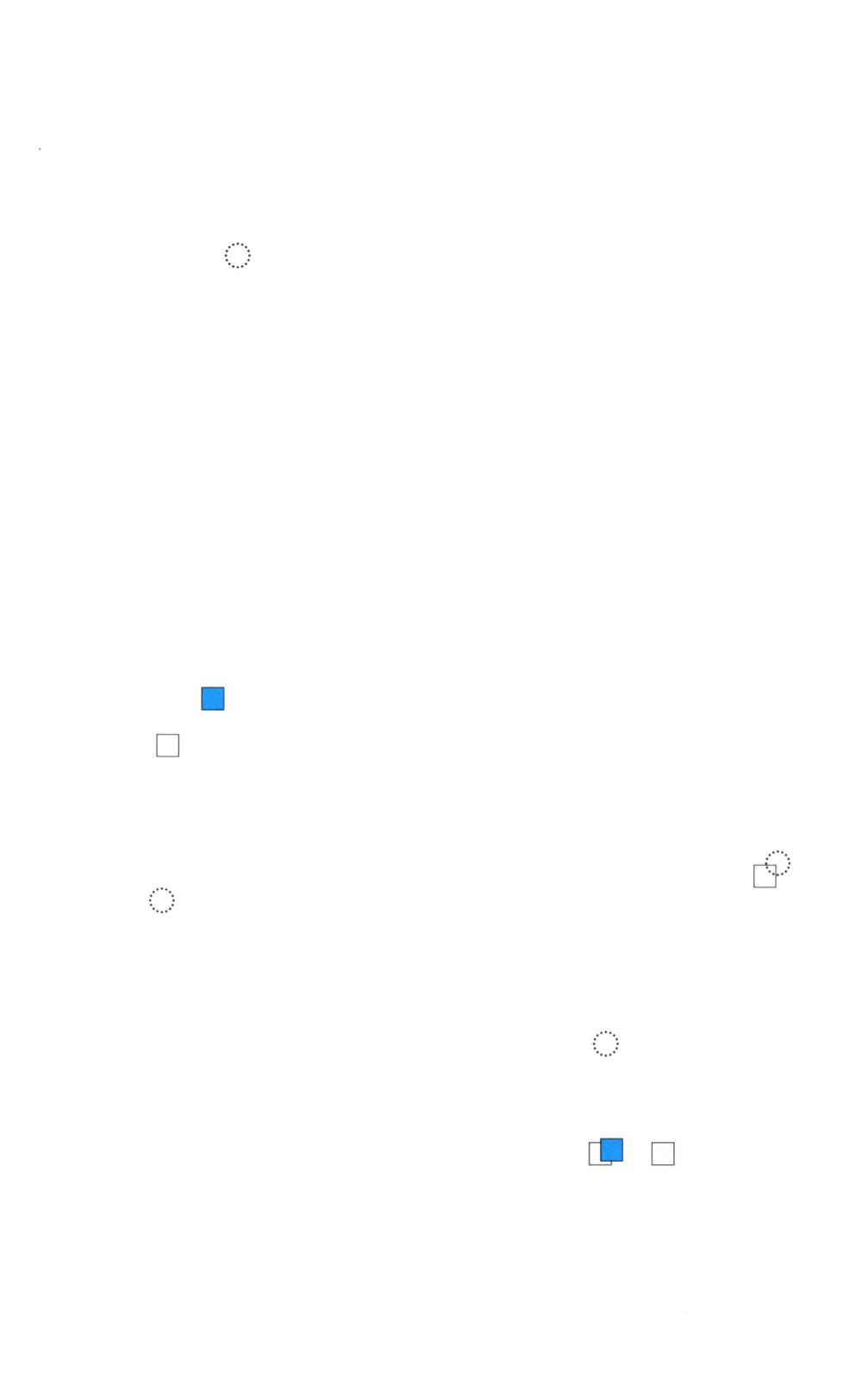

27장.
의지력의 재발견

"스스로 동기부여 좀 해봐."

그렇게 말했지만, 정작 팀원은 변하지 않았습니다.

> AI에게 궁금합니다.
>
> **동기부여는 정말 의지의 문제일까요,**
> **아니면 환경의 설계에서 시작되는 걸까요?**
>
> 우리 팀에는 유혹을 막아주는 뚜껑 같은 장치가 있을까요?
>
> 그리고 나는 스스로 세운 작은 약속이라도
> 꾸준히 지켜서 신뢰의 구조를 만들고 있을까요?

| 팀장 프롬프트를 입력하세요

많은 팀장이 팀원들에게 이렇게 말한다.

"자기관리 좀 해봐."

"스스로 동기부여해 봐. 열정은 자기가 찾는 거야."

그런데 정말 그럴까?

만약 모든 사람이 스스로 동기부여를 할 수 있다면, 왜 우리는 그토록 많은 자기계발서를 읽는 걸까? 왜 누군가는 매번 일에 싫증을 느끼는 걸까? 왜 또 누군가는 번아웃으로 회사를 떠나는 걸까?

답은 의외로 간단하다.

동기부여는 개인의 문제가 아니기 때문이다.

마시멜로 하나가 인생을 결정한다?

심리학 역사상 가장 유명한 실험 중 하나,

바로 마시멜로 테스트다.

이 실험은 2006년 『마시멜로 이야기』라는 제목의 책으로 국내에 소개되며 100만 부 이상 팔렸다. 수많은 CEO들이 직원들에게 단체로 구매해 나눠줬다. '참을성이 곧 성공의 열쇠' 라는 메시지가 너무나 매력적이었으니까.

1968년, 스탠퍼드 대학교 심리학과의 월터 미셸^{Walter Mischel} 박사 팀이

빙유치원의 4~5세 아이들을 유치원 내에 있는 서프라이즈 룸이라는 곳으로 데려갔다.

테이블 위에 마시멜로 하나가 놓여 있다.

연구원이 아이에게 말한다.

"지금부터 네게 마시멜로 하나를 줄 거야. 그런데 15분 동안 이걸 먹지 않고 참으면, 15분 후에 마시멜로를 하나 더 받을 수 있어. 하지만 못 참고 먹어

버린다면… 그걸로 끝이야. 하나 더는 못 받아."

연구원이 방을 나간다. 아이 혼자 남는다.

눈앞에는 탐스러운 마시멜로가 놓여있다.

반사 유리 너머에서 연구팀이 아이들을 지켜본다.

결과

평균 인내 시간은 6분이었다.

75%의 아이들은 15분 내에 유혹을 참지 못하고 마시멜로를 먹어버렸다.

25%의 아이들은 유혹을 이겨내고 15분 후 마시멜로 2개를 획득하였다.

연구팀은 여기서 멈추지 않았다. 이 아이들을 수십 년간 추적 관찰했다.

장기 추적 결과 (1981년, 2000년)

시기	15분을 참은 아이들의 특징
청소년기 (1981)	좌절 상황에서 더 많은 자제력 발휘, 높은 집중력과 SAT점수 획득
성인기 (2000)	장기목표를 더 잘 추구, 위험 약물을 덜 사용, 높은 교육수준, 낮은 체질량, 뛰어난 대인관계

전 세계가 열광한 메시지

성공의 핵심조건은 '인내심', '만족지연 능력' 이구나!

이 결과가 발표되자 전 세계가 흥분했다. 부모들은 집에서 아이들에게 마시멜로 테스트를 했고, 기업들은 채용 면접에서 인내심을 강조했다.

CEO들은 직원들에게 『마시멜로 이야기』를 나눠줬다.

메시지는 명확했다.

"참아라. 당장의 만족을 미뤄라. 그러면 나중에 두 배로 보상받는다."

누가 가장 좋아했을까?

직원들을 통해 성과를 내야 하는 조직의 리더들이었다.

"월급 인상을 좀 미뤄라. 그러면 나중에 더 큰 보상이 올 거야."

얼마나 편리한 논리인가. 하지만 진실은 따로 있었다.

알려지지 않은 마시멜로 이야기

지금까지 이야기한 마시멜로 실험은 우리가 모두 잘 알고 있는 이야기다. 하지만 실제 실험 중에서 잘 알려지지 않은 이야기들이 있다. 어쩌면 이것이 팀장들에게 더 중요하고, 또 꼭 알아야 할 이야기일지도 모르겠다.

첫 번째 숨겨진 진실, 뚜껑만 덮어도 더 참을 수 있다

1989년, 월터 미셸 박사팀은 후속 연구를 발표했다.

이번에는 모든 조건이 똑같았다. 단 한 가지만 빼고.

마시멜로를 뚜껑 있는 통에 넣어 보이지 않게 했다.

결과는 어땠을까? 평균 대기 시간이 6분에서 13분으로 증가했다.

같은 아이가, 같은 인내심을 가졌는데,

마시멜로가 보이느냐 안 보이느냐에 따라 7분이나 차이가 난 것이었다.

이 7분의 차이는 아이의 자제력 때문이 아닌 상황의 차이였다.

두 번째 숨겨진 진실, 신뢰환경이 핵심이다

2012년, 록펠러 대학의 연구팀은 더 충격적인 실험을 했다.

3~5세 아이들 28명을 두 그룹으로 나눴다.

A그룹 아이들에게는 이렇게 말했다.

"잠깐만 기다려. 더 좋은 꾸미기 재료를 가져올게."

그리고 정말로 가져왔다. 새로운 크레용, 예쁜 스티커, 색종이. 아이들은 "와!" 하며 좋아했다.

B그룹 아이들에게는 이렇게 말했다.

"잠깐만 기다려. 더 좋은 꾸미기 재료를 가져올게."

하지만 돌아와서는 말을 바꿨다.

"미안해. 재료가 없네. 그냥 이거 쓰자."

아이들은 실망한 표정을 지었다.

그 후 마시멜로 실험을 진행했다.

그룹	평균 대기시간	신뢰경험
A	12분	약속을 지킨 경험
B	3분	약속을 어긴 경험

두 그룹의 대기시간은 무려 4배의 차이를 보였다. 왜 그랬을까?

A그룹 아이들은 이렇게 생각했을 것이다. '이 사람은 약속을 지키는구나. 15분 기다리면 정말 마시멜로 하나 더 줄 거야.'

B그룹 아이들은 이렇게 생각했을 것이다. '이 사람 말은 믿을 수 없어. 지금 먹는 게 낫겠다.' 그렇다, 핵심은 인내심이 아니라 신뢰였던 것이다.

세 번째 숨겨진 진실. 참는 게 아니라. 다른 데 주의를 돌린다

사람들은 오해한다. 마시멜로를 15분 참은 아이들이 뭔가 특별한 자제력을 가졌다고.

하지만 월터 미셸 박사가 정말 관찰하고 싶었던 건 이것이었다.

"아이들이 어떻게 유혹을 견디는가?"

반사 유리 너머에서 아이들을 지켜봤다.

기다리지 못하고 마시멜로를 빨리 먹은 아이들은

가만히 앉아 마시멜로를 쳐다보거나, 손으로 만지작거렸다.

"참아야지, 참아야지." 중얼거리다가 결국 먹어버렸다.

15분을 견딘 아이들은

의자를 젖혀서 벽에 부딪히기를 반복했다.

책상 밑을 들여다보며 뭔가를 탐험했다.

혼자 노래를 부르거나 손가락으로 공놀이를 했다.

이들은 '참는 것'에 집중하지 않고 다른 것에 주의를 돌렸다.

우리는 이것을 주의전환 Attentional Deployment 이라고 이야기한다.

진짜 중요한 것은 상황이다. 뚜껑이 있었는지 없었는지.

신뢰할 만한 환경이었는지 아니었는지.

주의를 돌릴 만한 다른 자극이 있었는지 없었는지.

개인의 의지력이 아니라, 환경의 설계가 결과를 만든 것이다.

팀장은 '뚜껑을 덮어주는 사람'이어야 한다

당신은 팀원들에게 이렇게 말하고 있지 않은가?

"동기부여는 스스로 하는 거야."

"자기관리 좀 해."

이건 마시멜로 앞에 아이를 혼자 두고 참으라고 하는 것과 같다.

진짜 리더가 해야 할 일은 바로 마시멜로에 뚜껑을 덮어주는 것, 약속을 지켜서 신뢰를 쌓는 것, 주의를 돌릴 수 있는 다른 자극을 제공하는 것이라 할 수 있다.

동기부여를 위한 3가지 환경 설계

1단계. 물리적 통제 환경 만들기
마시멜로에 뚜껑을 덮듯이, 유혹 요소를 차단하거나 루틴화하는 것

'업무 집중 시간에 채팅/알림 차단'

'회의 없는 날 지정'

'마감 주기 리듬화 (주단위, 월단위 사이클)'

'업무 공간과 휴식 공간 물리적 분리'

2단계. 신뢰할 수 있는 환경 형성하기
작고 구체적인 약속을 반드시 지켜서 신뢰감을 쌓는 것

"자료 정리 끝나면 점심 내가 쏜다." → 반드시 이행

"이번 프로젝트 끝나면 하루 재택 OK!" → 반드시 허용

"다음 주까지 피드백 드릴게요." → 약속한 날짜에 반드시 전달

3단계. 복잡한 구조화 제공하기
"참아라." 대신 우회로와 시뮬레이션을 제공하는 것

"힘들어도 참고 끝까지 해봐." 가 아니라

"업무 중 이런 방해 요소가 올 수 있어. 그럴 땐 이렇게 해보자."

다양한 위기 상황별 대처 방법을 정리한 카드를 나눠주자.

| 스트레스 오면 5분 산책 루틴 | 업무 환경 변화 빈 회의실, 휴게실 활용 | 1시간 동안 단순 행정업무로 잠시 전환하여 뇌를 쉬게하기 | 우선순위 재조정 업무 리스트 중 3가지만 남기고 나머지는 잠시 보류 |

동기부여는 개인의 문제가 아니다

마시멜로 실험이 우리에게 알려준 진실은 명확하다.

개인의 의지력은 생각보다 약하다.

하지만 환경의 힘은 생각보다 강하다.

참을성이 약한 아이도, 뚜껑만 덮어주면 더 오래 참는다.

신뢰할 수 없는 환경에서는, 참을성 강한 아이도 금방 포기한다.

팀원이 동기부여가 안 된다고?

그건 팀원의 문제가 아니라, 당신이 만든 환경의 문제일 수 있다.

팀장 프롬프트

case. 1 팀원이 "동기부여가 안 돼요"라고 할 때

나는 '의지력'을 요구하는가, '환경'을 설계하는가?

마시멜로 실험의 숨겨진 진실 하나.
뚜껑만 덮어도 대기 시간 증가 (6분→13분)
같은 아이, 같은 인내심인데 상황 차이로 7분 차이!
즉 문제는 의지력이 아니라 환경의 구조다.
리더는 '뚜껑을 덮어주는 사람'이어야 한다.

case. 2 팀원이 약속을 믿지 못하고 단기적으로만 행동할 때

우리 팀은 신뢰할 수 있는 약속 환경을 갖추고 있는가?

마시멜로 실험의 숨겨진 진실 둘. 신뢰의 환경
약속 지킨 환경(A그룹) 12분 vs 약속 어긴 환경(B그룹) 3분
4배 차이! 핵심은 인내심이 아니라 신뢰다.
작고 구체적인 약속을 반드시 지켜라. 그 신뢰가 팀의 자제력을 만든다.

case. 3 "참아라", "견뎌라"고만 말할 때

나는 '참으라'고 하는가, '주의를 돌릴 자극'을 제공하는가?

마시멜로 실험의 숨겨진 진실 셋. 주의 전환의 기술
15분 버틴 아이들은 마시멜로를 쳐다보지 않았다.
의자 부딪히기, 노래 부르기, 손가락 놀이 등 주의전환
참는 것에 집중한 게 아니라 다른 데 주의를 돌린 것이다.

|팀장 프롬프트를 입력하세요

팀장 프롬프트를 복습하며 직접 작성해보세요!

▶ 우리 팀의 '유혹 차단 뚜껑'은 무엇인가?
(물리적 통제 환경)

현재 있는 것:
만들어야 할 것:

▶ 우리 팀의 "신뢰환경" 점수를 매겨보자.

최근 한 달간 내가 한 약속 중,
지킨 약속:
못 지킨 약속:
다음에 할 작고 구체적인 약속:

▶ 팀원이 힘들 때 "참으라" 대신 제공할 수 있는 주의 전환 방법"은?
우리 팀만의 방식으로 정리해보자.

많은 팀장과 조직 리더들이 이렇게 토로한다.
회의 시간에 나오는 반짝이는 제안들
메신저로 공유되는 기발한 아이디어들
커피 타임에 흘러나온 통찰들

이상하게도 그런 아이디어는 회의장을 나가는 순간
사라지고, 메시지는 읽고 넘어간 뒤 흐지부지된다고.

도대체 아이디어는 왜 흐르지 못하는 걸까?

우리는 '창의성'하면 대단한 아이디어나 혁신적인 생각부터 떠올리지만,
정작 조직 안에서 중요한 것은
그 아이디어가 흐르고, 확장되고, 실행되는 과정이다.
그런데 대부분의 조직에서는 이 '흐름'이 막혀 있다.
그 이유는 크게 세 가지에 있다.

7부. 최고의 성과를 만드는 창의적 실행력

첫째, 심리적 자극이 부족하다.
단지 '자유롭게 이야기하라'고 말하는 것으로는 부족하다.
누군가 나의 감정과 동기를 자극하고, 생각을 움직이게 해야 한다.
이때 필요한 것이 바로 스토리텔링이다.

둘째, 창의성에 대한 오해다.
창의성은 기존의 틀을 깨야만 발현된다고 생각하지만,
사실은 제약과 형식이 창의성을 자극하기도 한다.
우리는 이 역설적 원리를 이해할 필요가 있다.

셋째, 아이디어를 낸 사람보다 더 중요한 존재가 있다.
바로 그 아이디어가 실제로 실행되도록 '받아들이고 도와주는 사람'이다.
조직에서는 창의적 제안보다 수용의 리더십이 더욱 절실하다.

팀장 프롬프트

28장.
스토리텔링의 힘

숫자와 논리로 설명했지만,
팀원들의 마음은 움직이지 않았습니다.

AI에게 질문합니다.
리더의 설득은 논리의 문제일까요,
아니면 공감의 연결에서 시작되는 걸까요?

나는 지금 팀원에게 지시를 주는 사람일까요,
아니면 내 경험과 실패를 이야기로 나누는 사람일까요?

그리고 그들의 경험은 흩어지고 사라지고 있진 않을까요?
내가 해야 할 일은 말이 아니라,
그들의 경험을 이야기로 남기는 구조를 만드는 일일까요?

| 팀장 프롬프트를 입력하세요

신입 시절, 나의 첫 팀장이었던 유 팀장님은 '이야기꾼'이었다.

다른 팀장들처럼 화려한 언변도, 뛰어난 전략 감각도 없었지만, 다양한 사람들과 일하며 겪은 경험을 꼼꼼히 기록해 두셨고, 업무가 시작될 때마다 본인의 사례나 과거 동료들의 이야기를 들려주셨다.

그 이야기들은 단순한 회상이 아니라, 팀원들에게 다양한 상황을 간접 경험하게 해 주는 소중한 안내서였다. 처음에는 그저 이야기하는 걸 좋아하는 동네 아저씨 같은, 사람 좋은 분이라 생각했다.

하지만 시간이 지나 화려한 언변과 이론 중심의 리더들을 경험하며, 나는 유 팀장님의 진짜 가치를 알게 되었다. 일을 하다가 막히는 결정적인 순간에 떠오르는 건 강력한 메시지도, 창의적인 아이디어도 아니었다.

그 일과 관련된 사람들의 이야기,

그들의 태도, 선택, 감정이 머릿속에 깊이 새겨져 있었다.

잠재력을 발견하는 스토리의 힘

유 팀장님은 상고 출신이셨다. 19살 상고 3학년 때 우리 회사에 입사해서 무려 30여 년간 회사 생활을 하셨다. 그래서 뒤늦게 대졸로 입사한 동년배 팀장님들에 비해 승진도 늦고, 핵심 부서가 아닌 비핵심 부서를 중심으로 떠도셨지만, 영업 현장에서 너무 많은 다양한 고객과의 다양한 경험을 가지고 계셨다.

그분은 자신의 경험을 이야기하기를 좋아했고, 후배들은 팀장님의 이야기에 빠져들다가 거기에 자신의 이야기를 보탰다. 또 관련 후배가 이야기하면 유 팀장님은 그 이야기를 바탕으로 또 다른 이야기를 연결해서 새로운 이야기를 만들어가셨다.

당시 우리팀에 채권관리 업무를 하던 대리님이 계셨는데 경매법원에 배당을 받는 문제로 골머리를 앓고 있었다. 유 팀장님은 정답을 알려주기 보다 유사한 내용을 경험했던 다른 지점의 과장님을 대리님에게 연결해 주셨다. 그리고 그 과장님의 도움으로 대리님은 꽤 어려운 배당 문제를 해결해서 회사에 큰 이익을 남겨주었다.

유 팀장님은 대리님에게 이 과정을 글로 작성하게 하셨고, 이는 연말에 회사 우수사례로 전 직원에게 전파되었다. 다음 해, 그 대리님은 본사 관리부로 영전하게 되셨다.

리더는 자신의 경험을 공유하거나, 적절한 연결을 통해 팀원이 자기 경험을 자산으로 만들 수 있도록 도와주는 사람이다. 그렇게 자산화된 경험은 팀원의 자존감과 적극성을 높이는 역할을 한다.

감정을 움직이는 스토리텔링

유 팀장님은 고졸이라는 이유로 많은 어려움을 겪었다고 솔직히 털어놓곤 했다. 그는 이를 감추거나 포장하지 않고, 담담히 이야기하며 후배들에게 위로를 건넸다.

"나는 이 안에서 최선을 다하고 있지만, 서운한 건 어쩔 수 없지. 그래도 계속 해야 하니까."

그의 솔직함은 후배들의 마음을 열었고, 불만이나 어려움을 공유하는 분위기로 이어졌다.

마지막에는 항상 다시 힘내자는 말로 긍정의 여운을 남겼다. 이처럼 리더가 자신의 취약함을 감추지 않고 진심을 담아 이야기할 때, 그 스토리는 공감의 메시지가 된다.

데이터보다 사람들은 진짜 이야기에 감동한다.
그것이 감정을 움직이는 리더십의 힘이다.

동기부여를 위한 스토리의 구성

동기부여는 리더십의 본질이다.
하지만 단순한 성공 스토리는 오래 남지 않는다.
진짜 동기부여는 '과정'에 있다.
실패와 시도, 좌절과 극복, 그리고 그 안에서 얻은 배움이 담긴 스토리는 팀원들의 몰입과 자기 동일화를 이끌어낸다.

노키아가 휴대폰 산업에서의 리더 위치를 잃었을때, 그들의 CEO는 "우리는 지금 불타는 선박 위에 있다"는 이야기로 리더십을 발휘했고, 삼성의 CEO가 변화, 혁신을 이야기하며 "마누라와 자식빼고 다 바꿔라."하고 말한 이유. 위기 상황을 명확히 하고, 모두가 새로운 방향으로 나아갈 필요가 있다는 강력한 동기부여가 필요했기 때문이다.

자동차 영업사원 스토리

어느 자동차 영업사원이 고객 컴플레인으로 곤경에 처했다. 신차를 판매했는데 한 달도 채 되지 않아서 도로에서 차가 멈추는 일이 발생했다. 공장 쪽에서 부품의 문제로 해결했지만 고객은 자신이 속았다면서 화를 내고, 당장 환불해 달라고 영업사원을 다그쳤다.
팀원은 의욕을 잃고 영업직에 회의감이 든다며 실망하고 있을 때 담당 팀장이 고객 미팅을 함께했다.

"차라는 게, 어떻게 보면 단순히 기계에 불과하고, 편의를 돕는 소비재지만, 저희들에게는 조금 다릅니다. 어찌 됐건 고객님과 처음으로 나눈 첫 차 아니겠습니까?

아기들도 태어나자마자 아픈 아이가 있을 수도 있습니다. 사랑하는 아이가 아프다고, 내 아이가 아니라고 할 부모는 없을 겁니다. 그런데 신기한 건요, 그렇게 정성을 다해 치료가 끝나면 아이는 언제 아팠냐는 듯 튼튼하게 잘 자랍니다.

차를 사람과 동일하게 볼 수는 없겠지만, 결국 지금은 치료가 필요한 순간일 뿐입니다. 잘 치료해서 원래의 차보다 더 튼튼하게 만들어 드리겠습니다."

이 이야기에 고객은 누그러졌고,

팀원은 "영업은 상품을 파는 게 아니라, 신뢰와 마음을 전하는 일이구나."라는 깊은 울림을 받았다.

그는 그 뒤로 차를 자식처럼 여기며 일했고, 누구보다 열정적인 영업사원으로 성장했다.

이처럼 리더의 스토리는 팀원에게 일의 의미, 사람의 가치, 스스로의 가능성을 다시 보게 만든다. 스토리텔링은 단순한 감동을 넘어 행동의 변화를 이끄는 힘이다.

리더의 스토리텔링은 팀을 바꾼다

팀장은 팀원의 잠재력을 깨우고, 감정을 움직이며,

그들의 열정과 회사의 비전을 연결해 몰입하도록 만드는 사람이다.

그리고 그 모든 시작에는 '이야기'가 있다.

좋은 이야기는 방향을 바꾸고, 조직의 에너지를 살리고,

지금까지의 일을 '내 일'로 받아들이게 만든다.
스토리텔링은 더 이상 리더의 선택적 기술이 아니다.
팀장이 반드시 갖추어야 할 핵심 역량이다.

팀장 프롬프트

case.1 팀원이 어려운 문제로 막혔을 때

나는 '정답'을 주는가, '관련 경험/사람'을 연결하는가?

유 팀장의 리더십
정답을 바로 알려주는 대신, 유사한 경험을 한 사람과 연결해준다.
그 경험을 팀원이 직접 글로 정리하게 하고, 우수 사례로 전파한다.
이렇게 경험을 자산화하면 자존감과 주도성이 함께 높아진다.
리더는 경험을 공유하고 적절히 연결하는 사람이다.

case.2 팀원들이 감정적으로 지치고 불만이 쌓일 때

나는 완벽한 모습만 보이는가, 취약함도 솔직히 나누는가?

유 팀장: "고졸이라 힘들었지만, 그만큼 더 노력했어요."
취약함을 숨기지 않고 진심을 담아 이야기하면 공감이 생긴다.
사람은 데이터보다 진짜 이야기에 마음을 연다.
단, 마무리는 언제나 희망과 긍정의 여운으로 끝내라.

case.3 팀원이 "이 일이 무슨 의미가 있나요?"라고 물을 때

나는 '결과'만 말하는가, '과정과 의미'를 함께 이야기하는가?

동기부여를 위한 스토리 구성
단순 성공 스토리(X) → 과정 중심 스토리 (실패 - 시도 - 좌절 - 극복의 여정)
이야기는 일의 의미, 사람의 가치, 그리고 가능성을 다시 보게 만든다.
결국 행동의 변화를 이끄는 것은 데이터가 아니라 이야기다.

팀장 프롬프트를 입력하세요

팀장 프롬프트를 복습하며 직접 작성해보세요!

▶ 나의 업무 경험 중 팀원들에게 공유할 만한
"이야기"를 3가지 적어보자.
(성공, 실패, 좌절, 극복의 과정 포함)

▶ 최근 팀원이 어려움을 겪었을 때 나는 어떻게 대응했는가?

상황:
내 대응:
스토리텔링 방식으로 바꾼다면:

▶ 이번 주 팀 회의나 1:1 면담에서 나눌 수 있는
"진짜 이야기"는 무엇인가?
(취약함을 포함한 솔직한 경험)

이야기:
이 이야기를 통해 전달하고 싶은 메시지:

29장.
창의성의
조건

"틀을 깨라, 자유롭게 생각해."
그렇게 말했지만, **정작 팀원들은 와닿지 않는 것 같았습니다.**

AI에게 묻습니다.
**창의성은 정말 자유에서 시작되는 걸까요,
아니면 제약이 방향을 만들어주는 순간에 생겨나는 걸까요?**

신입에게 먼저 알려줘야 할 건 형식의 틀일까요,
아니면 그 틀을 넘어서는 질문의 방법일까요?

나는 지금 팀의 창의성을 돕고 있는 걸까요,
아니면 자유라는 이름으로 혼란을 허용하고 있는 걸까요?

많은 기업이 창의성을 핵심 역량으로 강조한다.

"창의적 인재 한 명이 수만 명을 먹여 살린다."는 어느 회장님의 말처럼, 좋은 아이디어 하나가 조직의 미래를 바꾸고 새로운 도약의 기회를 만든다.

그렇다면, 어떤 인재가 창의적일까?

그리고 팀장은 어떻게 팀원을 창의적인 인재로 성장시킬 수 있을까?

두 명의 신입사원 이야기

최 사원과 김 사원은 같은 해 입사한 동기다.

최 사원은 영업팀, 김 사원은 관리팀에 배정되었고, 각각 선배 사수와 함께 OJT를 시작했다.

하지만 두 사원이 마주한 업무 환경과 교육 방식은 극명하게 달랐다.

영업팀: 자유의 스타일

최 사원의 선배, 강 대리는 자유롭고 유연한 스타일이었다. 형식에 얽매이지 않았고, 막내라도 자신의 의견을 거리낌 없이 표현하도록 격려했다.

"대리님, 문서 만들어 봤습니다. 오타도 체크했고요."
"잘했네. 팀장님께 바로 보고해요."
"제가 직접요? 지금은 제가 내용을 잘 모르는데…."
"그래도 팀장님께 질문 받으면 편하게 이야기하세요."

팀장도 자유스러움을 좋아 하다보니 문서작성도 형식보다는 충실하게 내용을 담고 있는가를 중시 여겼다. 가급적 분량도 자유롭게, 특별히 사내 규정을 어긋나지 않는 범위에서는 편하게 작성토록 하였고, 보고 할 때도 자유스럽게 최 사원 스타일에 맞춰서 의견개진 하도록 배려하였다.

관리팀: 형식의 스타일

김 사원의 선배, 이 대리는 전형적인 형식주의자였다.

그는 문서의 글자 크기, 줄 간격, 페이지 수 등 형식을 가장 중요한 요소로 여겼다.

"글자 포인트를 11로 줄였네요? 줄 간격도 줄었고요."

"1페이지 안에 넣으려다 보니…."

"그게 아니죠. 형식은 기본입니다. 요약은 글자 크기를 줄이라는 뜻이 아니에요."

결국 김 사원은 문서를 1페이지로 맞추기 위해 표현을 최소화했다.

간신히 수정해 제출했더니, 이번엔 이렇게 말한다.

"잘했어요. 그런데 이번엔 똑같은 형식으로 2페이지짜리도 하나 더 만들어 주세요."

"네? 왜요?"

"팀장님은 1페이지를 좋아하시지만, 본부장님은 2페이지를 선호하세요."

속으로 김 사원은 이렇게 외쳤다.

'하… 이런 거 하나하나 맞추다 날 새겠다. 왜 형식이 이토록 중요하지? 내 아이디어는 다 사라지고, 틀에만 갇혀 있잖아.'

두 사람 중 누가 더 창의적인 사원으로 회사에서 성장하게 될까?

자유로운 최 사원일까? 아니면 형식을 철저히 배운 김 사원일까?

아홉 개의 점 퍼즐: 창의성에 대한 착각

유명한 창의성 테스트 하나.

아래 아홉 개의 점을 네 개의 직선을 사용해서 연결하되, 도중에 연필을 한 번도 떼지 말아야 합니다. 시작!

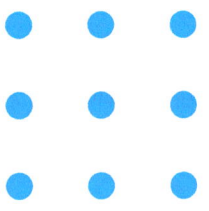

문제를 해결했는가? 해결하신 분들은 축하드린다.

아직 못하신 분들은 이제 정답을 공개하겠다.

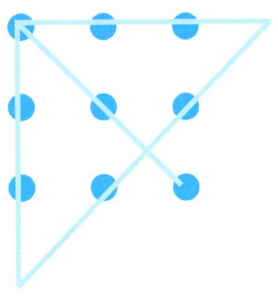

해결하지 못했다면, 아마 대부분 마음속에 사각형 틀을 그렸을 것이다.

하지만 문제는 '아홉 개의 점'이라고 했지, '꼭 사각형 안에서 풀라'고 하지 않았다.

이 퍼즐은 창의성 연구의 고전으로,

1970년대 길포드^{J.P. Guilford} 박사가 인간 지능 실험에서 제시한 문제다.

50여 년 전 실행된 이 실험에서 단 20%만이 정답을 맞췄고, 오늘날도 마찬가지다.

창의 교육은 아직도 이 퍼즐을 기반으로 "고정관념을 깨라."는 메시지를 반복한다.

그런데, 정말 창의성은 자유롭게 틀을 깨야만 나오는 것일까?

창의성은 자유에서 나올까, 제약에서 나올까?

창의적 과제가 주어지면 자유롭게 틀을 깨야 하는가?

만약에 어떠한 제약Constraint이 주어지면 창의성이 방해되는 것인가?

이에 대한 지속적인 질문이 심리학 연구자들로부터 제기되어 왔다.

2005년에 진행된 모이어Moreau와 달Dahl의 연구에서 실험 참가자들은 5~11세 아동들을 위한 장난감을 디자인하라고 요청을 받았다. 그리고 아래의 그림과 같은 모양이 각기 다른 20개의 도형이 제시되었다.

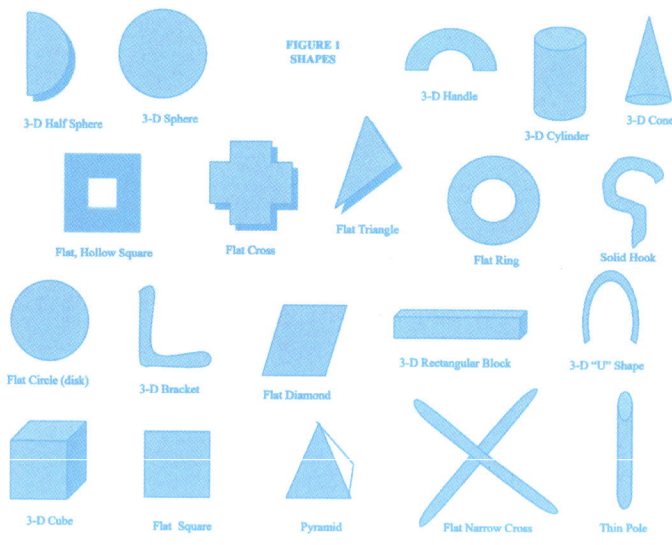

29장. 창의성의 조건

실험에 앞서 참가자들을 먼저 크게 A, B 두 집단으로 나누었다. 그리고 A집단에게는 20개의 도형중 원하는 도형을 자유롭게 5개씩 선택하라고 했다. 반면 B집단에게는 선택의 기회없이 주최측에서 각각 5개씩 강제적으로 지급했다.

그리고 5개씩 받은 참가자들에게 아동들을 위한 장난감을 디자인 해야 한다고 요청하면서 두번째 제약조건을 주었다.

5개를 자유롭게 선택한 A집단 참가자들 중 절반은 5개 선택한 도형을 모두 사용해야 한다고 했고(A-1), 나머지 절반에게는 5개 선택한 도형에서 자유롭게 디자인을 하라고 지시했다(A-2).

5개를 강제적으로 지급받은 B집단 참가자들 중 절반에게는 5개 지급된 도형을 모두 사용해야 한다고 했고(B-1), 나머지 절반에게는 5개 지급된 도형에서 자유롭게 디자인 하라고 했다(B-2).

집단	도형 선택	사용 조건	총 제약 횟수
A-1	5개 자유 선택	모두 사용해야 함	1회
A-2	5개 자유 선택	자유롭게 사용	제약 없음
B-1	5개 강제 지급	모두 사용해야 함	2회
B-2	5개 강제 지급	자유롭게 사용	1회

이후 디자인 전문가들이 참신함과 적절성 기준으로 결과물을 평가했다. 그 결과는 예상을 뒤엎었다.

가장 제약이 많았던 B-1 집단이 가장 창의적인 디자인을 제출했고, 가장 자유로웠던 A-2 집단은 기존 장난감과 유사한 평범한 결과를 냈다.

이 실험은 "제약이 창의성을 촉진한다."는 걸 증명한 대표 사례다.

로널드 핑크$^{Ronald\ Finke}$는 이를 '제한된 영역 원리$^{limited\ scope\ principle}$'라 부르며 다음과 같이 설명했다.

"문제를 해결할 때 고려해야 할 범위를 제한하면, 사람의 집중력과 창의성이 동시에 올라간다."

창의성은 막연한 자유에서가 아니라, 명확한 조건과 제약 안에서 더 날카롭고 실질적인 아이디어를 이끌어낸다.

이후 이야기

입사 5년 후, 김 사원은 대리가 되어 회장 비서실로 발령받았다.

비서실장과의 첫 대면에서 그가 말했다.

"김 대리, 축하합니다.

작년 아이디어 발표회 때 회장님이 칭찬 많이 하셨어요.

젊은 친구가 전체를 보는 시각도 좋고, 정리 능력도 뛰어나다고… 그런데 그 능력은 어디서 배운 건가요?"

김 대리는 자신이 신입 시절부터 사수에게 받았던 문서 훈련을 설명했다.

실장은 웃으며 말했다.

"그 훈련, 우리 비서실에서도 필수입니다. 회장님 보고는 늘 유동적이라.

어느 날은 한 시간 준다고 하셔서 보고 시간을 한 시간 잡았는데 갑자기 급한 일정이 생겼다고 10분 안에 해달라고 하시는 거예요. 또 어떤 경우는 분명히 5분 보고 받으시겠다고 해서 5분 준비했는데 갑자기 뒷 약속이 취소되었다고 하시면서 시간 충분하니 30분쯤 주겠다고 하시는 거죠.

그래서 우리 비서실 직원들이 가장 많이 연습하는 게 바로 각종 보고서를 최소한 3가지 버전으로 준비하는 거예요.

1페이지 5분짜리, 3페이지 10분짜리, 15페이지 20분짜리 이렇게요.

근데 재밌는게 뭔지 알아요?

그걸 하면서 비서실 직원들이 전체 사업을 바라보고 해석하는 다양한 관점이 생기더라고요. 굉장히 창의적인 훈련이라고 할까?

김 대리는 이미 그 훈련을 신입 시절부터 받았던 것이군요."

팀장 프롬프트

case. 1 신입에게 "자유롭게 창의적으로 해봐"라고 할 때

지금 이 팀원은 '틀'을 먼저 배워야 하는가,
'자유'를 먼저 경험해야 하는가?

최 사원(자유) vs 김 사원(형식) 5년 후, 김 사원이 회장 비서실로 발령받았다.
형식 훈련을 받은 그는 전체를 보는 시각, 정리 능력, 다양한 관점을 갖게 되었다.
창의성은 틀을 지킨 후에 발현된다.
기본과 형식을 익혀야 진짜 자유가 가능하다.

case. 2 "고정관념을 깨라", "틀을 벗어나라"고만 강조할 때

창의성은 자유에서 나오는가, 제약에서 나오는가?

장난감 디자인 실험 : 제약이 창의성을 촉진한다!
명확한 조건과 제약 안에서 사고는 더 날카로워진다.

case. 3 "왜 형식이 중요해?"라고 불평하는 팀원에게

형식 훈련이 창의성을 막는가, 창의성의 기반이 되는가?

비서실장의 말
"1페이지 5분, 3페이지 10분, 15페이지 20분
3가지 버전 준비하는 게 비서실의 기본이다."
이 반복 훈련이 전체 사업을 바라보는 관점을 만들어냈다.
형식은 단순한 규칙이 아니라 사고의 프레임워크다.
제한된 틀 속에서 집중력과 창의성이 함께 자란다.

| 팀장 프롬프트를 입력하세요

팀장 프롬프트를 복습하며 직접 작성해보세요!

 우리 팀의 "기본 형식과 틀"은 무엇인가?
신입이 반드시 익혀야 할 것은?

문서 형식:
보고 방식:
업무 프로세스:

이것을 제대로 교육하고 있는가?

 최근 "자유롭게 해봐"라고 했다가
기대만큼 창의적이지 않았던 경험이 있는가?

상황:
결과:

만약 명확한 제약을 주었다면?

 우리 팀에서 창의성을 높이기 위해
줄 수 있는 "명확한 제약"은 무엇인가?

예: 1페이지 안에, 3가지만 사용해서, 5분 안에 설명 가능하게
우리 팀의 제약:

30장.
실행의
리더십

"이건 너무 뻔한 아이디어야."
그렇게 말하고 나서, 혹시 내가 먼저 생각할 기회를 놓친 건 아닐까요?

> AI에게 묻습니다,
> 리더의 판단력은 빠른 결정에서 나올까요,
> 아니면 한 번 더 생각하는 여유에서 자라날까요?
>
> **나는 팀원의 아이디어를 평가하기 전에**
> **스스로 그 아이디어를 한 번이라도 직접 떠올려 본 적이 있을까요?**
>
> 10초의 멈춤, 그 짧은 시간 안에
> 내가 놓치고 있던 새로운 가능성이 숨어 있는 걸까요?

| 팀장 프롬프트를 입력하세요

팀 회의를 지켜보던 김 팀장은 속이 답답했다.

지난주 팀원들에게 이번 상무님께서 새롭게 추진하는 신규 고객 창출 기획안과 관련해서 이를 뒷받침 할 수 있는 아이디어를 생각해보라고 지시했었다.

각자 고민한 결과를 말하는 시간인데 지금 강 대리가 말하는 아이디어가 이미 회사에서 수차례 시도했다 실패한 너무 뻔한 내용이었기 때문이다.

특히 오늘 아침, 옆 팀의 최 팀장이 팀원들과 함께 3개월 전 제안했던 재방문 고객 퀴즈 이벤트가 좋은 성과를 내며 상무의 칭찬을 받는 걸 본 직후였기에, 실망은 더 컸다.

'왜 우리 팀에는 신선한 아이디어를 내는 사람이 없을까?'
그는 참지 못하고 말했다.
"강 대리, 미안한데… 이 아이디어 너무 뻔하지 않아?
좀 더 참신한 거 없어? 크게 돈 안 들이고 기발하게 성과 낸 사례들 많잖아.
옆 팀에서 지난달 했던 퀴즈 이벤트 같은 거. 다들 알지?
그런 아이디어 좀 안 나와?"

순간, 회의실은 침묵에 잠겼다.
잠시 후, 결심한 듯 오 과장이 조심스럽게 입을 열었다.
"팀장님. 그 아이디어 말입니다.
사실은… 그거, 저희 강 대리가 먼저 제안했었습니다.
그런데 그때 팀장님이 너무 뻔하다고 거절하셨던 아이디어예요."

"내가… 그랬다고?"

김 팀장은 얼떨떨했고, 다른 팀원들은 시선을 피한 채 작게 고개를 끄덕였다.

창의보다 중요한 것: 실행까지 이끄는 리더십

창의적인 아이디어는 그것이 실제로 실행될 때 비로소 의미가 있다.

그동안 조직에서는 주로 '창의적 아이디어의 발굴'에만 초점을 맞춰 왔다.

하지만 이제는 그 이후

어떤 아이디어가 선택되는지,

어떻게 설득과 논의를 통해 실행까지 이어지는지,

그 과정에서 조직문화와 리더의 역할이 무엇인지—

'실행 과정 전체'를 설계할 수 있는 리더십이 중요해지고 있다.

좋은 아이디어는 누가 알아보는가?

심리학자 저스틴 버그(Justin M. Berg)는 '누가 새로운 아이디어의 성공 가능성을 더 정확하게 예측할 수 있는가?'를 실험했다. 서커스 예술 산업 종사자들을 대상으로, 새로운 서커스 공연 아이디어의 성공 여부를 평가하게 했는데,

놀랍게도 아티스트(창작자)가 제작자(감독)보다

신규 아이디어의 성공 가능성을 더 정확히 예측했다.

그 이유는 이렇다. 창작자는 발산적 사고(아이디어 생성)와 수렴적 사고(아이디어 평가)를 모두 경험하기 때문이고, 제작자는 평가 중심의 수렴적 사고에 치우치기 쉬워 창의성의 본질을 간과할 수 있기 때문이다.

즉, 아이디어를 평가하는 사람일수록, 창작자의 감각을 경험해보는 것이 정확도에 도움이 된다는 것이다.

평가 전에 아이디어를 내봐라

버그는 후속 실험도 진행했다.

아이디어를 평가할 사람들을 두 그룹으로 나눈 뒤,

A그룹에겐 평가 전에 '평가 기준을 작성' 하게 했고,

B그룹에겐 평가 전에 '아이디어를 직접 제안해' 보도록 하였다.

그 결과는 분명했다.

A그룹의 평가 정확도는 51%,

B그룹은 **무려 77%의 정확도를 보였다.**

즉, 아이디어를 평가하기 전에 직접 아이디어를 생각해보는 행동만으로도 평가의 정밀도가 **25% 이상 향상된 것이다.**

김 팀장의 세 가지 변화

이후 김 팀장은 아이디어 평가에 앞서 세 가지 습관을 갖게 되었다.

하나, '내가 실무자라면?' 10분 생각하기

회의 전, 혼자 10분간 본인이 실무자라면 어떤 아이디어를 낼지 고민해본다. 이 과정을 거치면서, 단순한 평가자가 아니라 제안자의 입장에 서게 되고, 자연스럽게 실패에 대한 두려움이나 편견에서 벗어나 긍정적인 마인드로 회의에 임하게 된다.

둘, 제안자 '주변 동료'에게 의견 듣기

제안자 본인은 전문성이 높고 사고의 폭도 넓지만, 자신의 아이디어에 대한 애착과 편견 때문에 객관적인 평가를 못 할 수 있다.

반면 제안자의 동료는 전문성은 비슷하되, 더 객관적인 시각으로 아이디어를 바라볼 수 있다.

김 팀장은 아이디어 평가 전, 항상 동료들의 의견을 함께 들으려 노력한다.

셋, '잠깐 멈춤' 원칙 지키기

'이건 별로야'라는 즉각적인 반응이 나오기 전,
10초간 멈추는 습관을 들였다.

그리고 스스로에게 질문을 던진다.
"이 아이디어가 현실화되려면 어떤 조건이 필요할까?"
"내가 지금 거절하려는 이유가 합리적인 근거일까, 아니면 익숙하지 않아서일까?"

이 짧은 멈춤이, 사라질 뻔한 아이디어를 살려내는 열쇠가 되곤 했다.

그의 변화는 팀 전체로 퍼졌다.

여전히 보수적이라는 평가도 듣지만, 팀원들의 의견을 존중하고, 실행 가능성을 함께 고민하는 김 팀장의 리더십은 조직에 긍정적인 영향을 미치고 있다.

팀장 프롬프트

case.1 "이 아이디어는 너무 뻔해"라고 즉각 거절하려 할 때

내가 거절한 아이디어가 나중에 다른 팀에서 성공할 수도 있지 않을까?

강 대리가 제안 → "너무 뻔하다" 생각한 김 팀장 즉시 거절 하지만 옆 팀 최 팀장이 같은 아이디어로 성공 → 상무 칭찬
좋은 아이디어는 새로움 보다 실행에서 빛난다.
즉각 반응하기 전 '잠깐 멈춤'이 필요하다!

case.2 팀원의 아이디어를 평가해야 할 때

나는 '평가자'로서만 접근하는가, '창작자'의 감각도 가지고 있는가?

저스트 버그 연구 : 창작자(아티스트) > 제작자(감독)보다 평가 정확도가 높았다.
평가하기 전, 10분만이라도 '내가 실무자라면?'을 생각하라.
창작의 감각을 경험해야 평가의 감각도 생긴다.

case.3 좋은 아이디어를 놓치지 않으려 할 때

즉각 반응 vs 잠깐 멈춤, 어느 것을 선택할 것인가?

김 팀장의 3가지 습관
1) 회의 전 10분간 "내가 실무자라면?" 생각
2) 제안자 주변 동료에게 의견 듣기
3) '잠깐 멈춤' 원칙 – 10초 멈추고 질문 "거절 이유가 합리적인가?"
짧은 멈춤이 사라질 뻔한 아이디어를 살린다.

|팀장 프롬프트를 입력하세요

팀장 프롬프트를 복습하며 직접 작성해보세요

▶ 최근 팀원의 아이디어를 즉각 거절한 적이 있는가?
그 아이디어가 정말 나쁜 아이디어였을까?

거절한 아이디어:
거절 이유:
다시 생각해보니:

▶ 다음 회의 전에 "내가 실무자라면?" 10분 생각해보기

주제:
내가 실무자라면 낼 아이디어:
1.
2.
3.

이 과정 후 팀원 아이디어 평가 시 달라질 점:

▶ 김 팀장의 3가지 습관 중 이번 주부터 실천할 것은?

구체적 실행 계획:

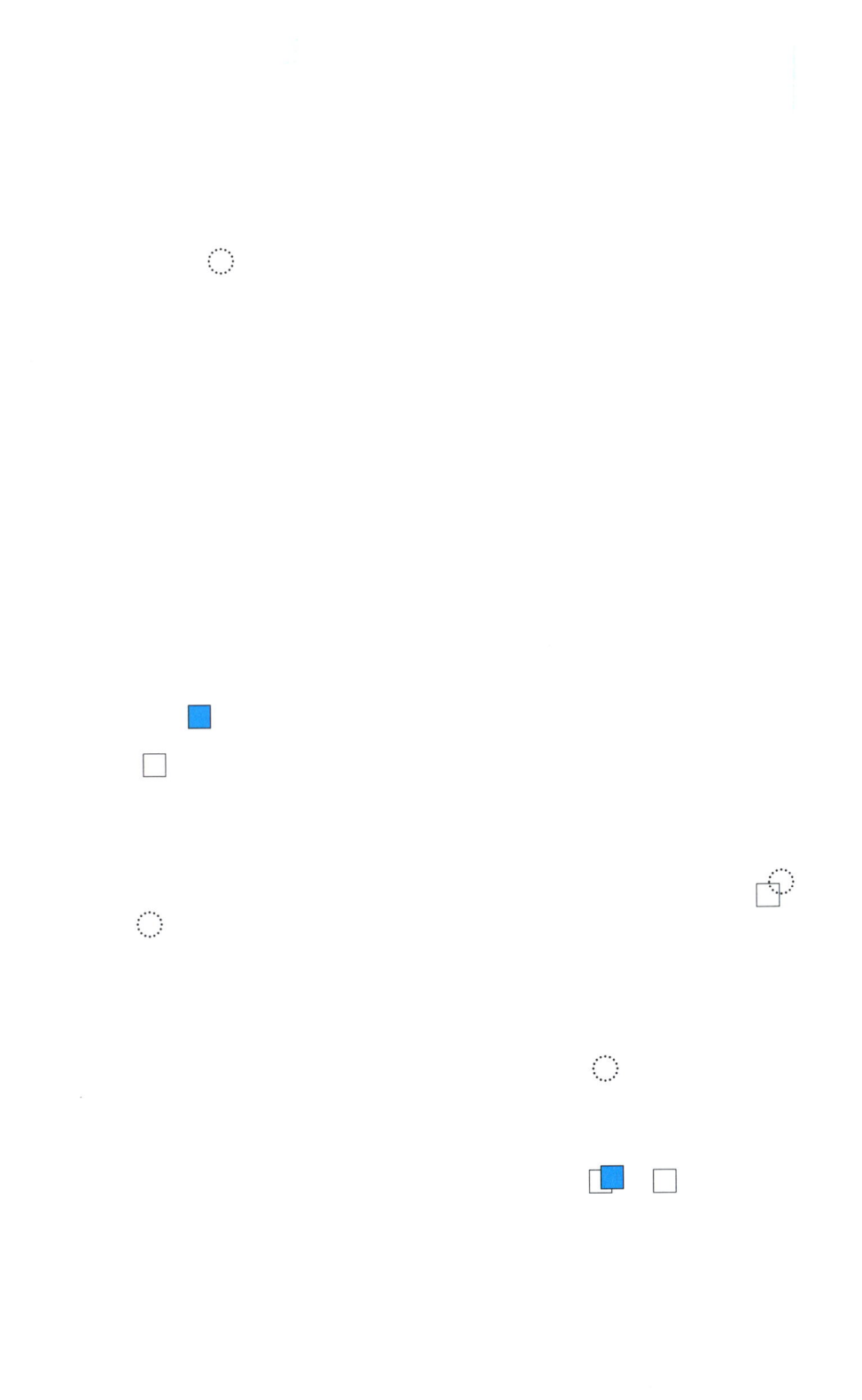

에필로그

AI 시대, 리더십은 완성되지 않는다
계속 대화될 뿐이다

이 책은 마지막 장이 아니라, 다음 대화의 시작이다.
『팀장 프롬프트』는 끝나는 책이 아니라,
리더의 하루가 바뀔 때마다 다시 실행되는 대화형 노트다.

나는 이 책을 쓰는 동안 여러 번 멈췄다.
AI가 모든 답을 찾아주는 시대에, 과연 내가 무엇을 말할 수 있을까 고민했다. 그러다 지난 17년간 기업교육 현장에서 만난 수많은 팀장들의 얼굴이 떠올랐다.
그들은 시대가 바뀌어도 변하지 않는 고민을 하고 있었다.
사람을 움직이는 일, 관계를 이끄는 일, 판단을 내리는 일.
이것은 여전히 인간의 영역이었다.
그래서 나는 이 책을 통해 답이 아닌 프롬프트를 주고 싶었다.

AI가 대체할 수 없는 인간 리더의 힘은 좋은 질문을 던지는 능력에 있기 때문이다.

나는 직장인을 정말 좋아한다

아침 일찍 각자의 일터로 가기 위해 만원 버스와 지옥철을 뚫고 출근해서, 사람에게 상처받고 일에 눌리고 갑질에 울먹이고 적은 연봉에 괴로워하면서도, 그래도 내 가족을 위해, 회사를 위해, 그리고 스스로를 위해 이 땅 어느 공간에서 하루하루 땀나도록 뛰다가 저녁에 소주 한 잔으로 다시 내일을 기약하는, 바로 그 직장인들 말이다.

그 중에서도 팀장은 유난히 특별한 존재다. 위로는 상사의 압박을 받고, 아래로는 팀원의 기대를 감당해야 하는, 조직에서 가장 외로운 자리다. 성과를 내야 한다는 책임감과 사람을 챙겨야 한다는 의무감 사이에서 매일 줄타기를 한다. 그럼에도 불구하고 아침마다 "오늘은 더 나은 팀장이 되어야지."라고 다짐하며 출근하는 그 마음을 나는 안다.

이 책은 바로 그런 이들을 위해 쓰였다.

변화의 시대, 리더십의 대화가 다시 시작된다

AI는 데이터를 분석하고 문장을 쓰고, 의사결정을 보조한다. 하지만 사람의 마음을 이해하고, 관계의 온도를 읽고, 상황의 미묘한 균형을 잡는 일은 여전히 인간의 몫이다. 리더십은 지식을 축적하는 일이 아니라, 상황마다 스스로에게 질문을 던지는 일이다. 『팀장 프롬프트』는 그 질문을 돕기 위한 대화형 리더십 노트. 정답을 대신하는 것이 아니라, 판단의 순간에 다시 생각하게 만드는 도구로 남기를 바랐다.

"지금 이 결정은 성과를 남길까, 사람을 남길까."

"이 팀원이 듣고 싶은 말이 아니라, 들어야 할 말을 하고 있는가."

"오늘의 판단이 내일의 신뢰로 이어질까."

리더십은 이러한 질문을 다시 던지는 과정 속에서 자란다. AI는 정답을 계산하지만, 리더는 의미를 해석한다. 그래서 인간 리더에게는 여전히 좋은 질문이 필요하다.

당신에게 남기는 마지막 프롬프트

오늘 나는 팀원에게 지시가 아닌 대화를 걸었는가.

오늘의 판단은 성과보다 사람을 남겼는가.

내일 아침, 나는 어떤 팀장으로 로그인할 것인가.

이 세 가지 질문은 책의 끝이 아니라, 당신 리더십 여정의 다음 실행 명령어다. AI가 수많은 답을 제시하더라도, 리더십은 여전히 당신이 던지는 질문에서 시작된다.

배우고 실행하고 다시 묻는다

나는 유명한 강사가 되지 못했다. 그러나 강의를 통해 사람을 변화시키고, 그 과정에서 나 자신도 변화하며 살아왔다. 끊임없이 학습하고 그것을 나누며 살아온 17년의 시간만으로도 충분히 행복하다. 그리고 앞으로의 17년도 같은 길을 걸을 것이다.

직장인들이 일을 조금 더 잘하고, 관계를 조금 더 행복하게 맺으며, 서로에게 힘이 되는 조직을 만드는 일. 그 길에 내가 조금이라도 기여할 수 있다면 그것으로 충분하다.

리더십은 완성형이 아니라 업데이트형 루프다. AI가 진화하듯, 인간 리더의 리더십도 계속 학습된다. 오늘의 실행, 내일의 반성, 그리고 다음 질문. 이 세 가지가 반복되며 리더십은 깊어진다.

당신은 이미 충분히 잘하고 있다

책을 덮기 전, 마지막으로 이 말을 꼭 전하고 싶다.

당신은 이미 충분히 잘하고 있다. 완벽한 팀장은 없다.

매일 최선을 다하되, 실수도 하고, 후회도 하고, 다시 일어서는 것. 그것이 진짜 리더십이다. 팀장이라는 자리는 완성형이 아니라 현재진행형이다.

오늘보다 내일 조금 더 나아지려 애쓰는 것, 그것으로 충분하다

감사의 말

이 책이 세상에 나오기까지 함께해 준 많은 분들께 감사를 전한다.

무엇보다 사랑하는 나의 가족에게 고마움을 전한다. 늦은 밤까지 원고를 쓰느라 함께하지 못한 시간들을 묵묵히 이해해준 덕분에 이 책을 완성할 수 있었다. 사랑하는 아내, 딸, 아들 모두 내 삶의 가장 큰 응원군이자, 내가 사람에 대해 끊임없이 배우게 하는 최고의 스승이다.

GAM컨설팅의 모든 식구들에게도 깊은 감사를 드린다. 함께 고민하고 토론하며 현장의 생생한 이야기를 나눠준 동료들, 그리고 묵묵히 뒷받침해 준 모든 분들께 진심으로 고맙다는 말을 전한다.

또한 오늘도 전국의 연수원과 기업 교육장에서 직장인들의 성장을 돕고 계신 동료 기업교육강사님들께 무한한 감사와 존경을 보낸다. 우리는 화려하지 않지만 의미 있는 일을 하고 있다. 함께 걸어가는 동료가 있다는 것만으로

도 큰 힘이 된다.

마지막으로, 지난 17년간 교육 현장에서 만난 모든 팀장들에게 감사드린다. 여러분의 고민과 질문, 그리고 변화하려는 노력이 이 책의 모든 페이지를 채웠다.

여러분이 있었기에 이 책이 탄생할 수 있었다.

이제 당신의 차례

이제 이 책은 당신의 리더십 AI 활용 체제가 된다. 당신의 고민을 적고, 배운 것을 기록하고, 작은 성공을 남겨라. 리더십은 답을 찾는 일이 아니라, 다시 묻는 기술이다.

AI 시대의 리더는 '지시하는 사람'이 아니라, '질문하는 사람'이다.

매일 아침 "오늘의 리더십을 실행할 한 가지를 스스로에게 입력한다."
하루 중간 "지금의 판단을 점검하는 프롬프트를 떠올린다."
하루의 끝 "오늘의 리더십 프롬프트와 답변을 기록한다."

AI가 데이터를 학습하듯,
리더는 매일의 경험을 프롬프트로 기록하며 성장한다.

2026년 새해, 모든 팀장에게 보내는 응원

AI 시대에도 리더십은 끝나지 않는다. 기계가 답을 주는 세상에서, 질문을 던지는 일은 여전히 인간의 역할이다.

이 책의 프롬프트가 당신의 일상 속에서도 조용히 실행되기를 바란다.

당신이 오늘도 팀원들을 위해 고민하고,
더 나은 리더가 되기 위해 애쓰는 그 마음을 응원한다.

리더십은 더 이상 완성의 문제가 아니라, 지속적인 대화의 기술이다.
그리고 그 대화는 AI가 아닌 당신으로부터 시작된다.

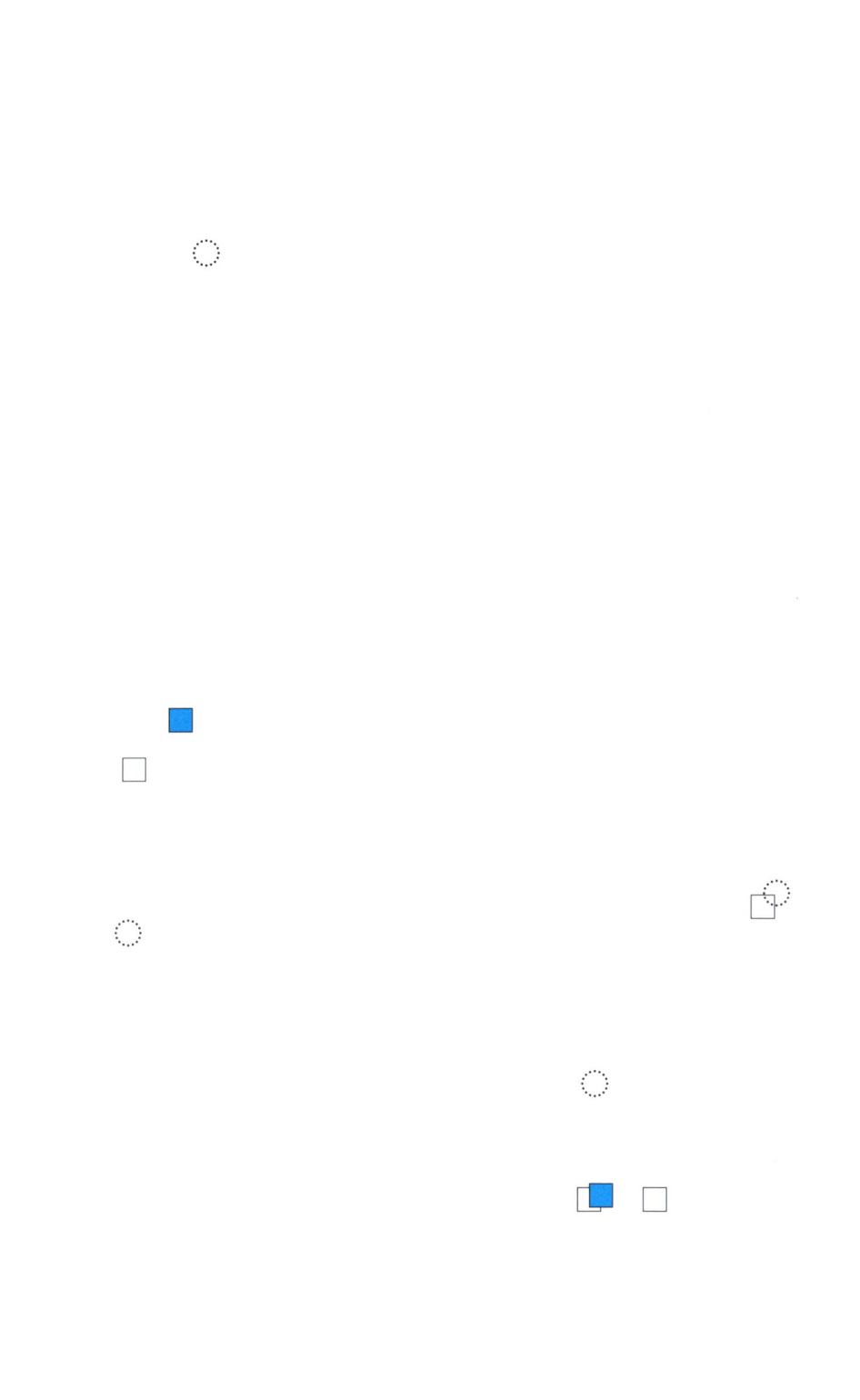

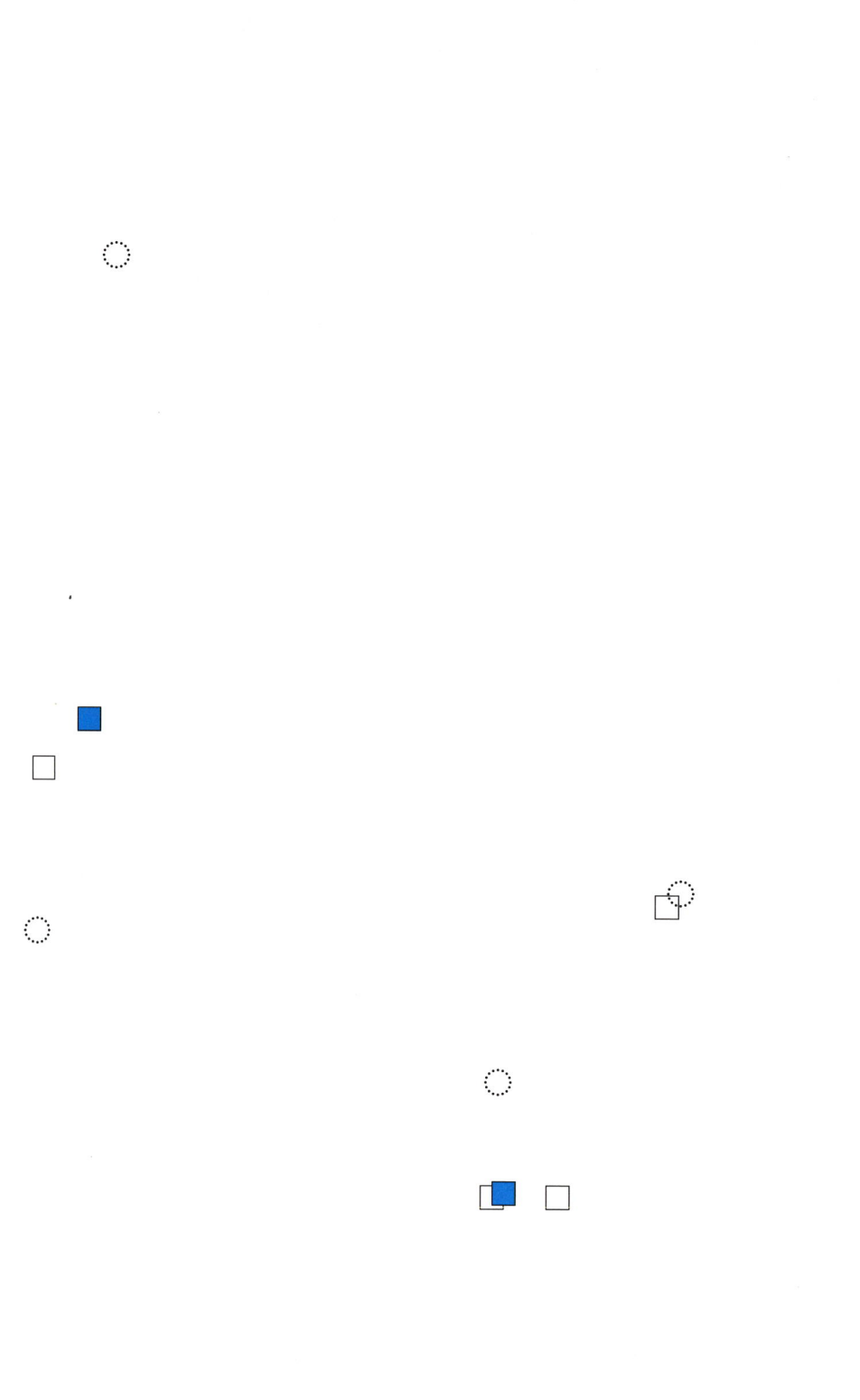